# Verteilte Systeme und Anwendungen

# Verteilte Systeme und Anwendungen

## Architekturkonzepte, Standards und Middleware-Technologien

### Ulrike Hammerschall

ein Imprint von Pearson Education
München • Boston • San Francisco • Harlow, England
Don Mills, Ontario • Sydney • Mexico City
Madrid • Amsterdam

Bibliografische Information Der Deutschen Bibliothek

Die Deutsche Bibliothek verzeichnet diese Publikation in der Deutschen Nationalbibliografie;
detaillierte bibliografische Daten sind im Internet über *http://dnb.ddb.de* abrufbar.

Umwelthinweis:
Dieses Produkt wurde auf chlorfrei gebleichtem Papier gedruckt.
Die Einschrumpffolie – zum Schutz vor Verschmutzung – ist aus
umweltverträglichem und recyclingfähigem PE-Material.

10  9  8  7  6  5  4  3  2  1


07  06  05


ISBN 3-8273-7096-5



© 2005 Pearson Studium
ein Imprint der Pearson Education Deutschland GmbH,
Martin-Kollar-Straße 10-12, D-81829 München/Germany
Alle Rechte vorbehalten
www.pearson-studium.de
Lektorat: Dr. Isabel Schneider, ischneider@pearson.de
Korrektorat: Katharina Pieper, Berlin
Einbandgestaltung: adesso 21, Thomas Arlt, München
Herstellung: Monika Weiher, mweiher@pearson.de
Satz: mediaService, Siegen (www.media-service.tv)
Druck und Verarbeitung: Kösel, Krugzell (www.KoeselBuch.de)

Printed in Germany

*Für Thomas*

# Inhaltsverzeichnis

# Vorwort

Die Idee zu diesem Buch entstand im Wintersemester 2003, im Rahmen einer Vorlesung zum Thema „Architektur verteilter Systeme" an der FH Augsburg. Bei der Vorbereitung stellte sich heraus, dass das Thema verteilte Systeme in Lehre und Literatur bereits gut abgedeckt ist, die Entwicklungen in den Bereichen Middleware und verteilte Anwendungen jedoch weitgehend nicht berücksichtigt werden. Hier finden sich vor allem Bücher zu konkreten Middleware-Technologien wie J2EE oder .Net, die am Rande auch eine konzeptuelle Einordnung versuchen, sich jedoch vor allem auf die jeweilige Technologie konzentrieren. Für Einsteiger in das Thema wird es dadurch schwierig den Überblick zu behalten und neue Technologien richtig einzuordnen. Gerade in den letzten Jahren gab es eine Reihe von Neuentwicklungen am Middleware-Markt mit einer Explosion von Standards und Akronymen, die es auch dem Experten immer schwerer machen, die Zusammenhänge zu überblicken.

Ziel dieses Buches ist es, dem Leser einen Einstieg in das Thema zu bieten und einen Überblick zu vermitteln. Konzepte und Technologien für verteilte Systeme, verteilte Anwendungen und Middleware werden in einen sinnvollen Zusammenhang gebracht und so ein grundlegendes Verständnis für Verteilung und die Probleme, die Verteilung mit sich bringt, vermittelt.

## Wie ist das Buch aufgebaut?

Das Buch umfasst zwei Teile. Teil 1 konzentriert sich auf allgemeine Grundlagen und Konzepte zur Verteilung. In Kapitel 1 werden die Begriffe verteiltes System, verteilte Anwendung und Middleware definiert und von einander abgegrenzt. Die Motivation für Verteilung sowie Probleme und Risiken werden diskutiert und es werden häufig verwendete Architektur- und Verteilungsmodelle für verteilte Anwendungen vorgestellt. Ein kleiner Ausflug in den Bereich EAI rundet das Kapitel ab. In den Kapiteln 2 und 3 werden grundlegende Konzepte für Middleware aus den Anforderungen verteilter Anwendungen abgeleitet, herausgearbeitet und in einem Modell zusammengefasst. Anhand des Modells wird ein Klassifikationsschema entwickelt, das als Grundlage zur Einordnung gängiger Middleware-Technologien dient.

Die Architektur verteilter Anwendungen wird stark durch die Verteilung selbst sowie durch die verwendete Middleware beeinflusst. In Kapitel 4 wird aus diesem Grund das Thema Softwarearchitektur unter dem Aspekt der Verteilung diskutiert und gezeigt, welche Lösungskonzepte dem Softwarearchitekten zur Verfügung stehen. Insbesondere wird auf die Themen Heuristiken, Muster und Musterarchitekturen eingegangen.

Ausgehend von dem in Teil 1 entwickelten Modell, werden in Teil 2 bekannte Middleware-Technologien und Standards vorgestellt. Es werden jeweils die kennzeichnenden Eigenschaften und Besonderheiten gezeigt, die Kernkonzepte an einem Beispiel erläutert und eine Einschätzung für den Einsatz der Technologie in der Praxis gegeben. Die Auswahl der Middleware-Technologien orientierte sich an ihrer Relevanz für die Praxis. Middleware, die vor allem im akademischen Bereich einen Namen hat, wurde nicht weiter berücksichtigt. Andere Technologien, bei denen die Zuordnung zur Middleware nicht eindeutig festzulegen ist, die jedoch großes Interesse in der Praxis finden (z.B. .Net oder Webservices) wurden hinzugenommen.

## Für wen ist das Buch gedacht?

Das Buch ist vorrangig für Studenten höherer Semester gedacht, die bereits Vorkenntnisse im Bereich verteilte Systeme mitbringen. Es ist jedoch durchaus auch für interessierte Leser aus der Praxis geeignet, die sich einen Überblick über die Thematik verschaffen wollen.

## Wie sollte das Buch gelesen werden?

Der erste Teil dient als Grundlage für das gesamte Buch und sollte generell gelesen werden. Insbesondere in den Kapiteln 2 und 3 werden Begriffe und Konzepte vorgestellt sowie Modelle entwickelt, die notwendig zum Verständnis der Middleware-Technologien sind. Teil 2 ist eher als Nachschlagewerk gedacht, das bei Bedarf und Interesse herangezogen werden kann.

## Danksagung

An dieser Stelle möchte ich mich bei allen bedanken, die mir bei der Ausführung des Projekts geholfen haben. In erster Linie meiner Lektorin Isabel Schneider für die gute und problemlose Zusammenarbeit mit dem Pearson Studium Verlag, sowie der FH Augsburg für ihre Unterstützung meines Lehrauftrags, ohne den dieses Buch nie entstanden wäre.

Des Weiteren möchte ich mich bei meinen zahlreichen Reviewern bedanken: Gerd Beneken, Holger de Carne, Marco Kuhrmann, Friedemann Ludwig, Markus Röckelein und Volker Wiehle, die mich mit ihren professionellen und hilfreichen Anmerkungen vor allem bei der Ausarbeitung der Middleware-Technologien unterstützten.

Vor allem aber möchte ich mich bei meinem Mann Thomas bedanken, der mich (nach anfänglicher Skepsis) all die Monate tatkräftig unterstützte und akzeptierte, dass Privatleben und Freizeit in den Hintergrund treten mussten. Durch seine konstruktiven Anmerkungen und Anregungen brachte er viele Ideen mit ein und wirkte so entscheidend an der Gestaltung des Buches mit.

# TEIL I

## Grundlagen und Konzepte

# Einführung

**1**

ÜBERBLICK

Das Thema „Verteilte Systeme" gehört heute zum Grundkanon eines jeden Informatikstudiums. Dabei geht es vor allem um die Vermittlung von Grundtechniken und um Probleme der Verteilung.

Verteilte Anwendungen spielen dabei häufig nur eine Nebenrolle. Und doch sind es gerade sie, die den echten Mehrwert eines verteilten Systems ausmachen. Sie sind es, die den Anwendern Dienste zur Lösung verschiedenartigster Anwendungsprobleme anbieten. Wer am Bankautomaten Geld abhebt, mit dem elektronischen Kalender seine E-Mails abfragt, im Internet einen Flug bucht, im Auto sein Navigationssystem bedient oder in der Bibliothek ein Buch ausleiht, verwendet direkt oder indirekt die Dienste einer verteilten Anwendung. Dies sind nur einige wenige Beispiele zur Illustration. Verteilte Anwendungen spielen heute in fast allen Bereichen des täglichen Lebens eine Rolle, häufig ohne dass es uns bewusst ist.

Doch was versteht man nun tatsächlich unter einer verteilten Anwendung und wie grenzt sie sich gegen ein verteiltes System ab? Da verteilte Anwendungen und verteilte Systeme eng zusammenhängen, ist es zum Verständnis notwendig, erst den Begriff „Verteiltes System" zu definieren.

## 1.1 Verteilte Systeme

In seinem Buch „Verteilte Systeme – Konzepte und Design" definiert George Coulouris ein verteiltes System wie folgt: „Ein verteiltes System ist ein System, in dem sich Hardware- und Softwarekomponenten auf vernetzten Computern befinden und miteinander über den Austausch von Nachrichten kommunizieren" (siehe *Abbildung 1.1*).

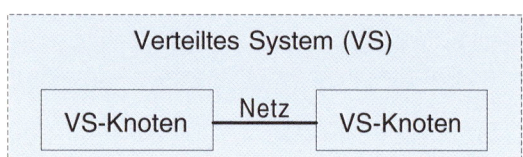

Abbildung 1.1: Verteiltes System

Das heute bekannteste und wohl größte verteilte System ist das Internet. Millionen von Rechnern weltweit sind vernetzt und kommunizieren miteinander. Ermöglicht wird dies durch eine einheitliche Sprache: die Protokolle des Internet-Protokollstacks, auch TCP/IP-Protokollstack genannt.

Ein Protokoll definiert die Sprache und die Regeln der Kommunikation. Es gibt heute eine Vielzahl von Protokollen. Der Internet-Protokollstack findet jedoch mit Abstand die häufigste Verwendung. Er umfasst eine Reihe von Protokollen, die in ihrer Gesamtheit dafür sorgen, dass Nachrichten zuverlässig zwischen Rechnern übertragen werden. Er ist in gewisser Weise der Kleber, der das Internet zusammenhält.

Grundsätzlich können auch andere Protokolle als Grundlage der Kommunikation in einem verteilten System dienen. Sobald vernetzte Computer über ein wie auch immer geartetes, gemeinsames Protokoll kommunizieren, spricht man von einem verteilten System. Da jedoch das Internet heute den weitaus größten Anteil an verteilten Systemen ausmacht, wird im Folgenden insbesondere auf Internettechnologien Bezug genommen.

## 1.2 Verteilte Anwendungen

Eine verteilte Anwendung nutzt ein verteiltes System, um Anwendern eine in sich geschlossene fachliche Funktionalität zur Verfügung zu stellen. Kennzeichen einer verteilten Anwendung ist die Verteilung der Anwendungslogik auf mehrere, voneinander weitgehend unabhängige Anwendungskomponenten. Jede Anwendungskomponente kann auf einem separaten Knoten (Rechner) eines verteilten Systems liegen (siehe *Abbildung 1.2*).

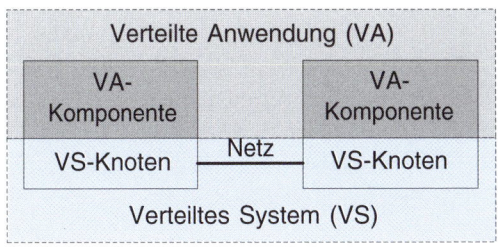

Abbildung 1.2: Verteilte Anwendung

Nur in ihrer Gesamtheit erfüllen die Anwendungskomponenten die Aufgaben der Anwendung. Das verteilte System nutzen sie als Kommunikationsinfrastruktur. Da eine Anwendung ohne System nicht existieren kann, wird häufig von „Systemen" gesprochen, auch wenn letztlich nur die fachliche Anwendung gemeint ist. Die Bandbreite an heute verfügbaren verteilten Anwendungen ist groß:

**Einfache verteilte Anwendungen:** Einfache verteilte Anwendungen sind im Wesentlichen intelligente Anwendungsprotokolle, die auf Sender und Empfängerseite jeweils eine einfache Komponente zur Bearbeitung der Nachrichten zur Verfügung stellen. Zu den einfachsten verteilten Anwendungen zählen beispielsweise Internetanwendungen wie das WWW (World Wide Web), Dateizugriffsdienste wie FTP (File Transfer Protocol) oder E-Mailprogramme auf der Basis von SMTP (Simple Message Transfer Protocol).

**Verteilte Informationssysteme:** Verteilte Informationssysteme sind verteilte Anwendungen, die Unternehmen und Organisationen bei der Durchführung wirtschaftlicher und organisatorischer Prozesse unterstützen. Sie zeichnen sich durch vier Eigenschaften aus:

- Sie sind software-intensiv: Aufgabe eines Informationssystems ist die Verwaltung von Daten. Ein Informationssystem kann deshalb tausende, wenn nicht Millionen LoC (Lines of Code) umfassen.

- Sie sind datenzentriert: Ziel eines Informationssystems ist die Unterstützung des Anwenders bei der Bearbeitung von Daten und Informationen. Datenverwaltung steht im Zentrum der Funktionalität eines Informationssystems.

- Sie sind interaktiv: Der Zugriff auf ein Informationssystem erfolgt in der Regel über eine, meist graphische, Benutzeroberfläche. So hat der Anwender die Möglichkeit, Einfluss auf die Datenbearbeitung zu nehmen.

- Sie sind hochgradig nebenläufig: Informationssystemen können von hunderten, wenn nicht tausenden von Anwendern parallel genutzt werden.

Nicht selten handelt es sich bei Informationssystemen um unternehmenskritische Anwendungen, die bei Fehlverhalten oder Ausfall kostspielige, wenn nicht sogar unternehmensgefährdende Konsequenzen haben können. Aus diesem Grund werden an Informationssysteme häufig strenge Anforderungen bezüglich Verfügbarkeit und Ausfallzeiten gestellt.

Verfügbarkeit ist die Zeit, die eine Anwendung fehlerfrei zur Verfügung steht und Anfragen bearbeitet. Ausfallzeiten sind Zeiten, in denen eine Nutzung der Anwendung nicht möglich ist. Ausfallzeiten können geplant (Wartung) oder ungeplant (Fehler, Stromausfall) auftreten. Bei internationalen Anwendungen kann beispielsweise ein 24·7 h-Betrieb gefordert werden: Das bedeutet, dass die Anwendung 24 Stunden pro Tag, 7 Tage die Woche zur Verfügung stehen muss. Für Wartungsarbeiten kann eine Verfügbarkeit von 99,9 % im Jahr gefordert werden: Das bedeutet, die Anwendung muss im Jahr 99,9 % der Zeit zur Verfügung stehen. Die restliche Zeit (ca. 8 Stunden pro Jahr) steht für Wartungsarbeiten zur Verfügung. Typische Informationssysteme sind beispielsweise eine Online-Bank-Anwendung, ein Check-In-System am Flughafen, die Sachbearbeiteranwendung einer Versicherung oder auch eine Partnerbörse im Internet.

**Eingebettete verteilte Systeme:** Im Gegensatz zu Informationssystemen konzentrieren sich eingebettete Systeme, unabhängig davon, ob es sich um verteilte oder nicht verteilte Systeme handelt, auf die Steuerung von Hardware und Elektronik. Eingebettete Systeme finden sich heute beispielsweise in der Automobil-Industrie (vom Fensterheber bis hin zum Navigationssystem), in der Automationstechnik (Steuerungssysteme für Fertigungsanlagen) und immer öfter auch im Haushalt (Waschmaschinen, Spülmaschinen, Espressomaschinen).

Der Trend, Hardware um immer komplexere Funktionalität zu erweitern, ist ungebrochen und wird inzwischen als der Wachstumsmarkt der Zukunft eingeschätzt. Insbesondere kommt immer stärker der Aspekt der Verteilung zum Tragen. Mehr Komponenten sollen von zentraler Stelle aus verwaltet werden. Ein Beispiel hierfür ist der berühmte Steuerungsknopf des 7er-BMW. Mit seiner Hilfe kann der Fahrer alle Dienste, vom Radio über die Verriegelungsanlage bis hin zum Navigationssystem, zentral steuern. Ein anderes Beispiel ist die (im Moment noch utopische) Vision vom vollständig vernetzten Haus mit Kühlschränken, die bei Bedarf nachbestellen, und Lichtanlagen, die auf Bewegung reagieren.

**Mobile verteilte Systeme:** Mobile verteilte Systeme werden häufig auch unter dem Begriff „Handhelds" zusammengefasst. Es handelt sich im Wesentlichen um tragbare Geräte, wie mobile Telefone und die verschiedenen am Markt erhältlichen PDAs (Personal Digital Assistant). Auch wenn es auf den ersten Blick nicht so scheint, so ähneln mobile verteilte Systeme in ihren Eigenschaften stark den verteilten Informationssystemen. Über eine interaktive Oberfläche fordern Benutzer Informationen und Dienste bei einer Anwendung an.

## 1.3   Middleware

Verteilte Anwendungen nutzen ein verteiltes System als Kommunikationsinfrastruktur für ihre verteilten Komponenten. Das verteilte System bietet jedoch nur rudimentäre Kommunikationsdienste, wie Verbindungsauf- und -abbau und Übertragung von Datenpaketen im Byteformat. Einige grundlegende Zusicherungen zu Übertragungssicherheit und Fehlerbehandlung werden ebenfalls vom verteilten System garantiert. Komplexere Aufgaben müssen jedoch auf höherer Ebene bearbeitet werden, in der Anwendung selbst oder auf Ebene einer zusätzlichen Softwareschicht, der Middleware.

Setzt eine verteilte Anwendung direkt auf einem verteilten System auf, so spricht man auch von Netzwerkprogrammierung. In diesem Fall implementiert die Anwendung selbst den Zugriff auf den Protokollstack des verteilten Systems. Für eine Reihe von kleinen verteilten Anwendungen kann dies durchaus ein interessanter Ansatz sein. Netzwerkprogrammierung bietet eine Reihe von Vorteilen:

■ Die Anwendung behält die direkte Kontrolle über die Kommunikation und kann stärker Einfluss auf die Abläufe nehmen.

■ Netzwerkprogrammierung kann durch ihre Einfachheit zu höherer Performance der Anwendung führen.

Nichtsdestoweniger ist Netzwerkprogrammierung ein mühsames Geschäft, aufwändig und fehleranfällig. Es sind eine Reihe technischer Aspekte zu beachten, die wenig oder nichts mit dem eigentlichen Anwendungsproblem zu tun haben und die zu erheblichem Mehraufwand bei der Anwendungsentwicklung führen können.

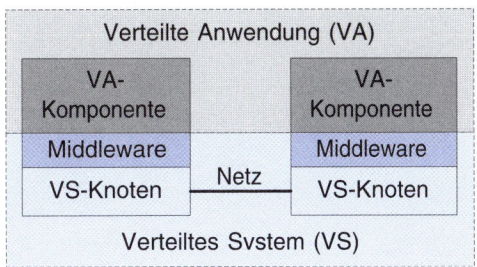

Abbildung 1.3: Middleware

Um dem Entwickler diese mühselige Arbeit zu ersparen, wird eine zusätzliche Softwareschicht, die Middleware, zwischen verteiltes System und verteilte Anwendung geschoben (siehe *Abbildung 1.3*). Middleware ist eine intelligente Programmierschnittstelle, die auf dem verteilten System aufsetzt. Ihre Aufgabe ist es, alle Aspekte der Netzwerkprogrammierung so weit möglich und sinnvoll vor der verteilten Anwendung zu verbergen sowie die Anwendung selbst geeignet in ihren Abläufen zu unterstützen.

## 1.3.1 Middleware-Kategorien

Abstraktion von der Netzwerkprogrammierung ist eine Aufgabe, die grundsätzlich jede Middleware zu erfüllen hat. Inwieweit eine Middleware der Anwendung zusätzliche Dienste anbietet, kann zum Teil sehr unterschiedlich sein. Insbesondere gibt es hierzu keine verbindlichen Vorgaben, so dass Umfang und Komplexität von Middleware gerade in diesen Bereichen stark variieren. Zum besseren Verständnis verwendet dieses Buch im Weiteren ein Schema, nach dem Middleware in zwei Kategorien eingeteilt werden kann:

**Kommunikationsorientierte Middleware**: Kommunikationsorientierte Middleware konzentriert sich auf die Abstraktion von der Netzwerkprogrammierung. Kapitel 2 befasst sich mit Konzepten, in den Kapiteln 5-7 werden Implementierungen und Standards vorgestellt.

**Anwendungsorientierte Middleware**: Anwendungsorientierte Middleware stellt neben der Kommunikation die Unterstützung der verteilten Anwendungen selbst in den Mittelpunkt. In Kapitel 3 wird gezeigt, welche Konzepte anwendungsorientierte Middleware charakterisieren. In den Kapiteln 8-10 werden bekannte Standards für Middleware-Plattformen vorgestellt.

## 1.3.2 Kommunikationsmodelle

Kommunikationsmodelle beschreiben Interaktionsmuster zwischen Kommunikationspartnern in einem verteilten System. Es werden im Wesentlichen zwei Kommunikationsmodelle unterschieden (siehe auch *Abbildung 1.4*):

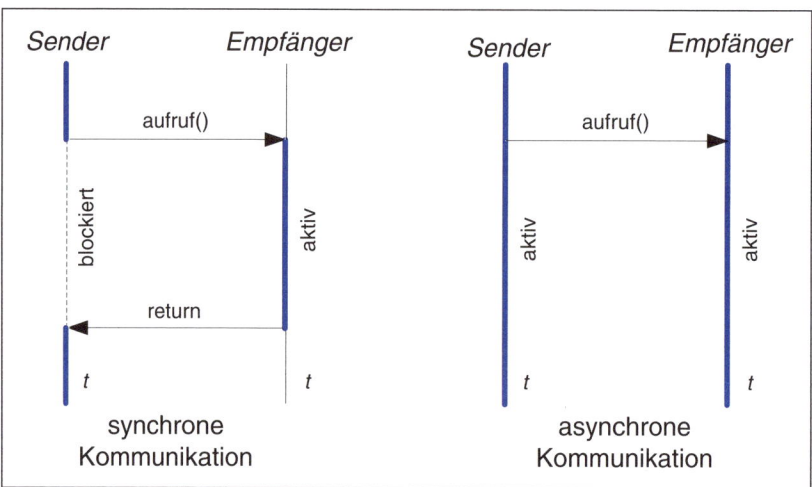

Abbildung 1.4: Synchrone und asynchrone Kommunikation

**Synchrone Kommunikation:** Bei synchroner Kommunikation ist der Sender einer Nachricht so lange in seiner weiteren Ausführung blockiert, bis er vom Empfänger eine Antwort auf die Nachricht erhält.

**Asynchrone Kommunikation:** Bei asynchroner Kommunikation ist der Sender nicht blockiert. Sender und Empfänger werden parallel weiter ausgeführt.

Jedes der beiden Kommunikationsmodelle bringt seine individuellen Vor- und Nachteile mit sich: Asynchrone Kommunikation ermöglicht die weitgehende Entkopplung der Kommunikationspartner, wohingegen durch synchrone Kommunikation der Ablauf einer Kommunikation feiner gesteuert werden kann.

Kommunikationsmodelle sind eine der kennzeichnenden Eigenschaften einer Middleware. Asynchrone Middleware wird beispielsweise bei schlechter Netzwerkverbindung oder hoher Ausfallwahrscheinlichkeit eingesetzt. Synchrone Middleware eignet sich eher für verteilte Anwendungen mit hoher Interaktionsrate und enger Kopplung.

Das Kommunikationsmodell der Middleware muss nicht in jedem Fall von der darüber liegenden verteilten Anwendung übernommen werden. Beispielsweise kann synchrone Kommunikation der Anwendungskomponenten über eine asynchrone Middleware realisiert werden. Ebenso ist eine asynchrone Kommunikation über eine synchrone Middleware denkbar. Solche „Stilbrüche" treten häufig auf, wenn eine verteilte Anwendung verschiedene Kommunikationsmodelle einsetzen möchte, jedoch nur eine Middleware zur Verfügung hat.

### 1.3.3 Transparenz

Kernziel und letztlich auch Daseinsberechtigung für jede Middleware – unabhängig davon, ob es sich um kommunikationsorientierte oder anwendungsorientierte Middleware handelt – ist die Abstraktion von der Netzwerkprogrammierung, also das Verbergen von Verteilungsaspekte vor der Anwendung.

Das Zauberwort zur Abstraktion heißt Transparenz. Transparenz bedeutet: Gewisse Aspekte bleiben im Verborgenen, andere sind offen sichtbar. Transparenz bei Middleware bezieht sich vor allem auf das Verbergen bzw. Offenlegen von Verteilungsaspekten. Das „Advanced Network Systems Architecture (ANSA) Reference Manual" sieht folgende Transparenzarten als zentral für verteilte Systeme an:

**Zugriffstransparenz:** Der Anwendung bleibt verborgen, ob sich eine Ressource, auf die sie zugreifen möchte, lokal oder entfernt vorliegt. Die Middleware übernimmt die Vermittlung der Aufrufe.

**Ortstransparenz:** Der Anwendung bleibt weitgehend verborgen, wo sich eine Ressource, auf die sie zugreifen möchte, physikalisch befindet.

**Nebenläufigkeitstransparenz:** Dem Aufrufer einer Anwendung bleibt verborgen, ob weitere parallele Aufrufe in nebenläufigen Prozessen oder Threads bearbeitet werden. Parallele Aufrufe stören sich gegenseitig nicht.

**Fehlertransparenz:** Der Anwendung bleiben typische Fehler, wie sie durch Verteilung auftreten können (Übertragungsfehler, eine Komponente fällt aus), weitgehend verborgen.

**Replikationstransparenz:** Die Verwendung von Replikaten bleibt für die Anwendung transparent. Replikate werden vor allem eingesetzt, um die Verfügbarkeit einer Anwendung zu erhöhen.

Zu welchem Grad und mit welchen Mitteln eine Middleware diese Arten der Transparenz unterstützt, variiert. Vollständige Transparenz ist nicht immer möglich und vor allem auch nicht immer gewünscht. Beispielsweise möchte ein Anwender seinen Ausdruck nicht auf einen beliebigen Drucker im Netz verschicken, sondern festlegen, dass es der Drucker in seinem Stockwerk sein soll. Ortstransparenz wäre in diesem Fall kontraproduktiv.

Ein weiteres Beispiel unerwünschter Transparenz ist die Fehlertransparenz. Abhängig vom Fehlertyp kann es notwendig sein, dass der Anwender geeignet informiert wird, wo ein Fehler aufgetreten ist. Fehlertransparenz kann zu Akzeptanzproblemen bei den Anwendern führen.

## 1.4    Warum Verteilung?

Die Idee der Verteilung von Software ist alt. Jedoch erst in den 70er Jahren entwickelte sich – ausgehend von einem Forschungsprojekt zur Entwicklung eines dezentralen Netzwerks, dem ARPANET (Advanced Research Projects Agency Network) – die Technologie, die heute als Grundlage der Verteilung überhaupt gilt: das Internet. Die Standardisierung der Internetprotokolle, die Entwicklung geeigneter Netztechnologien sowie die Entwicklung leistungsfähiger Serverbetriebssysteme wie Unix bildeten die Basis. Neue Technologien folgten und bis heute ist das Internet einer der größten Treiber für Neuentwicklungen in der Informationstechnologie.

Mit der technischen Basis trat immer stärker die Notwendigkeit zur Verteilung von Anwendungen in den Vordergrund. Da die Entwicklung einer verteilten Anwendung jedoch zeit- und kostenaufwändig ist, stellt sich die Frage: Welche Vorteile bringt eine verteilte Anwendung gegenüber einer zentralen?

Die Antwort ist einfach: Verteilung ermöglicht die gemeinsame Nutzung von Ressourcen wie Hardware, Daten, Informationen und Funktionalität.

**Gemeinsame Nutzung von Hardware:** Zur Kostenersparnis werden in vielen Unternehmen Hardwareressourcen wie Drucker, Plotter oder Scanner gemeinsam genutzt. Über ein verteiltes System werden Aufträge an die Geräte versendet. Rechner im verteilten System übernehmen die Verwaltung.

**Gemeinsame Nutzung von Daten und Informationen:** Die gemeinsame Nutzung von Daten spielt vor allem im Bereich der Informationssysteme eine zentrale Rolle. Verteilte Anwendungen ermöglichen Zugriff auf Unternehmensdaten aller Art. Daten und Informationen hängen eng zusammen. Informationen basieren auf Daten, beschreiben jedoch zusätzliche Zusammenhänge. Beispielsweise enthalten Webseiten Informationen zu beliebigen Themen. Mit Hilfe von Suchmaschinen können die Informationen im Internet abgerufen werden.

**Gemeinsame Nutzung von Funktionalität:** Die Wiederverwendung von Funktionalität spielt insbesondere bei der Entwicklung einer Anwendung eine Rolle. Sie bedeutet zum Einen Zeitersparnis, da die Funktionalität nicht erneut entwickelt werden muss, zum Anderen kann davon ausgegangen werden, dass eine häufig verwendete Funktionalität eher fehlerfrei ist als eine neu entwickelte.

Verteilung bringt eine Reihe von Vorteilen für bestehende Anwendungen und sie eröffnet neue Möglichkeiten. Heute werden eine Reihe von Diensten und Geschäftsmodellen im Internet angeboten, die in dieser Form früher niemals möglich und denkbar gewesen wären.

Neben den Vorteilen bringt Verteilung jedoch auch einige gravierende Nachteile mit sich. Eine verteilte Anwendung, die auf dem Internet als verteiltem System aufsetzt, ist einem hohen Sicherheitsrisiko ausgesetzt. Kein System, das eine Verbindung zum Internet hat, kann als vollkommen sicher gegen Angriffe gelten. Im Rennen zwischen Hackern und Softwareherstellern sind Erstere immer eine Nasenlänge voraus. Die Anzahl an Würmern und Viren, die im Netz ihr Unwesen treiben und zum Teil immense Schäden anrichten, steigt täglich.

## 1.5 Architekturmodelle

Ein Architekturmodell beschreibt die Rollen der Komponenten innerhalb einer verteilten Anwendung sowie die Beziehungen zwischen ihnen. Die Rolle einer Anwendungskomponente ist im Wesentlichen durch die Eigenschaften des Prozesses, in dem sie läuft, festgelegt. Heute finden vor allem zwei Architekturmodelle ihren Einsatz: das Client-Server-Architekturmodell und das Peer-to-Peer-Architekturmodell.

## 1.5.1 Das Client-Server-Architekturmodell

Verteilte Anwendungen implementieren heute in vielen Fällen das Client-Server-Architekturmodell. Das Modell ist gekennzeichnet durch einen kurzlebigen Clientprozess, der mit einem langlebigen Serverprozess kommuniziert. Der Clientprozess läuft eine begrenzte Zeit und erfüllt eine festgelegte Aufgabe. Nach Beendigung der Aufgabe wird der Clientprozess beendet. Ein Serverprozess hingegen läuft über einen längeren Zeitraum. Das bedeutet, er wird einmal gestartet und ist aktiv, bis der Rechner abgestellt oder der Prozess explizit vom Administrator beendet wird. Solange der Serverprozess läuft, steht er für Anfragen von einem oder mehreren Clientprozessen zur Verfügung (siehe *Abbildung 1.5*). In der Praxis finden sich mehrere Variationen des Client-Server-Modells.

Abbildung 1.5: Einfaches Client-Server-Architekturmodell

**Mobiler Code**   Zu finden ist diese Variation des Client-Server-Modells bei Anwendungen, die Applets verwenden. Applets sind eine Technologie der Java-Plattform für Internetanwendungen.

Applets als serverseitige Anwendungskomponenten wandern auf Anfrage in binärer Form vom Server zum Client. Die Clientkomponente, in diesem Fall der Browser, kann Aufrufe lokal auf dem Applet durchführen. Nur bei Bedarf wendet sich das Applet an den Webserver zur weiteren Bearbeitung von Anfragen.

**Kooperierende Server**   Manchmal reicht ein Serverprozess zur Bearbeitung einer Anfrage nicht aus. In diesem Fall bearbeitet ein Verbund von Servern, transparent oder erkennbar für den Client, einen Aufruf. Verwendung findet auch dieses Modell vor allem im Internet. Beispielsweise erfolgt die Suche nach der IP-Adresse zu einem Domänennamen, üblicherweise über mehrere Domain Name Server (DNS).

Domain Name Server verwalten Abbildungstabellen von Domänennamen auf IP-Adressen. Findet ein Server in seiner Tabelle keinen Eintrag zu einem Namen, schickt er den Aufruf weiter an einen anderen Server, bis die entsprechende IP-Adresse gefunden wurde. Wie viele Server in die Suche involviert sind, bleibt für den Client vollständig transparent.

**Replizierte Server**   Manchmal ist es sinnvoll, Replikate eines Servers bereitzustellen. Durch Replikate wird es möglich, mehrere Anfragen von Clients schneller zu bedienen. Abhängig von der Technik kann das Vorhandensein eines Replikats für den Client verborgen bleiben oder sichtbar sein. Eingesetzt wird diese Client-Server-Variation in vielen Bereichen, insbesondere wenn hohe Verfügbarkeitsanforderungen an eine Anwendung oder ein System gestellt wurden (siehe auch Kapitel 3, Verfügbarkeit).

Eine weitere Einsatzmöglichkeit für replizierte Server sind so genannte Spiegelserver, auch Mirror genannt. Mirrors sind für den Client sichtbare Replikate. Sie werden üblicherweise im Internet eingesetzt, um das Herunterladen von Software nicht auf einen Server weltweit zu konzentrieren, sondern auf viele Server zu verteilten. Die Server liegen dabei strategisch günstig verteilt, beispielsweise auf verschiedenen Kontinenten, und werden in regelmäßigen Abständen abgeglichen.

### 1.5.2 Das Peer-to-Peer-Architekturmodell

Das Peer-to-Peer-Architekturmodell arbeitet mit gleichberechtigten Prozessen. Peer-Prozesse laufen lokal und tauschen nur bei Bedarf Informationen aus (siehe *Abbildung 1.6*).

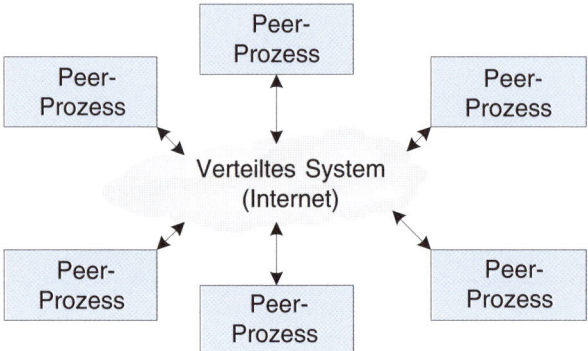

Abbildung 1.6: Peer-to-Peer-Modell

Das Peer-to-Peer-Modell hat den Vorteil, dass es keinen zentralen Prozess benötigt. Diese Eigenschaft macht das Modell insbesondere bei vielen Tauschbörsen im Internet sehr beliebt, die nur bedingt von der Existenz eines zentralen Servers abhängig sein wollen. Hier treten zum Teil auch Mischformen des Client-Server- und Peer-to-Peer-Modells auf. Beispielsweise kann in einer Tauschbörse ein Serverprozess eingesetzt werden, der Adressen der beteiligten Tauschpartner sowie ihre Angebote verwaltet.

## 1.6 n-Tier-Architekturen

Der Entwurf einer verteilten Client-Server-Anwendung bringt eine Reihe von Herausforderungen mit sich. Unter der Prämisse, dass zentrale, nicht verteilte Anwendungen sicher und performant sind, stellt sich für den Entwickler die Frage, wie bei einer verteilten Anwendung die Komponenten geeignet auf die Knoten des verteilten Systems zu legen sind, ohne dass zu große Verluste bei der Performance auftreten oder Sicherheitsrisiken entstehen. Es sind insbesondere folgende Fragen zu beantworten:

- Welche und wie viele Anwendungskomponenten innerhalb der Anwendung wird es geben?
- Wie werden die Aufgaben der Anwendung geeignet auf die Anwendungskomponenten verteilt?
- Wie werden die Anwendungskomponenten auf die Knoten des verteilten Systems verteilt?

n-Tier-Architekturen sind eine Ergänzung zum Client-Server-Architekturmodell und beschreiben Modelle zur Verteilung einer Anwendung auf den Knoten des verteilten Systems. Sie finden vor allem bei Informationssystemen Verwendung.

Grundlage einer n-Tier-Architektur ist die Tier. Der Begriff Tier stammt aus dem Englischen und bezeichnet eine Schicht oder Stufe. Im Client-Server-Architekturmodell bezeichnet eine Tier einen eigenständigen Prozessraum innerhalb der Anwendung. Tier-Grenzen treten generell an Rechnergrenzen auf, sind jedoch auch lokal an Grenzen von Prozessräumen möglich. In der Praxis werden vor allem 2 bis 4-Tier-Architekturen eingesetzt. Seltener finden sich 5- und mehr-Tier-Architekturen. Die gewählte Architektur kann sich erheblich auf die Eigenschaften einer Anwendung auswirken.

## 1.6.1  Problemstellung

Bevor die verschiedenen n-Tier-Architekturen im Detail vorgestellt werden, wird kurz die eigentliche Problemstellung betrachtet. In einem verteilten Informationssystem findet sich typischerweise folgende Aufgabenteilung:

**Präsentation:** Präsentation ist die Bereitstellung einer interaktiven Benutzerschnittstelle zur Anwendung.

**Anwendungslogik:** Die Anwendungslogik liefert die eigentliche Funktionalität einer Anwendung. Hier liegen der Kern und letztlich der Mehrwert der gesamten Anwendung.

**Datenhaltung:** Datenhaltung ist vor allem bei datenzentrierten Anwendungen relevant. Aufgabe ist die dauerhafte Speicherung der Daten und die Sicherung der Datenkonsistenz.

Aufgabe einer n-Tier-Architektur ist es, eine geeignete Zuordnung der Aufgaben zu Anwendungskomponenten sowie eine Verteilung der Anwendungskomponenten auf Tiers zu finden.

## 1.6.2  2-Tier-Architektur

In einer 2-Tier-Architektur gibt es eine Client- und eine Server-Tier. Auf der Client-Tier liegt die Anwendungskomponente zur Präsentation, auf der Server-Tier findet sich die Komponente zur Datenhaltung. Für die Anwendungslogik gibt es keine eigene Tier, sie wird individuell auf Client- und Server-Tier verteilt (siehe *Abbildung 1.7*).

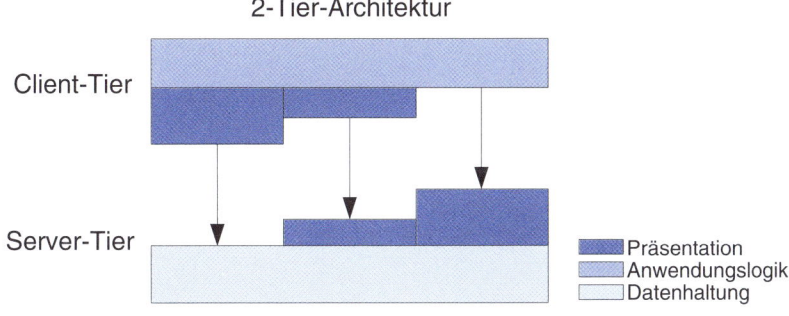

Abbildung 1.7: 2-Tier-Architektur

2-Tier-Architekturen gehörten zu den ersten Verteilungsmodellen für verteilte Client-Server-Anwendungen. Vor allem zwei Technologien wurden in ihrem Zusammenhang bekannt: 4GL-Sprachen und Stored Procedures.

**4GL-Sprachen (Fourth Generation Language):** 4GL-Sprachen sind Programmiersprachen, die sich auf die Entwicklung einfacher datenzentrierter 2-Tier-Anwendungen spezialisiert haben. 4GL-Sprachen bieten zum Einen die Funktionalität zur (automatisierten) Entwicklung der Benutzeroberfläche, zum Anderen unterstützen sie durch geeignete Sprachmittel den Zugriff auf die Datenbank. Die Implementierung von Anwendungen wird mit ihrer Hilfe sehr einfach und kann in großen Teilen automatisiert werden.

**Stored Procedures:** Stored Procedures sind eine Erweiterung relationaler Datenbanken: SQL-Anfragen werden in einer Stored Procedure vordefiniert und in der Datenbank abgelegt. Der Client ruft bei Bedarf die entsprechende Prozedur auf. Die SQL-Anfragen werden ausgeführt und das Ergebnis an den Client übergeben. Anwendungslogik auf der Server-Tier wird mit Stored Procedures realisiert.

Sowohl 4GL-Sprachen als auch Stored Procedures erfreuten sich lange Zeit großer Beliebtheit, da sie einfach zu verstehen und zu programmieren waren. Sie führen jedoch bei unüberlegtem Einsatz schnell zu undurchschaubaren, unstrukturierten Anwendungen. Nicht zuletzt aus diesen Gründen werden 2-Tier-Architekturen heute nur noch selten eingesetzt. Ein weiterer Nachteil ist ihre schlechte Skalierbarkeit. Eine 2-Tier-Anwendung, die für 30 Anwender gebaut wurde, lässt sich schwer auf 300 oder gar 3000 Anwender erweitern, eine Anforderung, wie sie in der Praxis durchaus üblich ist.

Stored Procedures sind im Gegensatz zu 4GL-Sprachen keine reine 2-Tier-Technologie. Sie werden beispielsweise auch zur gezielten Verbesserung der Performance in 3-Tier-Architekturen eingesetzt.

### 1.6.3  3-Tier-Architektur

Die 3-Tier-Architektur ist eine Erweiterung der 2-Tier-Architektur. Zwischen Client-Tier und Server-Tier wird eine weitere Tier geschoben, die auf Grund ihrer Position auch als Middle-Tier bezeichnet wird (siehe *Abbildung 1.8*).

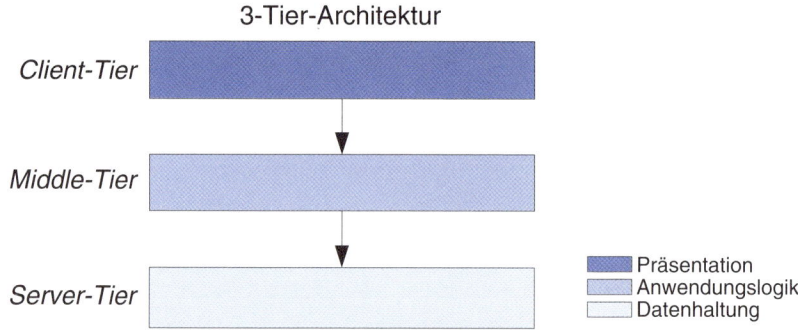

Abbildung 1.8: 3-Tier-Architektur

Die Aufgaben einer verteilten Anwendung werden nun auf drei Tiers verteilt. Die Präsentationskomponente liegt weiterhin auf der Client-Tier, die Datenhaltung verbleibt auf der Server-Tier. Die Anwendungslogik erhält nun ihre eigene Tier: die Middle-Tier.

3-Tier-Architekturen bringen vor allem zwei Vorteile mit sich: Sie erlauben eine zentrale Administration der Anwendungslogik und sie sind gut skalierbar. Einfache Internetanwendungen, die auf Client, Webserver und Datenbank verteilt vorliegen, sind klassische Beispiele einer 3-Tier-Architektur.

## 1.6.4   4- und mehr-Tier-Architektur

4- und mehr-Tier-Architekturen unterscheiden sich in ihrem Verhalten nicht mehr wesentlich von 3-Tier-Architekturen. Neben der Middle-Tier werden weitere Tiers zwischen Client-Tier und Server-Tier eingezogen, die Anwendungslogik wird auf die zusätzlichen Tiers verteilt. Optional erhält jede der Tiers einen individuellen Namen abhängig von ihrer Aufgabe (z.B. Web-Tier, Anwendungs-Tier, Integrations-Tier).

*Abbildung 1.9* zeigt beispielhaft, wie eine 4-Tier-Internetanwendung auf die Infrastruktur eines Unternehmens verteilt werden kann. Dieses Szenario ist typisch für viele Internetanwendungen.

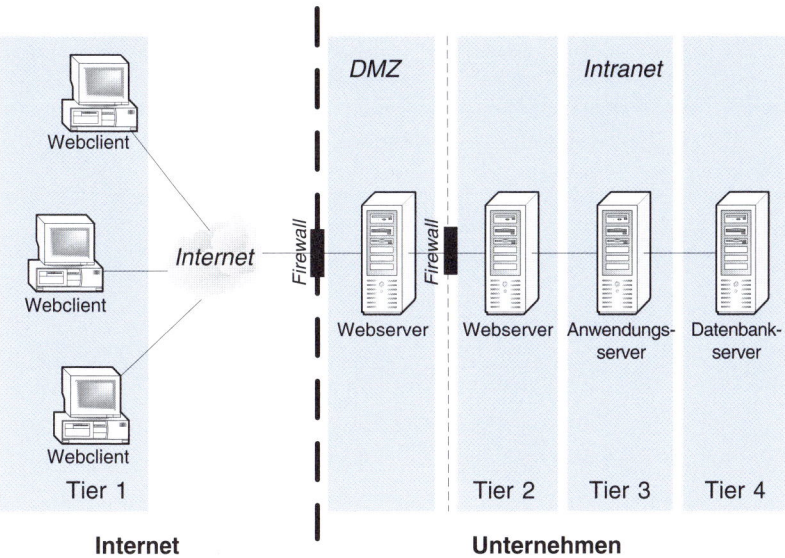

Abbildung 1.9: Beispiel einer typischen 4-Tier-Internetanwendung

**Tier 1:** Der Browser als graphische Zugriffsschnittstelle existiert verteilt auf beliebigen Rechnern im Internet. Jeder der Rechner repräsentiert die Client-Tier (Tier 1). Anfragen der Anwender werden vom Browser über das Internet in den Bereich des Unternehmens transportiert.

An der Grenze zwischen Internet und Unternehmensnetz schützt eine Firewall das Unternehmensnetz gegen unberechtigte Zugriffe. Aus Sicherheitsgründen wird in vielen Unternehmen zusätzlich eine Pufferzone zwischen Internet und Intranet eingezogen, die Demilitarisierte Zone (DMZ). Demilitarisierte Zonen erschweren das Eindringen in den kritischen Intranet-Bereich eines Unternehmens. Zwischen DMZ und Intranet liegt eine zweite Firewall. In der DMZ selbst liegen lediglich unkritische Daten, alle Anfragen werden über die zweite Firewall in das Intranet weitergeleitet.

**Tier 2-5:** Im Intranet finden sich schließlich alle Tiers mit ihren Servern, auf denen die Anwendungslogik und die Datenhaltung liegen. Der Webserver (Tier 2) ist zuständig für das Entgegennehmen der Aufrufe sowie zur Aufbereitung der Ergebnisse als HTML-Seiten. Der Anwendungsserver (Tier 3) beherbergt und verwaltet die Anwendungslogik. Der Datenbankserver (Tier 4) ist zuständig für die gesamte Datenhaltung. Bei hochverfügbaren, performanten Anwendungen werden auf diesen Tiers häufig Cluster verwendet (siehe auch Kapitel 3, Verfügbarkeit).

## 1.6.5 „Thin"- und „Fat" Clients

Neben der Anzahl ihrer Tiers werden n-Tier-Architekturen auch anhand der Komplexität der Anwendungskomponente auf der Client-Tier charakterisiert. Es werden zwei Architekturtypen unterschieden:

- Thin-Client-Architekturen (engl. für dünn)
- Fat-Client-Architekturen (engl. für dick)

Erfüllt die Anwendungskomponente auf der Client-Tier ausschließlich Präsentationsaufgaben, handelt es sich um eine Thin-Client-Architektur. Übernimmt die Präsentation auch Aufgaben der Anwendungslogik, spricht man von einer Fat-Client-Architektur.

Wie „dünn" eine Präsentationskomponente tatsächlich ist, kann unterschiedlich sein. Bei Internetanwendungen entspricht beispielsweise der Webbrowser der Präsentationskomponente. Internetanwendungen können grundsätzlich als Thin-Client-Architekturen eingeordnet werden. Manchmal wird in diesem Zusammenhang auch von Ultra-Thin-Client-Architekturen gesprochen.

Im Gegensatz zur Thin-Client-Architektur liegen bei einer Fat-Client-Architektur zusätzlich Teile der Anwendungslogik auf der Client-Tier. Die meisten 2-Tier-Architekturen sind naturgemäß gleichzeitig Fat-Client-Architekturen.

## 1.6.6   Einsatz der Architekturtypen

Thin- und Fat-Client-Architekturen lassen sich mit allen n-Tier-Architekturen kombinieren. Die Frage, wann man sich für welchen der Architekturtypen entscheidet, muss von Anwendung zu Anwendung individuell entschieden werden. *Tabelle 1.1* listet allgemeine Richtlinien, die bei der Entscheidung für oder gegen einen Architekturtyp helfen können.

**Tabelle 1.1**

**Richtlinien zum Einsatz der Architekturtypen**

|  | Fat-Client | Thin-Client | 2-Tier | 3-Tier |
|---|---|---|---|---|
| Gute Netzverbindung |  | X | X | X |
| Schlechte Netzverbindung | X |  | X |  |
| Hohe Komplexität der Anwendungslogik |  | X |  | X |
| Geringe Komplexität der Anwendungslogik | X |  | X |  |
| Hohe Nebenläufigkeit |  | X |  | X |
| Geringe Nebenläufigkeit | X | X | X |  |
| Webanwendung |  | X |  | X |

# 1.7 Abgrenzung zu EAI

Der Begriff „Enterprise Application Integration" (EAI) macht in letzter Zeit immer mehr von sich reden. In vielen Unternehmen hat sich eine über die Jahre gewachsene Anwendungslandschaft gebildet mit einer bunten Sammlung von unabhängig agierenden Anwendungen. Jede Anwendung läuft auf ihrer individuellen Plattform mit ihrer individuellen Technologie. Die Technologien spiegeln üblicherweise den zum Zeitpunkt der Anwendungsentwicklung herrschenden Trend in der Informationstechnologie wider:

Während in den 60er und 70er Jahren noch COBOL-Anwendungen am Mainframe üblich waren, so kamen in den 80er Jahren umfangreiche Client-Server-Anwendungen, Unix und C++ auf den Markt. Seit Mitte der 90er Jahre setzt sich mehr und mehr die Entwicklung mit der Java-Plattform durch. J2EE wurde 1998 en vogue und ist es bis heute. Seit Anfang 2000 machten schließlich .Net und Webservices von sich reden und prägen aktuell den Trend der Zeit.

Durch die Einführung neuer Technologien werden neue Geschäftsmodelle und Dienstleistungen möglich, die in dieser Form bisher nicht denkbar waren. Die bestehende Anwendungslandschaft darf jedoch nicht angetastet werden, da ihre Funktionalität häufig kritisch für die Abläufe in Unternehmen ist. Die Lösung liegt in der Integration der alten Anwendungen durch eine neue, übergeordnete Anwendung. Integration bedeutet hier: Die Anwendungen können über Technologiegrenzen hinweg miteinander kommunizieren.

Offensichtlich bringt die Integration heterogener Anwendungen eine Reihe von Problemen mit sich: Wie kommuniziert beispielsweise eine COBOL-Anwendung am Mainframe mit einer J2EE-Anwendung auf einem Client-Server-System? Was ist zu tun, damit eine Webanwendung auf der Basis von .Net mit einem SAP-System Daten austauscht?

Den Schlüssel zur Lösung des Problems liefert EAI. EAI bezeichnet eine Mischung aus Konzepten, Technologien und Werkzeugen, die in ihrer Gesamtheit die Integration heterogener Anwendungen unterstützen.

Die Ziele von EAI haben viel Ähnlichkeit mit den Zielen einer Middleware. Nicht umsonst werden Middleware-Technologien häufig auch im EAI-Bereich eingesetzt. Es gibt jedoch einen grundlegenden Unterschied: EAI fokussiert die Integration eigenständiger Anwendungen, Middleware konzentriert sich stärker auf die Kommunikation zwischen Anwendungskomponenten. Aus dieser Zielrichtung lassen sich zwei zentrale Unterschiede ableiten (siehe *Tabelle 1.2*), die sich insbesondere auf die Wahl der Middleware- und EAI-Technologien auswirken.

**Tabelle 1.2**

**Eigenschaften verteilter Anwendungen im Vergleich zur Anwendungsintegration**

| | Verteilte Anwendung | Anwendungsintegration |
|---|---|---|
| **Koppelungsgrad der Komponenten** | hoch | niedrig |
| **Vorkommen unterschiedlicher Technologien** | eher unwahrscheinlich | wahrscheinlich |

Da EAI und Anwendungsintegration nicht Thema dieses Buches sind, wird an dieser Stelle auf die weiterführende Literatur verwiesen. Wenn in den folgenden Kapiteln über Middleware-Konzepte und -Technologien gesprochen wird, so ist jedoch zu beachten, dass viele von ihnen grundsätzlich für den EAI-Bereich geeignet sind und dort auch eingesetzt werden.

## Z U S A M M E N F A S S U N G

Ein verteiltes System ist ein System, in dem sich Hardware- und Softwarekomponenten auf vernetzten Computern befinden und miteinander über den Austausch von Nachrichten kommunizieren.

Eine verteilte Anwendung nutzt ein verteiltes System, um Anwendern eine in sich geschlossene Funktionalität zur Verfügung zu stellen. Sie bietet immer in irgendeiner Form einen fachlichen Mehrwert.

Middleware ist eine nichtfachliche Softwarekomponente, die von der verteilten Anwendung als Programmierschnittstelle zum verteilten System genutzt wird. Aufgabe der Middleware ist die Abstraktion von der Netzwerkprogrammierung sowie das Verbergen von Verteilungsaspekten vor der Anwendung (Transparenz).

Die Vorteile der Verteilung lassen sich in einem Satz zusammenfassen: Sie ermöglicht die gemeinsame Nutzung von Ressourcen wie Hardwarekomponenten, Daten, Informationen und Funktionalität.

Die Komponenten einer verteilten Anwendung laufen in unabhängigen Prozessräumen. Architekturmodelle beschreiben Interaktionsmuster und Rollen der Prozesse, die als Vorgaben für den Architekturentwurf dienen. Zwei Architekturmodelle spielen insbesondere bei verteilten Anwendungen einer Rolle: das Client-Server-Modell und das Peer-to-Peer-Modell. Zum Client-Server-Modell gibt es eine Vielzahl an Varianten.

n-Tier-Architekturen sind eine Verfeinerung des Client-Server-Modells. Sie beschreiben, wie die Komponenten einer verteilten Anwendung auf Tiers im verteilten System verteilt werden und welche Aufgabe eine Komponente innerhalb der verteilten Anwendung übernimmt. Für Internetanwendungen finden vor allem 3- und 4-Tier-Architekturen Verwendung. Der Vorteil dieser Architekturen ist die Möglichkeit zur zentralen und geschützten Verwaltung von Middle-Tier und Server-Tier im Intranet.

Enterprise Application Integration, kurz EAI, ist als verwandtes Konzept zu verteilten Anwendungen und Middleware zu sehen. Es handelt sich hierbei um einen Sammelbegriff für Konzepte und Technologien zur Integration vollständiger Anwendungen. Auch wenn es konzeptuell Unterschiede gibt, so sind Middleware-Technologien weitgehend auch für den Bereich der Anwendungsintegration geeignet. Umgekehrt sind EAI-Technologien häufig zu komplex für einfache verteilte Anwendungen.

## Z U S A M M E N F A S S U N G

## Übungen

**1.** Definieren Sie verteiltes System, verteilte Anwendung und Middleware und grenzen Sie die Begriffe voneinander ab.

**2.** Beschreiben Sie, jeweils anhand eines Beispiels, wann sich der Einsatz einer Middleware lohnt bzw. wann direkte Netzwerkprogrammierung angezeigt ist.

**3.** Überlegen Sie sich neben den oben genannten weitere Beispiele für Fälle, in denen vollständige Transparenz keinen Sinn macht.

**4.** Die Verteilung von Anwendungen wirft viele Probleme auf. Begründen Sie anhand von Beispielen, warum es dennoch sinnvoll sein kann, eine Anwendung verteilt zu realisieren.

**5.** Begründen Sie, warum eine 2-Tier-Architektur nicht für Internetanwendungen geeignet ist.

**6.** Sie erhalten die Aufgabe, eine hochverfügbare Internetplattform zur Versteigerung von DVDs zu entwerfen. Erläutern Sie kurz, welche Architekturmodelle bzw. Verteilungsmodelle Sie einsetzen würden. Skizzieren Sie eine Grobarchitektur Ihrer Lösung.

**7.** Middleware kann sowohl im EAI-Bereich als auch für verteilte Anwendungen eingesetzt werden. Erläutern Sie, welche Eigenschaften eine Middleware jeweils unterstützen sollte.

# Literatur

## ■ Verteilte Systeme, Middleware

George Coulouris, Jean Dollimore, Tim Kindberg: Distributed Systems, Concepts and Design. Wokingham: Addison Wesley, 3.Ausgabe 2001 (dt. Verteilte Systeme – Konzepte und Design; München, Pearson Studium, 3., überarbeitete Auflage 2002).

Andrew Tanenbaum, Marten van Steen: Distributed Systems; Englewood Cliffs, NJ: Prentice Hall 2003 (dt. Verteilte Systeme – Grundlagen und Paradigmen; München, Pearson Studium 2003).

The Advanced Network Systems Architecture (ANSA) Reference Manual; Castle Hill, Cambridge, England: Architecture Project Management.

## ■ Verteilte Anwendungen

Johannes Siedersleben (Herausgeber): Softwaretechnik – Praxiswissen für Software-ingenieure; München, Hanser, 2. überarbeitete und aktualisierte Auflage 2003.

## ■ Client-Server

Robert Orfali, Dan Harkey, Jery Edwards: Client/Server Survival Guide; New York, NY, John Wiley & Sons, Third Edition 1999.

## ■ Enterprise Application Integration

Wolfgang Keller: Enterprise Application Integration, Erfahrungen aus der Praxis; Heidelberg, dpunkt Verlag, 1. Auflage 2002.

William A. Ruh, Francis X. Maginnis, William J. Brown: Enterprise Application Integration, A Wiley Tech Brief; New York, NY, John Wiley & Sons, 2001.

# Kommunikationsorientierte Middleware

**2**

**ÜBERBLICK**

In diesem und im folgenden Kapitel wird ein Klassifikationsschema für Middleware eingeführt. Das Schema teilt Middleware in zwei Kategorien ein: kommunikationsorientierte Middleware und anwendungsorientierte Middleware.

Kommunikationsorientierte Middleware konzentriert sich auf die Bereitstellung einer geeigneten Kommunikationsinfrastruktur für Komponenten einer verteilten Anwendung. Anwendungsorientierte Middleware erweitert kommunikationsorientierte Middleware um Dienste und Laufzeitaspekte zur Unterstützung von Anwendung. Dies ist Thema von Kapitel 3.

Wie *Abbildung 2.1* zeigt, handelt es sich bei kommunikationsorientierter Middleware um eine einfache Abstraktionsschicht zwischen Anwendung und verteiltem System.

Abbildung 2.1: Kommunikationsorientierte Middleware

## 2.1  Aufgaben

Kommunikation ist der Sinn und Zweck einer jeden Middleware, unabhängig davon, ob sie als kommunikationsorientiert oder anwendungsorientiert eingestuft wird. Die in diesem Abschnitt vorgestellten Aufgaben können somit als grundlegend für jegliche Art von Middleware gesehen werden. Sie umfassen Anforderungen an die Kommunikation durch Bereitstellung eines Protokolls sowie Unterstützung der Datentransformation und Übertragung. Ebenso zentral ist ein geeigneter Umgang mit Fehlern, die auf Grund der Verteilung auftreten können.

### 2.1.1  Kommunikation

Als zusätzliche Schicht zwischen den Komponenten des verteilten Systems und der Anwendung benötigt auch eine Middleware ein Protokoll. Das Middleware-Protokoll setzt auf dem Transportprotokoll des verteilten Systems auf und steuert die Kommunikation zwischen den verteilten Middleware-Komponenten (siehe *Abbildung 2.2*).

| Anwendungsprotokoll |
| :---: |
| Middlewareprotokoll |
| Transportprotokoll (z.B. TCP) |
| Untere Schichten im Protokollstack |

Abbildung 2.2: Einordnung des Middleware-Protokolls

Welche Aufgaben das Protokoll im Einzelnen zu erfüllen hat, hängt von der jeweiligen Middleware ab. Unterstützt beispielsweise die Middleware ein Konzept zur Prozess- und Threadverwaltung, so ist es Aufgabe des Middleware-Protokolls, Kommunikation und Prozessverwaltung geeignet aufeinander abzustimmen. Aufrufe zwischen Anwendungskomponenten werden den entsprechenden Prozessen oder Threads zugestellt. Parallele Aufrufe sind zu verwalten, ebenso ist der Kommunikationsfluss zu kontrollieren.

## 2.1.2 Marshalling, Unmarshalling

Mit Marshalling wird der Vorgang bezeichnet, Daten in ein übertragungsfähiges Format zu transformieren. Unmarshalling bezeichnet dementsprechend die Wiederherstellung der Daten nach Empfang. Marshalling und Unmarshalling sind Aufgaben, die von der jeweiligen Middleware übernommen werden und die sicherstellen, dass die verteilten Anwendungskomponenten bei ihrer Kommunikation über das Netz auf einer einheitlichen und definierten Darstellung der Datentypen arbeiten können.

Demgegenüber steht eines der Kernprobleme der Datenübertragung: die Heterogenität in verteilten Systemen und Anwendungen. Insbesondere zwei Arten der Heterogenität sind es, die eine einheitliche Darstellung der Daten erschweren:

**Heterogenität der Hardware und des Betriebssystems:** Kennzeichnende Eigenschaft eines verteilten Systems ist seine Heterogenität. Betriebssysteme und Hardwareplattformen unterschiedlicher Hersteller mit unterschiedlichen Technologien sind in einem verteilten System eher die Regel als die Ausnahme. Jede Hardwareplattform und jedes Betriebssystem kennt ihr bzw. sein individuelles Konzept zur Darstellung von Datentypen.

Bei Hardwareplattformen wird beispielsweise danach unterschieden, in welcher Reihenfolge die Bytes eines Mehr-Byte-Datentypen im Speicher abgelegt werden: Big-Endian-Systeme speichern höherwertige Bytes auf niedrigeren Speicheradressen, Little-Endian-Systeme legen höherwertige Bytes auf höhere Speicheradressen. *Tabelle 2.1* illustriert die Little-Endian- und Big-Endian-Darstellung im Hauptspeicher am Beispiel der Zahl 1347.

1347 = 00000000 00000000 00000101 01000011

**Tabelle 2.1**

### Big-Endian- und Little-Endian-Darstellung der Zahl 1347

| Speicheradresse | Big-Endian-Darstellung | Little-Endian-Darstellung |
| --- | --- | --- |
| 00 | 00000000 | 01000011 |
| 01 | 00000000 | 00000101 |
| 02 | 00000101 | 00000000 |
| 03 | 01000011 | 00000000 |

Auch Betriebssysteme unterstützen unterschiedliche Formate zur Darstellung von Zeichen. IBM-Mainframes verwenden beispielsweise das EBCDIC-Format (Extended Binary Coded Decimal Interchange Code) zur Codierung von Zeichen, wohingegen Unix den ASCII-Zeichencode (American Standard Code for Information Interchange), auch bekannt als ANSI X 3.4, unterstützt. Die Java-Plattform hingegen setzt auf dem Unicode Standard auf, einem (Hardware-) plattform-unabhängigen Zeichencode.

Eine korrekte Interpretation der Daten sowie die Aufbereitung für die Anwendungskomponenten ist Aufgabe einer Middleware. Unterschiedlich codierte oder gespeicherte Daten werden durch plattform-spezifische Middleware-Installationen in ein einheitliches, middleware-spezifisches Format gebracht. Der Anwendung bleibt auf diese Art die Heterogenität auf der untersten Ebene eines verteilten Systems vollständig verborgen.

**Heterogenität der Programmiersprachen:** Ein ebenfalls häufig auftretendes Problem in verteilten Anwendungen ist die Heterogenität der Programmiersprachen. Jede Programmiersprache kennt ihre individuelle Darstellung von Datentypen im Hauptspeicher. In einer verteilten Anwendung kann im Allgemeinen nicht vorausgesetzt werden, dass alle Anwendungskomponenten die gleiche Programmiersprache unterstützen. Für eine fehlerfreie Kommunikation muss jedoch sichergestellt sein, dass alle Kommunikationspartner die übertragenen Daten identisch interpretieren können. Beispielsweise sollte es möglich sein, dass eine Java-Anwendungskomponente mit einer Komponente in C++ kommunizieren kann, ohne dass es Informationsverluste durch falsche Interpretation der übertragenen Daten gibt.

Zur Lösung des Problems werden zu Marshalling und Unmarshalling der Daten übergeordnete Formate verwendet. Diese sind allen Kommunikationspartnern bzw. ihrer Middleware bekannt. Bei der Verwendung von übergeordneten Datenformaten wird zwischen plattformspezifischen und externen Datenformaten unterschieden.

## Plattformspezifische Datenformate

Viele Middleware-Plattformen unterstützen ein plattformspezifisches Datenformat. Das Format dient als Grundlage der Datentransformation und Datenwiederherstellung. Die Daten werden entsprechend den Vorgaben in ein Übertragungsformat, üblicherweise ein Byteformat, transformiert. Es wird vorausgesetzt, dass der Kommunikationspartner die gleiche Plattform nutzt.

Beispiel für ein plattformspezifisches Datenformat ist die CDR (Common Data Representation) der CORBA-Plattform (siehe Kapitel 8). Die CDR ist unabhängig von einer bestimmten Programmiersprache, kennt jedoch Darstellungen für alle Daten, die im Rahmen einer CORBA-Kommunikation übertragen werden können.

Auch die Java-Plattform nutzt ein plattformspezifisches Format, geht jedoch einen Sonderweg. Unter der Annahme, dass alle Kommunikationspartner die gleiche Sprache (Java) sprechen, kann auf ein zusätzliches Format verzichtet werden. Java-Objekte werden direkt durch Objektserialisierung in ein Byteformat umgewandelt.

## Externe Datenformate

Ein externes Datenformat ist ein plattformunabhängiges Format zur Datenübertragung. Als Übertragungsformat hat sich heute weitgehend XML durchgesetzt. XML ist eine deklarative Sprache zur Beschreibung von beliebigen Strukturen (Dokumente, Daten etc.). Semantische Grundlage für XML-formatierte Daten ist ein XML-Schema. Es definiert die Bedeutung der XML-Strukturen. XML-Schema und XML werden in Kapitel 7 vorgestellt.

Vorteil der plattformspezifischen Datenformate gegenüber XML ist die in der Regel kompaktere Datenrepräsentation. Durch die verhältnismäßig raumgreifende Beschreibung mit XML kann sich der Umfang der letztlich zu übertragenen Daten um ein Vielfaches vergrößern. Ein einfaches Byteformat ist hier wesentlich effizienter.

XML findet heute vor allem im Internetbereich Einsatz. Webservices nutzen XML zur Datenübertragung. Jedoch auch im B2B-Bereich (Business-to-Business) findet XML immer mehr Unterstützung.

## 2.1.3 Fehlerbehandlung/Fehlerbehebung

Für verteilte Anwendungen ist die korrekte und zuverlässige Übertragung ihrer Nachrichten Voraussetzung für ein fehlerfreies Agieren. Typischerweise können bei Verteilung zwei Arten von Fehlern auftreten, die fehlerhafte Übertragung der Daten sowie der Ausfall vollständiger Komponenten. Zur Fehlerbehandlung wird jeweils klar unterschieden, wer für die Fehlerbehandlung bzw. Fehlerbehebung verantwortlich ist. Dies kann das verteilte System, die Middleware oder die Anwendung selbst sein.

### Fehlerhafte Übertragung

Bei der Übertragung von Daten kann der Fall auftreten, dass einzelne Bits invertiert werden oder Nachrichtenpakete verloren gehen. Die Sicherstellung einer fehlerfreien Übertragung von Nachrichten ist in erster Linie Aufgabe der Protokolle des verteilten Systems. Mit Hilfe von Prüfsummenchecks werden Fehler in den übertragenen Daten erkannt, mit Hilfe von Bestätigungsnachrichten werden verloren gegangene Nachrichten identifiziert. In jedem Fall sorgt das verteilte System transparent für ein Neuversenden der Daten.

### Ausfall von Komponenten

Der Ausfall vollständiger Komponenten, unabhängig davon, ob es sich um Hardware- oder Softwarekomponenten handelt, ist durch das verteilte System alleine nicht mehr zu bewältigen. Hier müssen Fehlerstrategien auf höherer Ebene erfolgen, entweder in der Middleware oder sogar auf Anwendungsebene. Welche Strategie zur Fehlerbehandlung bzw. Fehlerbehebung gewählt wird, hängt von der Anwendung selbst ab. Typischerweise finden bei verteilten Anwendungen folgende Strategien ihren Einsatz:

**Akzeptanz des Fehlers:** Der Ausfall einer Komponente oder einer Ressource wird akzeptiert. Es erfolgt keine Aktion zur Fehlerkorrektur. Diese Art der Fehlerbehandlung hat den Charme der Einfachheit, macht jedoch nur in Einzelfällen Sinn.

**Neusenden von Nachrichten:** Die Nachricht wird, sobald die ausgefallene Komponente wieder zur Verfügung steht, erneut versendet. Beispielsweise kann eine Anwendung tolerieren, dass eine Komponente kurzzeitig nicht zur Verfügung steht. Die Nachrichten werden bis zur Wiederverfügbarkeit zwischengespeichert. Die Kontrolle über noch ausstehende Nachrichten liegt entweder bei der ausgefallenen Komponente selbst oder beim Aufrufer.

**Replikate von Komponenten:** Bei Ausfall einer Komponente wird ein Replikat, also eine Kopie der Komponente, zur Fortführung der Anwendung eingesetzt. In diesem Fall handelt es sich weniger um Fehlerbehebung als vielmehr um Fehlervermeidung. Für den Aufrufer bleibt der Ausfall der Komponente – abhängig von der Strategie – vollständig bzw. teilweise transparent.

**Kontrolliertes Beenden der Anwendung:** Kann ein Fehler nicht mehr behoben werden, ist die Anwendung oder auch das gesamte System geordnet herunterzufahren. Dem Anwender wird eine Mitteilung über den Ausfall gemacht. Häufig wird parallel eine Benachrichtigung an den Administrator verschickt.

## 2.2   Offenheit und Erweiterbarkeit

Für Middleware setzt sich heute immer stärker der Trend hin zu offenen Standards durch. Offene Middleware-Standards sind durch die Veröffentlichung ihrer Schnittstellen gekennzeichnet. Mit der Veröffentlichung werden vor allem drei Ziele verfolgt:

**Freie Implementierung:** Für jeden Interessenten, sei es ein kommerzieller Hersteller, eine Open-Source-Gemeinde oder ein einzelner Entwickler, ist es möglich, eine Implementierung des Standards zu liefern. Voraussetzung ist lediglich eine korrekte Umsetzung der standardisierten Schnittstellen. Manche der Standards bieten Zertifizierungsverfahren an, mit denen die Konformität der Implementierung zum Standard oder zu spezifischen Versionen des Standards nachgewiesen werden kann.

**Freie Nutzung:** Nicht nur die Entwickler eines Dienstes kennen die Schnittstelle, auch potentielle Nutzer des Dienstes können anhand der Beschreibung des Standards prüfen, wie sie auf den Dienst zugreifen können. Dieses Prinzip wird an vielen Stellen in verteilten Systemen eingesetzt. Beispielsweise beruht der Protokollstack des Internets vollständig auf offenen Standards. Ebenso handelt es sich bei dem HTTP-Protokoll, über das ein Browser mit seinem Webserver kommuniziert, um einen offenen Standard. Zu den offenen Middleware-Standards zählen beispielsweise CORBA (siehe Kapitel 8) oder J2EE (siehe Kapitel 9). Beide der genannten Standards konzentrieren sich vor allem auf die Beschreibung ihrer Dienstschnittstellen, lassen jedoch Implementierungsaspekte weitgehend unberücksichtigt.

**Erweiterbarkeit:** Ein offener Standard kann modular und erweiterbar aufgebaut werden. Neue Dienste werden durch Spezifikation und Veröffentlichung ihrer Schnittstelle in den Standard mitaufgenommen. Hier kann wieder CORBA als Beispiel herangezogen werden. Jeder Dienst des CORBA-Standards hat seine individuelle Schnittstellenspezifikation und ist weitgehend unabhängig von den anderen Diensten. Dies zeigt sich schon allein an den zum Teil weit auseinander liegenden Entstehungszeitpunkten der verschiedenen Teil-Standards innerhalb des CORBA-Standards.

> *Standard versus Spezifikation*   Eine Spezifikation ist die Beschreibung einer Technologie oder ihrer Schnittstelle. Spezifikationen im Bereich der Softwareentwicklung werden häufig von Unternehmen oder von unabhängigen Organisationen erstellt und als Vorschläge für Standards bei einem Standardisierungsgremium eingereicht. Häufig sind es auch die Standardisierungsgremien selbst, die explizit Vorschläge aus der Industrie anfordern.
>
> Eine Spezifikation wird zu einem offenen Standard, sobald sie von einem unabhängigen Standardisierungsgremium übernommen, geprüft und als Standard freigegeben wurde. Die Standardisierung ist jedoch noch keine Garantie für Erfolg. Im Bereich der Middleware gibt es eine Vielzahl an Standards, die sich in der Praxis nicht durchsetzen konnten.

## 2.3 Programmiermodelle

Die Architektur einer Middleware wird weitgehend durch die Entscheidung festgelegt, welches Programmiermodell sie unterstützt. Ein Programmiermodell legt fest, welches Kommunikationsmodell und welches Programmierparadigma der Middleware zu Grunde liegen.

Bei Kommunikationsmodellen wird zwischen asynchroner und synchroner Kommunikation unterschieden (siehe Kapitel 1). Programmierparadigmen legen grundsätzliche Eigenschaften der zur Anwendungsentwicklung verwendeten Programmiersprachen fest. Bei Middleware finden sich vor allem zwei Paradigmen, das objektorientierte und das prozedurale Paradigma.

Das objektorientierte Paradigma basiert auf den Konzepten: Objekt, Objektidentität, Attribut und Methode. Objekte haben eine Identität, mit der sie eindeutig identifiziert werden können. Sie kapseln Attribute und erhalten durch die Attributwerte einen eindeutigen Zustand. Der Zugriff auf die Attributwerte erfolgt über die Objektmethoden.

Das prozedurale Paradigma arbeitet hingegen mit Prozeduren, auf die direkt zugegriffen wird. Prozeduren haben keine Identität. Sie werden in Bibliotheken zusammengefasst und können beliebig von anderen Prozeduren genutzt werden.

Programmiermodelle ermöglichen die Weiterführung eines Paradigmas über die Grenzen des verteilten Systems hinweg. Es werden drei Programmiermodelle unterschieden:

**Entfernte Prozeduraufrufe** (Remote Procedure Calls, RPC) kombinieren synchrone Kommunikation mit dem prozeduralen Programmierparadigma.

**Entfernte Methodenaufrufe** (Remote Method Invocation, RMI) kombinieren synchrone Kommunikation mit dem objektorientierten Programmierparadigma.

**Das nachrichtenorientierte Modell** (Message Passing, Messaging, Message Queuing) setzt auf asynchroner Kommunikation auf. Bei asynchroner Kommunikation ist es unerheblich, welches Programmierparadigma verwendet wird. Aus diesem Grund wird im nachrichtenorientierten Modell nicht mehr zwischen synchron und asynchron unterschieden.

### 2.3.1 Entfernter Prozeduraufruf (RPC)

Der entfernte Prozeduraufruf ist das älteste der hier genannten Programmiermodelle. Entwickelt wurde er bereits 1984, also in einer Zeit, in der Netzwerk-Betriebssysteme wie Unix dominierten. Netzwerk-Betriebssysteme nutzen verteilte Dateisysteme als Ablagestruktur. Gesucht wurde nun eine Technik, die Verteilung des Dateisystems für den Anwender transparent zu halten. Ob eine Datei lokal oder auf einem anderen Rechner liegt, sollte nicht erkennbar sein. Als Lösung des Problems wurde der entfernte Prozeduraufruf entwickelt.

Die Idee ist einfach: Lokale und entfernte Aufrufe von Prozeduren erfolgen nach einem einheitlichen Prinzip. Bei entfernten Aufrufen erhält der Client jedoch statt der tatsächlichen Prozedur einen Stellvertreter, eine Client-Stub-Prozedur. Die Client-Stub-Prozedur simuliert das Verhalten der Serverprozedur, leitet jedoch die Aufrufe transparent über das Netz zum Server weiter.

Eine Server-Stub-Prozedur nimmt den Aufruf entgegen und übergibt ihn an die Server-prozedur. Die von der Prozedur ermittelten Ergebnisse werden an den Client auf dem gleichen Weg zurückgeschickt, der Client ist bis zum Empfang des Ergebnisses blockiert (siehe *Abbildung 2.3*).

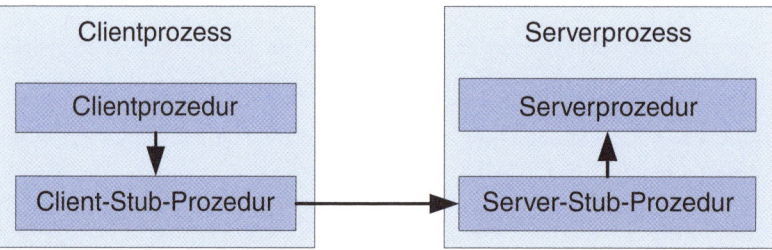

Abbildung 2.3: Ablauf eines entfernten Prozeduraufrufes

Client- und Server-Stub-Prozeduren werden aus der Schnittstellenbeschreibung der Serverprozedur generiert und stehen jeweils in lokalen Bibliotheken zur Verfügung. Zusätzlich werden Hilfsprozeduren für Marshalling und Unmarshalling generiert und in Bibliotheken hinterlegt. Diese werden von den Stub-Prozeduren genutzt.

## 2.3.2 Entfernte Methodenaufrufe (RMI)

Programmiermodelle spiegeln immer auch den Trend ihrer Zeit wider. Entfernte Prozeduraufrufe wurden in einer Zeit entwickelt, als Unix und die prozedurale Sprache C die am häufigsten verwendeten Servertechnologien waren. Ende der 80er Jahre kamen mit Smalltalk und C++ die ersten objektorientierten Sprachen auf. Mitte der 90er Jahre wurde schließlich mit der Einführung von Java die objektorientierte Programmierung „State of the Art". Die Frage war nun, wie das Problem der entfernten Methodenaufrufe, entsprechend den entfernten Prozeduraufrufen gelöst werden konnte.

Es wurde bald klar, dass sich die Idee hinter entfernten Prozeduraufrufen einfach auf objektorientierte Kommunikation übertragen ließ. Durch Einführung von entfernten Methodenaufrufen konnte das objektorientierte Paradigma ohne Bruch über Rechner-grenzen hinweg weitergeführt werden. Wenn in einer lokalen objektorientierten Welt Clients über Methoden auf Objekte zugreifen, so greifen bei entfernten Methodenaufrufen in einer verteilten objektorientierten Welt Clients über entfernte Methodenaufrufe auf entfernte Objekte auf einem Server zu.

Das Modell basiert auf der Einführung eines Stellvertreterobjekts des eigentlichen Serverobjekts auf dem Client. Das Stellvertreterobjekt, auch Proxy-Objekt genannt, ver-hält sich dem Client gegenüber so, als wäre es das Serverobjekt. Intern leitet es jedoch die Aufrufe weiter an das eigentliche Serverobjekt. Das Proxy-Objekt ist Teil des Client-Stubs. Der Stub bietet zusätzliche Funktionalität zu Marshalling, Unmarshalling und zum Verbindungsaufbau. Auf Serverseite nimmt ein Server-Stub die Aufrufe in Emp-fang und übergibt sie an das Serverobjekt. Die von der Methode ermittelten Ergebnisse werden an den Client auf dem gleichen Weg zurückgegeben, der Client ist bis zum Emp-fang des Ergebnisses blockiert (siehe *Abbildung 2.4*). Client- und Server-Stub werden aus der Schnittstellenbeschreibung des Serverobjekts generiert.

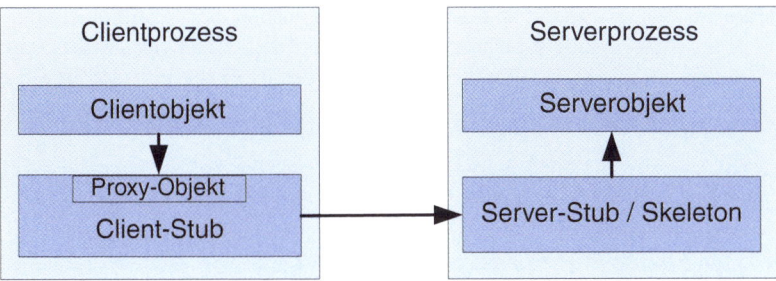

Abbildung 2.4: Ablauf eines entfernten Methodenaufrufes

### 2.3.3 Nachrichtenorientiertes Modell

Das nachrichtenorientierte Modell gilt als das klassische asynchrone Programmier-modell. Nachrichten werden asynchron von einem Sender an einen oder auch mehrere Empfänger verschickt. Der Sender prüft nicht, ob die Nachricht wirklich ankommt.

Das Modell basiert grundlegend auf der Verwendung von Warteschlangen. Der Sender stellt seine Nachricht in die Warteschlange des Empfängers, der Empfänger holt die Nachricht zu einem beliebigen Zeitpunkt aus der Warteschlange heraus (siehe *Abbildung 2.5*).

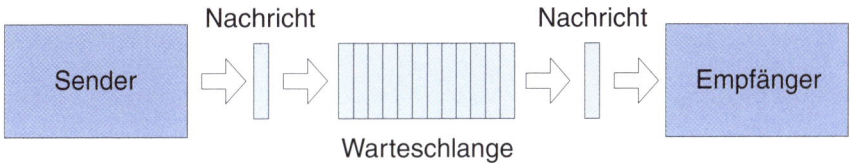

Abbildung 2.5: Ablauf einer asynchronen Nachrichtenübermittlung

Vorteil der asynchronen Kommunikation ist, dass Sender und Empfänger weitgehend unabhängig voneinander agieren können. Ob der Empfänger zum Sendezeitpunkt tatsächlich empfangsbereit ist oder nicht, ist für den Sender irrelevant. Andererseits kann der Empfänger selbst bestimmen, wann der geeignete Zeitpunkt gekommen ist, eine Nachricht entgegenzunehmen.

Das nachrichtenorientierte Modell arbeitet nicht mit Methoden oder Prozeduraufrufen. Daten und Aufrufe werden in Form von Nachrichten verpackt und übertragen. Das Nachrichtenformat wird von der jeweiligen Middleware-Technologie vorgegeben.

## 2.4 Middleware-Technologien

In den letzten Abschnitten wurden Anforderungen an und Konzepte für kommunikationsorientierte Middleware vorgestellt. Konkrete Implementierungen der Konzepte bieten die verschiedenen am Markt erhältlichen Middleware-Technologien. Viele setzen hierzu auf offene Standards oder unterstützen zumindest standardisierte Schnittstellen. Kommunikationsorientierte Middleware-Technologien lassen sich grob in zwei Klassen einordnen:

**Entfernte Aufrufe:** Zu den entfernten Aufrufe gehören alle Middleware-Technologien, die eine direkte Implementierung entfernter Prozedur- oder entfernter Methodenaufrufe sind. Dazu zählen Technologien für verteilte Dateisysteme wie Sun RPC oder DCE RPC, aber auch Java RMI, die Middleware der Java-Plattform. In Kapitel 5 werden einige der Technologien vorgestellt. Ebenfalls zu den entfernten Aufrufen zählen Webservices mit dem Middleware-Protokoll SOAP. SOAP definiert das Protokoll eines web-basierten entfernten Prozeduraufrufes. Der gesamte Themenkomplex Webservices wird in Kapitel 7 im Detail vorgestellt.

**Nachrichtenorientierte Middleware:** In die Klasse der nachrichtenorientierten Middleware fallen alle Middleware-Technologien, die auf dem nachrichtenorientierten Modell aufsetzen. Typisches Kennzeichen nachrichtenorientierter Middleware ist die Unterstützung komplexer Warteschlangensysteme.

Nachrichtenorientierte Middleware ist im Vergleich zu anderen Middleware-Technologien verhältnismäßig alt und es gibt bis heute nur wenig relevante Standards in diesem Bereich. In Kapitel 6 werden generelle Konzepte nachrichtenorientierter Middleware sowie der aktuell wichtigste Standard für nachrichtenorientierte Middleware vorgestellt: der Java Message Service (JMS). Bekanntes Beispiel und in gewisser Weise Quasi-Standard für eine nachrichtenorientierte Middleware ist WebSphereMQ von IBM, besser unter dem Namen MQSeries bekannt.

## Z U S A M M E N F A S S U N G

Kommunikationsorientierte Middleware konzentriert sich im Gegensatz zur anwendungsorientierten Middleware vor allem auf die Bereitstellung einer Kommunikationsinfrastruktur für verteilte Anwendungen.

Zur Erfüllung dieser Aufgabe muss Middleware mehrere Anforderungen erfüllen: insbesondere die Bereitstellung eines Kommunikationsprotokolls, die Unterstützung geeigneter Techniken zur Datentransformation sowie die Unterstützung von Mechanismen zur Fehlerbehandlung.

Konzeptuelle Grundlage kommunikationsorientierter Middleware sind drei Programmiermodelle: entfernte Prozeduraufrufe, entfernte Methodenaufrufe und das nachrichtenorientierte Programmiermodell. Programmiermodelle sind durch die Wahl eines Kommunikationsmodells sowie die Unterstützung eines Programmierparadigmas festgelegt.

Entfernte Prozeduraufrufe unterstützen das synchrone Kommunikationsmodell und setzen das prozedurale Paradigma um. Entfernte Methodenaufrufe wurden für verteilte Objekte eingeführt und unterstützen ebenfalls synchrone Kommunikation. Das nachrichtenorientierte Modell unterstützt asynchrone Kommunikation, auf Grund der Nachrichtenstruktur ist das Paradigma hier nicht festgelegt.

Middleware-Technologien sind konkrete Implementierungen einer Middleware. Kommunikationsorientierte Middleware-Technologien lassen sich in zwei Klassen einteilen:

- ■ Entfernte Aufrufe basieren entweder auf dem Programmiermodell der entfernten Prozeduraufrufe oder auf dem Programmiermodell der entfernten Methodenaufrufe. Beispiele sind der Sun RPC, DCR RPC oder Java RMI.

- ■ Nachrichtenorientierte Middleware basiert auf dem nachrichtenorientierten Programmiermodell. Ein bekanntes Beispiel ist WebSphere MQ (früher MQSeries).

## Z U S A M M E N F A S S U N G

## Übungen

**1.** Erläutern Sie die wesentlichen Aufgaben einer kommunikationsorientierten Middleware.

**2.** Was versteht man unter Marshalling und Unmarshalling, wozu werden diese Techniken benötigt?

**3.** Geeignete Fehlerverarbeitung ist eine wesentliche Herausforderung für das Design von verteilten Anwendungen. Welche Fehler treten typischerweise bei verteilten Systemen auf und welche Verfahren kennen Sie zur Fehlerbehandlung?

**4.** Was zeichnet einen offenen Standard aus? Erläutern Sie, welche Vorteile es bringt, wenn eine Middleware auf einem offenen Standard basiert?

**5.** Welche Programmiermodelle sind Ihnen bekannt? Nennen Sie die kennzeichnenden Eigenschaften der Modelle und beschreiben Sie jeweils ein Anwendungsszenario für das Modell. Begründen Sie, warum das Programmiermodell gerade für dieses Szenario geeignet ist.

**6.** Middleware-Technologien können auch im Bereich der Anwendungsintegration eingesetzt werden. Welche der beiden genannten Technologieklassen eignet sich gerade für diesen Bereich? Begründen Sie Ihre Antwort.

# Literatur

### ■ Middleware allgemein

Robert Orfali, Dan Harkey, Jery Edwards: Client/Server Survival Guide; New York, NY, John Wiley & Sons, Third Edition, 1999.

W. R. Stevens: Advanced Programming in the UNIX Environment; Wokingham, Addison-Wesley Professional, 1992.

Arno Puder, Kay Römer: Middleware für verteilte Systeme; Heidelberg, dpunkt Verlag, 2001.

### ■ Middleware und Programmiermodelle

George Coulouris, Jean Dollimore, Tim Kindberg: Distributed Systems, Concepts and Design. Wokingham: Addison Wesley, 3.Ausgabe 2001 (dt. Verteilte Systeme – Konzepte und Design; München, Pearson Studium, 3., überarbeitete Auflage 2002).

Andrew Tanenbaum, Marten van Steen: Distributed Systems; Englewood Cliffs, NJ: Prentice Hall 2003 (dt. Verteilte Systeme – Grundlagen und Paradigmen; München, Pearson Studium 2003).

# Anwendungsorientierte Middleware

**3**

ÜBERBLICK

Anwendungsorientierte Middleware ist eine Erweiterung kommunikationsorientierter Middleware. Neben der reinen Kommunikationsinfrastruktur bietet sie den Anwendungen eine Reihe zusätzlicher Dienste sowie eine erweiterte Laufzeitumgebung. Der Fokus anwendungsorientierter Middleware liegt nicht ausschließlich auf Software-intensiven Anwendungen wie Informationssystemen oder Internetanwendungen, bei diesem Anwendungstyp kommen jedoch ihre Vorteile am stärksten zur Geltung.

Konzeptuell handelt es sich bei anwendungsorientierter Middleware um kommunikationsorientierte Middleware, die um Laufzeitfunktionalität, Dienstkomponenten und optional um ein Komponentenmodell erweitert wurde. Mehrere Abstraktionsstufen werden zwischen verteiltes System und Anwendung gelegt. Jede Abstraktionsschicht erfüllt eine konkrete Aufgabe. Die Kommunikationsinfrastruktur entspricht in Aufgaben und Umfang einer kommunikationsorientierten Middleware (siehe Kapitel 2). Alle weiteren Schichten werden im Folgenden vorgestellt.

## 3.1 Aufgaben der Laufzeitumgebung

Das Betriebssystem als generell vorhandene Laufzeitumgebung auf jedem Knoten eines verteilten Systems ist nicht geeignet, alle Anforderungen verteilter Anwendungen zu erfüllen. Die Laufzeitumgebung einer Middleware setzt auf der Betriebssystemfunktionalität auf und erweitert diese, um den Anforderungen verteilter Anwendungen gerecht zu werden (siehe *Abbildung 3.1*). Die erweiterte Laufzeitumgebung wird teilweise auch als Container bezeichnet und hat im Wesentlichen das Ziel, die Defizite der Betriebssysteme auszugleichen und Anwendungen oder auch Anwendungskomponenten eine Laufzeitumgebung zur Verfügung zu stellen, die unabhängig von Hardware-Plattform und Betriebssystem ist. Im Folgenden werden einige der Aufgaben einer erweiterten Laufzeitumgebung vorgestellt.

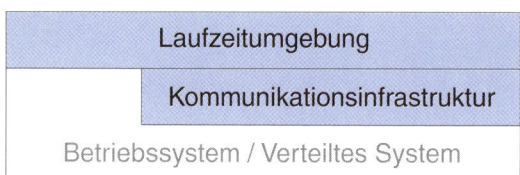

Abbildung 3.1: Anwendungsorientierte Middleware I: Kommunikationsinfrastruktur und Laufzeitumgebung

### 3.1.1 Ressourcenverwaltung

Betriebssysteme verwalten grundlegende Ressourcen wie Hauptspeicher, Prozesse oder Zuordnung von Prozessorzeit. Ressourcenverwaltung auf Ebene der Middleware geht jedoch über einfache Betriebssystemfunktionalität hinaus. Beispielsweise kann in einer erweiterten Laufzeitumgebung der Hauptspeicher in unabhängig verwaltete Speicherbereiche mit individuellen Sicherheitskonzepten eingeteilt werden. Ressourcen wie Prozesse, Threads oder Verbindungen können auf Vorrat angelegt, gepoolt und bei Bedarf zur Verfügung gestellt werden. Ziel der Ressourcenverwaltung ist die Verbesserung von Performance, Skalierbarkeit und Verfügbarkeit von Anwendungen.

### 3.1.2 Nebenläufigkeit

Verteilte Anwendungen werden in der Regel von einer Vielzahl von Anwendern parallel genutzt, wobei die Parallelität für die Anwender nicht sichtbar werden darf. Um dies zu erreichen, werden die Aufrufe isoliert in nebenläufigen Threads oder Prozessen bearbeitet.

Prozesse und Threads sind Objekte des Betriebssystems. Prozesse sind Ablauräume für Anwendungen im Hauptspeicher. Sie erhalten vom Betriebssystem Ressourcen wie Speicher und Prozessorzeit zugeteilt. Threads sind leichtgewichtige Prozesse. Sie leben innerhalb eines Prozesses und nutzen dessen Ressourcen mit. Threads können somit wesentlich effektiver und flexibler arbeiten.

Das Betriebssystem bietet Basisfunktionalität zur Initialisierung, Verwaltung und zum Beenden von Prozessen und Threads. Die erweiterte Laufzeitumgebung der Middleware nutzt die Basisfunktionalität, um eine eigenständige Prozess- und Threadverwaltung mit Unterstützung der Nebenläufigkeit aufzubauen.

### 3.1.3 Verbindungsverwaltung

In einer verteilten Anwendung kommt zu den Betriebssystemressourcen eine weitere Ressource hinzu: die Verbindung. Verbindungen sind Endpunkte von Kommunikationskanälen innerhalb einer Anwendung. Sie existieren an Tier-Grenzen und sind im aktiven Zustand immer mit einem Prozess oder Thread assoziiert. Verbindungen benötigen, wie andere Ressourcen, Speicher und Prozessorzeit, und sind bei steigenden Anwenderzahlen einer der limitierenden Faktoren. Eine feste Zuordnung von Verbindungen zu Prozessen oder Threads ist somit nicht sinnvoll und kann schnell zu Engpässen in der Performance einer Anwendung führen.

Eine Technik, die sich heute weitgehend zur Verbindungsverwaltung durchgesetzt hat, ist das Pooling. Ein Pool übernimmt die Verwaltung freier Verbindungen und vergibt auf Anfrage freie Verbindungen an Threads.

Für die Initialisierung der Verbindungen ist die Laufzeitumgebung, in manchen Fällen auch die Anwendung selbst verantwortlich. Neu initialisierte Verbindungen werden in einen Pool gestellt. Bei einem Aufruf wird eine Verbindung aus dem Pool geholt und dem Thread oder Prozess zugeordnet. Nach ihrer Verwendung wird die Verbindung wieder in den Pool zurückgestellt und steht für neue Anfragen zur Verfügung (siehe *Abbildung 3.2*).

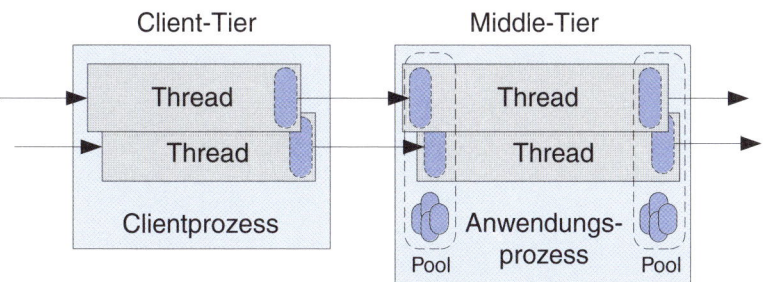

Abbildung 3.2: Verbindungsverwaltung an der Client-Server-Schnittstelle

## 3.1.4  Verfügbarkeit

Verfügbarkeit ist eine Anforderung, die an die Anwendung selbst gestellt wird, jedoch vor allem von ihrer Umgebung umzusetzen ist. Nicht nur die Laufzeitumgebung, auch die Hardware ist hier gefragt. Verfügbarkeit bedeutet, eine Anwendung erfüllt fehlerfrei und korrekt ihre Aufgabe. Es gibt jedoch eine Reihe von Störfaktoren, die auftreten können:

- Eine Hardware- oder Softwarekomponente fällt, aus welchen Gründen auch immer, komplett aus oder ist nicht mehr erreichbar.
- Eine Hardware- oder Softwarekomponente ist überlastet und reagiert nicht mehr oder nur noch sehr langsam auf Anfragen.
- Eine Hardware- oder Softwarekomponente wird gewartet und steht aus diesem Grund kurzfristig nicht zur Verfügung.

Abhängig von den Verfügbarkeitsanforderungen an eine verteilte Anwendung können diese Störfaktoren ignoriert werden, oder es sind geeignete Lösungen zu suchen. Eine häufig verwendete Technik zur Sicherung hoher Verfügbarkeitsanforderungen ist die Verwendung eines Clusters.

### Cluster

Ein Cluster umfasst mehrere Rechner mit Replikaten der Hardware- und Softwarekomponenten. Nach außen agiert ein Cluster jedoch als eine Einheit. Zu den Softwarekomponenten zählt neben den Anwendungskomponenten selbst auch jegliche Software, die zur Unterstützung verwendet wird, beispielsweise auch Middleware. Je nachdem, welches Ziel mit dem Cluster erreicht werden soll, unterscheidet man zwei Typen von Clustern:

**Fail-over-Cluster:** Fail-over-Cluster werden hauptsächlich zur Vermeidung von Ausfällen eingesetzt Zu jeder Hardware- bzw. Softwarekomponente steht ein Replikat im Cluster zur Verfügung. Tritt in einer der Komponenten am Hauptserver ein (schwerwiegender) Fehler auf, springt der Replikatserver ein (siehe *Abbildung 3.3*).

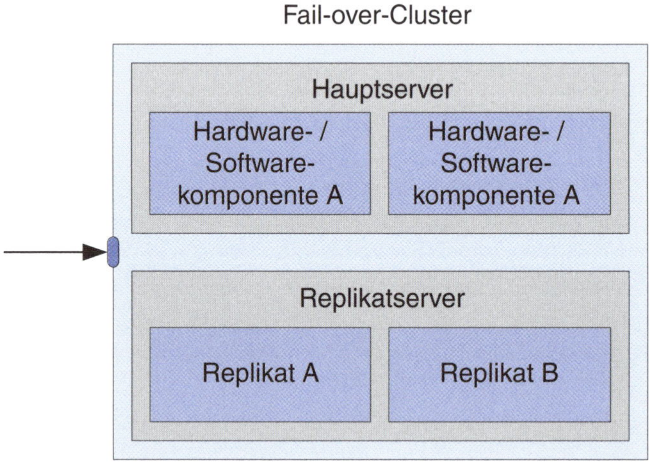

Abbildung 3.3: Fail-over-Cluster

Erfolgt der Wechsel von Hauptserver auf den Replikatserver transparent für den Anwender, so spricht man auch von einem Hot-Stand-by. In diesem Fall sind Replikate immer aktiv, auch wenn sie nicht genutzt werden. Bei einem nichttransparenten Wechsel, entsprechend Cold-Stand-by genannt, muss bei einem Ausfall der Replikatserver explizit bereitgestellt werden, was durchaus einige Minuten bis Stunden dauern kann.

**Load-balancing-Cluster:** Load-balancing-Cluster werden eingesetzt zur Lastverteilung und zur Erhöhung der Parallelität. Sie dienen zweitrangig zur Vermeidung von Ausfällen im Fehlerfall. In einem Load-balancing-Cluster stehen ebenfalls Replikatserver zur Verfügung. Sie sind jedoch immer mit dem Hauptserver aktiv und bearbeiten parallel Anfragen von Clients.

Einrichtung und Wartung eines Clusters sind kostspielig und zeitaufwändig. Aus diesem Grund ist immer abzuwägen, welcher Grad der Verfügbarkeit für eine spezifische Anwendung tatsächlich erforderlich ist. Nicht immer ist eine „Rundum-glücklich-Lösung", beispielsweise ein Load-balancing-Cluster, die richtige Wahl: Ist die Anzahl der Anwender nicht sehr groß, die ständige Verfügbarkeit jedoch eine wichtige Anforderung, so wäre ein Fail-over-Cluster die bessere (da meist aus lizenztechnischen Gründen kostengünstigere) Wahl.

Ist eine Anwendung hingegen unkritisch bezüglich Verfügbarkeit und ist die Anzahl potentieller Anwender gering, so braucht man generell keinen Cluster. Es ist Aufgabe des Entwicklers, abhängig von den Anforderungen zu entscheiden, ob die Verwendung eines Clusters notwendig ist und welcher der Clustertypen geeignet ist.

## 3.1.5  Sicherheit

Verteilte Anwendungen werden gerade durch ihre Verteilung angreifbar und unsicher. Nur eine lokale Anwendung ohne Netzanbindung ist weitgehend sicher vor unberechtigten Zugriffen. Durch Verteilung wird Angreifern von außen jedoch Tor und Tür geöffnet. Sicherheitsmodelle sind aus diesem Grund essentiell für verteilte Anwendungen.

Im einfachsten Fall unterstützt ein Sicherheitsmodell Mechanismen zur Zugriffskontrolle (Authentifizierung) und zur Vergabe von Zugriffsrechten (Autorisierung).

**Authentifizierung:** Mit Authentifizierung wird die Identität des Benutzers sichergestellt. Beispielsweise über Kennung und Passwort zeigt der Benutzer, dass er tatsächlich derjenige ist, für den er sich ausgibt.

**Autorisierung:** Autorisierung geht einen Schritt weiter. Den Benutzern werden Zugriffsrechte für konkrete Dienste erteilt, die sie nach ihrer Authentifizierung verwenden dürfen. Autorisierung kann bis auf Methoden- und Attributebene erfolgen.

Zugriffskontrolle kann jedoch nur direkte Angriffe auf eine Anwendung abwehren. Wesentlich diffiziler sind Mechanismen zum Schutz von Daten gegen unberechtigtes Abhören oder Manipulation. Zur Übertragung kritischer Daten müssen zwei Eigenschaften des Kommunikationskanals sichergestellt werden.

**Vertraulichkeit:** Ein Abhören der Daten ist nicht möglich bzw. wenn Daten abgehört werden, können sie nicht interpretiert werden. Mittel der Wahl ist die Verwendung von Verschlüsselungsalgorithmen.

**Integrität:** Es muss sichergestellt werden, dass Nachrichten bei der Übertragung nicht manipuliert wurden. Eine Technik zum Nachweis sind Zertifikate.

## Verschlüsselung

Um Daten bei der Übertragung zu schützen und Vertraulichkeit zu garantieren, werden sie mit Hilfe kryptographischer Methoden verschlüsselt. Zur Verschlüsselung stehen heute vor allem zwei Verfahren zur Verfügung: symmetrische und asymmetrische Verschlüsselungsverfahren.

Bei symmetrischen Verfahren nutzen Sender und Empfänger den gleichen Schlüssel zum Ver- und Entschlüsseln. Der Schlüssel ist somit geheim und darf nicht nach außen gegeben werden. Kernproblem der symmetrischen Verfahren ist die Schlüsselverteilung: Wie kann sichergestellt werden, dass bei der Verteilung der Schlüssel nicht in falsche Hände gerät?

Asymmetrische Verfahren bieten hier eine Lösung. Sie unterscheiden zwischen öffentlichen und privaten Schlüsseln. Ein Schlüsselbesitzer erstellt öffentlichen und privaten Schlüssel gemeinsam. Der öffentliche Schlüssel kann von jedem genutzt werden, der dem Schlüsselbesitzer eine verschlüsselte Nachricht schicken möchte. Öffentliche Schlüssel können beliebig verteilt werden, beispielsweise auf Webseiten veröffentlicht oder auch per E-Mails verschickt.

Private Schlüssel hingegen dienen vorrangig zur Entschlüsselung der Nachrichten. Sie verbleiben lokal beim Schlüsselbesitzer und dürfen nicht weitergegeben werden. Die kritische Verteilung von geheimen Schlüsseln entfällt. Asymmetrische Verfahren werden auch Public-Key-Verfahren genannt.

## Zertifikate und Signaturen

Zur Sicherstellung der Authentizität des Senders sowie der Datenintegrität wird eine weitere Technik verwendet, der in Zeiten des elektronischen Schriftverkehrs eine immer größere Rolle zukommt: elektronische Unterschriften oder Signaturen. Grundlage sind wieder asymmetrische Verschlüsselungsverfahren. Eine Signatur wird durch Verschlüsselung einer Nachricht mit dem privaten Schlüssel erstellt. Der Empfänger kann durch Entschlüsselung der Nachricht mit dem zugehörigen öffentlichen Schlüssel die Herkunft der Nachricht verifizieren. Signierte Nachrichten werden zur Wahrung der Vertraulichkeit zur Übertragung erneut verschlüsselt. Eine Signatur alleine gewährleistet noch keine Authentizität. Zusätzlich muss sichergestellt sein, dass der öffentliche Schlüssel zur Verifikation der Signatur tatsächlich der Person gehört, die die Signatur erstellt hat. Dies erfolgt durch Zertifikate. Zertifikate werden von Zertifikat-Authoritäten vergeben und sichern zu, dass ein öffentlicher Schlüssel zu einer bestimmten Person und damit zu einem bestimmten privaten Schlüssel gehört. Ein Zertifikat ist eine Art elektronischer Ausweis, der einer konkreten Person oder auch einem Programm zugeordnet wird und deren Vertrauenswürdigkeit zusichert.

Je nachdem, bei welcher Autorität das Zertifikat vergeben wurde, kann eine elektronische Signatur eine rechtlich gültige Unterschrift (entsprechend einer Unterschrift unter Verträgen) darstellen oder lediglich als technisch gültige Unterschrift gelten.

> **Betriebssysteme und Middleware** Bei näherer Betrachtung von Betriebssystemen und Middleware stellt sich die Frage, ob hier in den nächsten Jahren ein Zusammenwachsen zu beobachten sein wird. Die Parallelen sind offensichtlich. Betriebssysteme bieten Laufzeitfunktionalität, Middleware ebenfalls. Eine Integration könnte somit durchaus sinnvoll sein.
>
> Die Tendenz der Hersteller von Middleware-Plattformen geht in diesem Punkt jedoch auseinander. Während Microsoft mit seiner .Net-Plattform die Integration von Betriebssystem, Middleware und Entwicklungsplattform forciert, verfolgen andere Hersteller wie IBM, Sun oder IONA eher den Weg der strikten Trennung.
>
> Dahinter lässt sich die jeweilige Firmenstrategie bzw. -philosophie erkennen: Integration führt zu Herstellerabhängigkeit, Trennung bedeutet Interoperabilität. Die Frage nach dem Zusammenwachsen ist somit auch eine Frage nach der Macht eines Unternehmens am Markt.

## 3.2 Dienste

Ein Dienst bietet einer Anwendung eine klar umrissene, in der Regel technische Funktionalität über eine Schnittstelle an. Die Anwendung kann diesen Dienst bei Bedarf nutzen. Dienste sind anwendungsunabhängig und können beliebig wiederverwendet werden. Je nach Anwendungstyp variieren Art und Anzahl der benötigten Dienste stark. Anwendungsorientierte Middleware bietet der Anwendung ihre Dienste implizit über die Laufzeitumgebung an (siehe *Abbildung 3.4*).

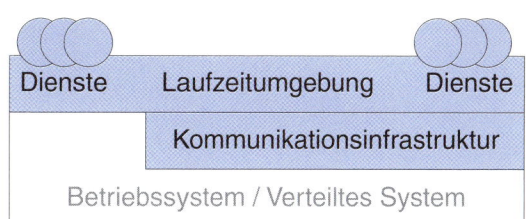

Abbildung 3.4: Anwendungsorientierte Middleware II: Kommunikationsinfrastruktur, Laufzeitumgebung und Dienste

Die Schnittstelle eines Dienstes wird in einer Spezifikation festgelegt. Handelt es sich um einen offenen Standard, erfolgt die Verwaltung der Schnittstelle durch ein offizielles Standardisierungsgremium. Mit Hilfe der Schnittstellenspezifikation kann jede Anwendung den Dienst beliebig nutzen oder auch selbst implementieren. Im Folgenden werden einige der wichtigsten Dienste vorgestellt, wie sie von Middleware üblicherweise unterstützt werden.

## 3.2.1 Namensdienst

Ein Namensdienst, manchmal auch Verzeichnisdienst genannt, ist ein Dienst, der für jede verteilte Anwendung eine essentielle Rolle spielt. Mit seiner Hilfe können Dienste einer Anwendung in einem begrenzten Raum, wie beispielsweise dem Intranet einer Universität oder eines Unternehmens, oder auch im gesamten Internet veröffentlicht werden, so dass interessierte Clients den Dienst finden und nutzen können.

Zur Veröffentlichung ordnet der Namensdienst den Adressen von Ressourcen eindeutige Namen zu. Ressourcen können dabei beliebige Hardware- oder Softwarekomponenten sein: beispielsweise eine Datenbank, ein Drucker, ein Webservice oder auch ein einfaches verteiltes Objekt innerhalb einer verteilten Anwendung. Einzige Voraussetzung ist: Die Ressource muss über das verteilte System erreichbar sein. Die Adresse einer Ressource, auch Referenz genannt, enthält alle Informationen, die ein Interessent benötigt, um mit der Ressource zu kommunizieren. Handelt es sich bei dem verteilten System um das Internet, so sind mindestens IP-Adresse des Rechners und Portnummer des Dienstes in der Referenz angegeben. Zusätzlich können noch weitere Informationen angegeben sein, wie beispielsweise bei verteilten Objekten der Identifikator des Prozesses, in dem das Objekt lebt, sowie der Identifikator des Objekts selbst.

Um eine Referenz auf eine Ressource zu erhalten, übergibt ein Client den Namen, unter dem die Ressource angemeldet ist, an den Namensdienst. Als Ergebnis erhält er die Referenz. Damit kann eine Verbindung zur Ressource aufgebaut werden.

Es gibt eine Reihe von Standardschnittstellen für Namensdienste. Bekannte Beispiele sind das Java Naming and Directory Interface (JNDI) oder auch der INS von CORBA (siehe Kapitel 8).

Die interne Struktur eines Namensdienstes ist im Allgemeinen nicht festgelegt. Häufig werden jedoch baumartige Strukturen zur Verwaltung der Name-Referenz-Paare verwendet.

### 3.2.2 Sitzungsverwaltung

Sitzungsverwaltung betrifft vor allem interaktive verteilte Anwendungen. Jedem Anwender wird für einen festgelegten Zeitraum eine Sitzung zugeordnet. In ihr werden alle für die Sitzung relevanten Daten zwischengespeichert. Am Ende der Sitzung werden die Daten verworfen. Der Zeitraum einer Sitzung kann variieren, von der Dauer eines Methodenaufrufs bis hin zu einer mehrstündigen Sitzung.

Sitzungsdaten enthalten üblicherweise Informationen zum Anwender wie Kennung, URL oder verwendeter Browser. Zusätzlich werden Zwischenergebnisse von Berechnungen oder Aktionen in einer Sitzung gespeichert. Diese können für den Anwender sichtbar oder verborgen sein. Internetshops arbeiten häufig mit visuellen Sitzungen in Form von „Warenkörben". Im Warenkorb werden die Elemente gesammelt, die eine Kunde virtuell kaufen möchte. Der Kunde hat immer die Möglichkeit, den Inhalt des Warenkorbs zu prüfen und bei Bedarf Elemente hinzuzufügen oder zu entfernen. Der Warenkorb repräsentiert für den Anwender den aktuellen Stand seiner Sitzung. Geht der Einkäufer zur (ebenfalls virtuellen) Kasse und zahlt, ist die Sitzung beendet.

Sitzungen sind nicht immer visuell. In vielen Fällen erfolgt die Sitzungsverwaltung vollständig transparent für den Anwender am Anwendungsserver.

Eine Sitzung enthält zwei Arten von Daten: transiente (flüchtige) Daten und persistente Daten. Während transiente Daten nach Ende der Sitzung gelöscht werden, werden persistente Daten dauerhaft auf einem Datenträger festgeschrieben.

Ein Dienst zur Sitzungsverwaltung hat die Aufgabe, Sitzungen vieler Anwender parallel zu verwalten. Techniken hierzu sind beispielsweise die HTTPSessions, die eine rudimentäre Sitzungsverwaltung von Webanwendungen am Webserver ermöglichen. Viele Middleware-Technologien bieten zusätzliche Konzepte zur Sitzungsverwaltung an.

Sitzungsverwaltung kann nicht vollkommen unabhängig von der jeweiligen Anwendung gesehen werden. Sie spielt auch für den Architekturentwurf eine entscheidende Rolle. Zur Zwischenspeicherung der Sitzungsdaten wird ausreichend Platz im Hauptspeicher benötigt. Falls viele Anwender parallel eine Anwendung nutzen, liegen ihre Sitzungsdaten parallel im Hauptspeicher vor. Für die Anwendung kann dies zu schwerwiegenden Performanceproblemen führen. Es gibt somit neben Dienstkomponenten auch eine Reihe von Entwurfstechniken zur Sitzungsverwaltung.

### 3.2.3 Transaktionsverwaltung

Transaktionsverwaltung ist ein Dienst, der von interaktiven, datenzentrierten Anwendungen benötigt wird. Für diese Art von Anwendungen spielt die Erhaltung der Datenkonsistenz eine wesentliche Rolle. Datenkonsistenz bedeutet: Alle persistenten Daten der Anwendung repräsentieren in ihrer Gesamtheit einen gültigen Zustand. Die Nutzung einer datenzentrierten Anwendung erfolgt im Allgemeinen nach einem einheitlichen Muster:

**1.** Ein Anwender fordert über eine graphische Oberfläche Daten an.

**2.** Der Anwender nimmt Änderungen an den Daten vor.

**3.** Der Anwender fordert das Festschreiben der von ihm geänderten Daten.

Bei parallelen Zugriffen kann durchaus der Fall eintreten, dass zwei Anwender zeitgleich auf den gleichen Daten arbeiten und diese ändern wollen. Um auch in diesem Fall die Datenkonsistenz zu erhalten, braucht man Transaktionen.

#### Transaktion

Eine Transaktion ist eine Art logische Klammer um eine Reihe von atomaren Aktionen. Sie stellt sicher, dass für die Durchführung aller ihrer Aktionen folgende Eigenschaften gelten:

- Atomarität (Atomicity): auch das Alles-oder-Nichts-Prinzip genannt. Es werden alle oder keine der atomaren Aktionen innerhalb einer Transaktion ausgeführt.
- Konsistenz (Consistency): Eine Transaktion bringt einen konsistenten Zustand immer in einen neuen konsistenten Zustand.
- Isolation: Transaktionen laufen gegeneinander isoliert ab. Sie stören sich nicht gegenseitig.
- Dauerhaftigkeit (Durability): Der Zustand am Ende einer Transaktion wird dauerhaft festgeschrieben.

Die vier genannten Eigenschaften werden häufig auch unter dem Akronym **ACID** zusammengefasst.

Transaktionen werden von allen Ressourcen unterstützt, die traditionell zur Festschreibung von Daten verwendet werden, insbesondere Datenbanken. In einer Datenbank werden Daten transaktionsgeschützt, also unter Garantie der oben genannten Eigenschaften, aus der Datenbank gelesen und in die Datenbank geschrieben.

Auch wenn Datenbanken den größten Teil der Ressourcen zur Datenhaltung abdecken, so gibt es durchaus auch andere Beispiele. Auch nachrichtenorientierte Middleware unterstützt Transaktionen. Durch Einstellen der Nachricht in eine Warteschlange wird garantiert, dass die Nachricht dem Empfänger zugestellt wird, auch wenn dieser momentan nicht verfügbar ist. Um dies garantieren zu können, werden Nachrichten persistent zwischengespeichert. Ebenfalls Beispiel einer transaktionale Ressource ist der Drucker. Durch die Verwendung von Druckerwarteschlangen werden auch hier alle Eigenschaften einer Transaktion garantiert. Die Eigenschaft der Dauerhaftigkeit ist hier durch den Druck selbst gegeben.

## Verteilte Transaktionen

Transaktionen, wie sie im vorangegangenen Abschnitt beschrieben wurden, unterstützen transaktionale Abläufe, bei denen die zu schützenden Daten an einer Stelle (in der Datenbank, in einer Warteschlange) vorliegen. Es treten jedoch auch folgende Verteilungsszenarien auf:

**Horizontal verteilte Transaktion:** Datenbestände, auf denen die Anwendung arbeitet, liegen über mehrere Datenbanken oder andere Datenressourcen verteilt. Jede Ressource für sich übernimmt die Verwaltung der lokalen Transaktionen. Zusätzlich wird nun jedoch auch eine ressourcenübergreifende Transaktionsverwaltung benötigt.

**Vertikal verteilte Transaktion:** Zur Verbesserung der Performance werden in verteilten Anwendungen häufig die Daten auf der Middle-Tier in einem Zwischenspeicher (Cache) vorgehalten. Die Anwendung arbeitet ausschließlich auf den zwischengespeicherten Daten. Der Abgleich mit der Datenbank erfolgt automatisch und für die Anwendung transparent. Die Transaktionsverwaltung wird auf den Zwischenspeicher ausgeweitet und die Transaktionen der Middle-Tier mit den Transaktionen der Datenbank synchronisiert.

Horizontale und vertikale verteilte Transaktionen werden unter dem Begriff „verteilte Transaktionen" zusammengefasst. Zur Verwaltung reichen die Mechanismen der Ressourcenverwalter nicht mehr aus, eine verteilte Transaktionsverwaltung wird notwendig.

## Verteilte Transaktionsverwaltung

Zur verteilten Transaktionsverwaltung entwickelte und standardisierte die Open Group ein Modell, das heute von weitgehend allen Transaktionsdiensten am Markt umgesetzt wird. Das Modell sieht drei Rollen zur Transaktionsverwaltung vor:

**Die Anwendung:** Sie initiiert den Start und bestimmt durch den Aufruf eines *commit* oder eines *rollback* das Ende einer Transaktion.

**Der Transaktionsverwalter:** Seine Aufgabe ist die Verwaltung der verteilten Transaktion über Ressourcen- und Tier-Grenzen hinweg.

**Die Ressourcenverwalter:** Sie stellen die lokale Transaktionsverwaltung innerhalb einer Ressource, beispielsweise einer Datenbank, sicher. An einer verteilten Transaktion sind in der Regel mehrere Ressourcenverwalter beteiligt.

*Abbildung 3.5* beschreibt den Ablauf einer verteilten Transaktion im Modell:

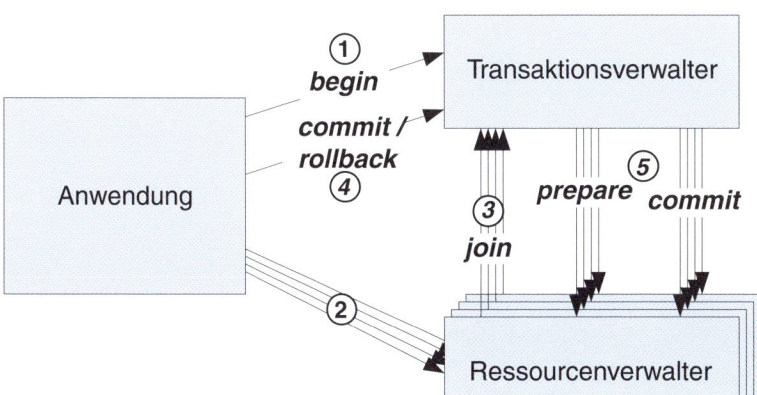

Abbildung 3.5: Modell der Open Group zur Verwaltung verteilter Transaktionen

**1.** Die Anwendung fordert über *begin* am Transaktionsverwalter eine neue Transaktion an. Der Transaktionsverwalter initialisiert intern eine neue Transaktion.

**2.** Die Transaktion ist nun aktiv. Die Anwendung kann im Folgenden beliebige Zugriffe auf verschiedene Ressourcen machen. Handelt es sich bei den Ressourcen um relationale Datenbanken, werden beispielsweise SQL-Statements ausgeführt.

**3.** Jeder Ressourcenverwalter, der von der Anwendung innerhalb der Transaktion genutzt wird, teilt dem Transaktionsverwalter über den Aufruf *join* mit, dass er an der Transaktion beteiligt sein möchte.

**4.** Zu einem beliebigen Zeitpunkt fordert die Anwendung über den Aufruf *commit* (bei Abbruch der Transaktion über den Aufruf *rollback*) das Ende der Transaktion.

**5.** Der Transaktionsverwalter fordert die Ressourcenverwalter auf, die Änderungen festzuschreiben. Das Festschreiben der Transaktion wird 2-Phasen-Commit genannt und stellt den Kern des Modells dar. Er wird im folgenden Abschnitt beschrieben.

Eine Erweiterung des Modells sieht zusätzlich die Interaktion zwischen verschiedenen Transaktionsverwaltern vor. Dies wird relevant, wenn mehrere Transaktionsdienste zusammenarbeiten müssen. Dieser Fall wird, da er eher selten eintritt, an dieser Stelle nicht weiter berücksichtigt.

## Der 2-Phasen-Commit

Das Festschreiben der Änderungen innerhalb einer verteilten Transaktion erfolgt in zwei Phasen. In der ersten Phase befragt der Transaktionsverwalter alle beteiligten Ressourcenverwalter, ob die Änderungen lokal festgeschrieben werden können. Bei einer positiven Bestätigung aller Verwalter fordert der Transaktionsverwalter in einer zweiten Phase das Festschreiben der Änderungen. Tritt bei mindestens einem der Ressourcenverwalter ein Konsistenzproblem auf, fordert der Transaktionsverwalter alle Ressourcenverwalter auf, ihre lokale Transaktion zurückzusetzen.

Dieses Vorgehen in zwei Phasen wird auch 2-Phasen-Commit (engl. 2-Phase Commit) oder kurz 2PC genannt. Der 2-Phasen-Commit stellt den wesentlichen Unterschied zwischen verteilter und einfacher Transaktionsverwaltung dar. Entscheidend ist im Modell die Schnittstelle zwischen dem Transaktionsverwalter und den beteiligten Ressourcenverwaltern. Sie wird auch die XA-Schnittstelle genannt und wurde von der Open Group als Standard verabschiedet.

### Isolationsebenen

Die Eigenschaft der vollständigen Isolation von Transaktionen kann für Anwendungen zum Teil eine zu einschränkende Anforderung sein. Insbesondere können Probleme bei der Performance auftreten. Aus diesem Grund definiert der ANSI/ISO-SQL99-Standard vier Isolationsebenen für Transaktionen. Jede Ebene erlaubt mehr Freiheitsgrade von Transaktionen, birgt jedoch auch mehr Gefahren zur Dateninkonsistenz. Wie der Name des Standards impliziert, beziehen sich Isolationsebenen ausschließlich auf Datenbanktransaktionen.

Ziel der Isolationsebenen ist die Vermeidung von ungewollten Phänomenen bei Datenzugriffen, wie sie bei nicht ausreichender Isolierung der Transaktionen gegeneinander auftreten können. Folgende Phänomene werden unterschieden:

**Dirty reads:** Eine Transaktion kann Daten einer anderen Transaktion lesen, die noch nicht festgeschrieben wurden und somit noch einen inkonsistenten Zustand repräsentieren können.

**Non-repeatable-reads:** Eine Transaktion stellt beim zweiten Mal Lesen von Daten fest, dass die Daten in der Zwischenzeit von einer anderen Transaktion geändert und festgeschrieben wurden. Der Zustand, auf dem die Transaktion aufsetzt, ist somit nicht mehr gültig.

**Phantom reads:** Eine Transaktion stellt fest, dass eine Anfrage bei erneuter Ausführung ein verändertes Ergebnis liefert. Beispielsweise sind neue Datensätze hinzugekommen oder andere gelöscht worden.

Der Standard definiert vier Isolationsebenen, die zu unterschiedlichen Graden verhindern bzw. erlauben, dass die genannten Phänomene auftreten (siehe *Tabelle 3.1*).

**Tabelle 3.1**

### Isolationsebenen und Phänomene nach ANSI/ISO-SQL

| Isolationsebenen | Phänomene | | |
|---|---|---|---|
| | dirty reads | non-repeatable reads | phantom reads |
| Read Uncommited | möglich | möglich | möglich |
| Read Commited | nicht möglich | möglich | möglich |
| Repeatable Read | nicht möglich | nicht möglich | möglich |
| Serializable | nicht möglich | nicht möglich | nicht möglich |

Die stärkste und sicherste Isolationsebene ist Serializable. Transaktionen sehen keine Änderungen paralleler Transaktionen, auch wenn diese bereits festgeschrieben wurden. Implizit wird damit jegliche Parallelität vermieden. Dies kann jedoch zu einem neuen Problem führen: Das Festschreiben einer Transaktion führt zu einem Konflikt und muss wiederholt werden. Die eher unsichere Isolationsebene Read Uncommited kann demgegenüber zu Dateninkonsistenzen führen. Datenbanken können mehrere Isolationsebenen unterstützen. Mindestens wird jedoch in den meisten Fällen die Ebene Read Commited als Kompromiss zwischen Sicherheit und Schnelligkeit unterstützt.

### Sperrmechanismen

Isolationsebenen sind ein Mittel zur Sicherung der Datenkonsistenz. Sperrmechanismen geben der Anwendung eine zusätzliche Möglichkeit zur Hand, die Nebenläufigkeit von Transaktionen im Rahmen der gegebenen Isolationsebene selbst zu steuern. Grundsätzlich werden zwei Arten von Sperrmechanismen unterschieden:

**Pessimistisches Sperren:** Pessimistisches Sperren verfolgt die Strategie der Konfliktvermeidung. Eine Transaktion sperrt alle Daten, auf denen sie arbeitet, unabhängig davon, ob sie nur lesend oder schreibend darauf zugreifen möchte.

**Optimistisches Sperren:** Optimistisches Sperren setzt verstärkt auf die Strategie der Konflikterkennung. Eine Transaktion liest zu Beginn die Daten, gibt sie dann jedoch wieder für andere Transaktionen frei. Vor dem Festschreiben prüft die Transaktion, ob die Daten in der Zwischenzeit geändert wurden. Treten Konflikte auf, muss die Transaktion zurückgesetzt werden.

Optimistisches Sperren kann durch die Einführung von Sperrstufen verfeinert werden. Mit Sperrstufen können feinere Abstufungen des Sperrens eingeführt und unter anderem die Defizite der Isolationsebenen ausgeglichen werden. Beispielsweise kann eine Sperrstufe sicherstellen, dass andere Transaktionen die Daten zwar lesen, aber nicht ändern oder löschen dürfen. Damit kann das Phänomen des Repeatable Reads bei einer Isolationsebene von Read Commited ausgeschlossen werden.

## 3.2.4 Persistenz

Neben der Transaktionsverwaltung stellt ein Persistenzdienst die zweite Säule datenzentrierter verteilter Anwendungen dar. Mit Persistenz wird die Gesamtheit aller Mechanismen zur dauerhaften Speicherung von flüchtigen Daten im Hauptspeicher auf ein persistentes Speichermedium bezeichnet.

Ein Persistenzdienst bietet einer verteilten Anwendung eine intelligente Schnittstelle zu einem Festspeicher oder einer Datenbank. Die Daten werden an den Dienst übergeben, auf ein geeignetes Speicherformat abgebildet und an das Speichermedium oder die Datenbank weitergereicht.

In der Praxis hat sich vor allem eine Art des Persistenzdienstes etabliert: der objektrelationale Mapper, auch OR-Mapper genannt. OR-Mapper sind Persistenzdienste, die sich auf die Abbildung zwischen objektorientierten Programmiersprachen und relationaler Datenbank konzentrieren, heute die mit Abstand häufigste Art der Persistierung.

OR-Mapper bilden komplexe Objektstrukturen im Hauptspeicher auf Tabellenstrukturen in der relationalen Datenbank ab (siehe *Abbildung 3.6*). Die Regeln werden ihnen vom Anwendungsentwickler vorgegeben. Zur Persistierung arbeiten OR-Mapper transaktional, unterstützten also verteilte Transaktionen sowie verschiedene Sperrmechanismen.

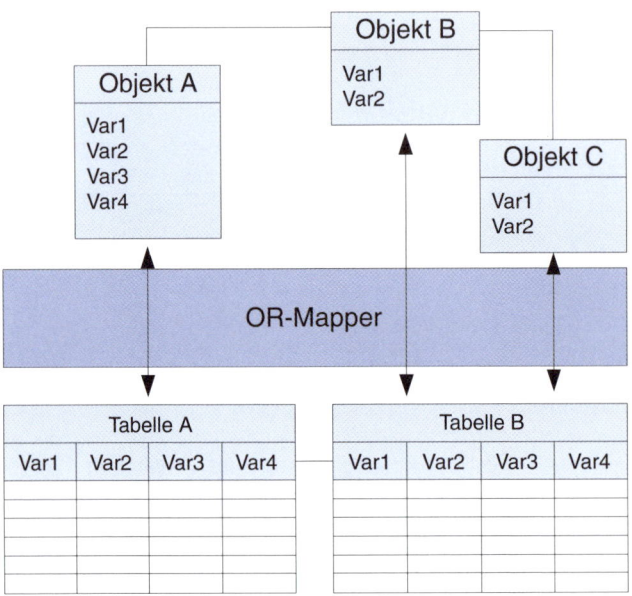

Abbildung 3.6: Objekt-relationale Abbildung über OR-Mapper

Persistenzdienste können in eine Middleware integriert sein, sie stehen jedoch auch als eigenständige Komponenten zur Verfügung. Neben einer Reihe kommerzieller Persistenzdienste gibt es inzwischen diverse Open-Source-Persistenzdienste, wie beispielsweise „Quasar Persistence" (www.openquasar.de) oder „Hibernate" (www.hibernate.org).

## 3.3 Komponentenmodell

Komponentenmodelle bieten eine konzeptionelle und technische Basis zur komponentenbasierten Entwicklung verteilter Anwendungen. In den letzten Jahren setzte sich das komponentenorientierte Paradigma als Erweiterung und Ergänzung des objektorientierten Paradigmas mehr und mehr durch. Komponenten als „große Objekte" dienen zur Strukturierung von Anwendungen. Sie kapseln Teile der Anwendung und bieten die Funktionalität über Schnittstellen an. Kapitel 4 befasst sich mit Komponenten und ihrer Rolle für den Entwurf verteilter Anwendungen.

Komponentenmodelle konzentrieren sich auf zwei Aspekte der komponentenbasierten Entwicklung: Entwicklung und Laufzeit. Grundlage der Entwicklung ist die Definition eines Komponentenbegriffs, durch den die grundlegende Struktur der Komponenten festgelegt wird. Die fertigen Komponenten brauchen zusätzlich eine geeignete Ablaufumgebung, die Komponentenlaufzeitumgebung. Komponentenmodelle legen im Einzelnen folgende Elemente fest:

**Komponentenbegriff:** Der Komponentenbegriff bestimmt die grundlegende Philosophie des Komponentenmodells. Er definiert beispielsweise Art und Anzahl der Schnittstellen sowie Komponenteneigenschaften. Ausgehend vom Komponentenbegriff wird die Entwicklungsstruktur der Komponenten festgelegt sowie ihre Einbettung in die Bibliotheken der Komponentenlaufzeitumgebung.

**Schnittstellenverträge:** Schnittstellenverträge legen die Abläufe zwischen Komponenten sowie zwischen Komponenten und Laufzeitumgebung fest. Beispielsweise definieren Schnittstellenverträge, wie eine Komponente den Transaktionsdienst der Komponentenlaufzeitumgebung nutzen kann.

**Komponentenlaufzeitumgebung:** Die Komponentenlaufzeitumgebung setzt auf der Laufzeitumgebung der jeweiligen Middleware auf und erweitert deren Funktionalität (siehe *Abbildung 3.7*). Sie wird auch als Container bezeichnet. Zwei Aufgaben sind es, die eine Komponentenlaufzeitumgebung zu erfüllen hat:

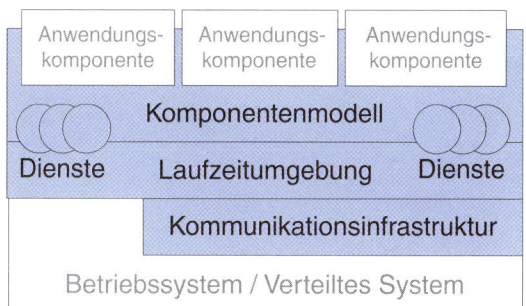

Abbildung 3.7: Anwendungsorientierte Middleware III: Kommunikationsinfrastruktur, Laufzeitumgebung, Dienste und Komponentenmodell

**Verwaltung der Komponentenlebenszyklen:** Ein Lebenszyklus umfasst im einfachsten Fall die Initialisierung der Komponente, ihre aktive Phase im Hauptspeicher sowie das Löschen der Komponente. Aufgabe der Komponentenlaufzeitumgebung ist die Initiierung der Phasenwechsel sowie die Überwachung der Phasen. Komponenten werden nach ihrer Entwicklung in der Komponentenlaufzeitumgebung angemeldet und unterstehen ab diesem Zeitpunkt deren Verwaltung.

**Implizite Bereitstellung von Diensten:** Komponenten benötigen die Dienste der Middleware für ihre Abläufe. Anwendungen, die nicht auf einer Middleware mit Komponentenmodell aufsetzen, müssen direkt Zugriffe auf Dienstkomponenten durchführen. Eine Komponentenlaufzeitumgebung bietet den Komponenten die Dienste hingegen implizit an. Durch deskriptive Beschreibung der Anforderungen in Textformat teilt eine Komponente der Komponentenlaufzeitumgebung bei der Anmeldung mit, welche Dienste sie später benötigen wird.

Komponentenmodelle bringen vor allem einen Vorteil mit sich: Sie vereinfachen Entwicklung und Betrieb (verteilter) Anwendungen durch strikte Trennung von fachlichen und technischen Aspekten.

## 3.4 Middleware-Technologien

Inwieweit eine anwendungsorientierte Middleware-Technologie die oben genannten Konzepte unterstützt, ist davon abhängig, welcher Anwendungstyp im Fokus der Technologie steht. Insbesondere bei der Unterstützung von Laufzeitumgebung und Komponentenmodell gibt es zum Teil große Unterschiede. Generell können drei Typen anwendungsorientierter Middleware-Technologien unterschieden werden:

**Object Request Broker (ORB):** ORBs setzen auf dem Programmiermodell der entfernten Methodenaufrufe auf und bieten eine Kommunikationsinfrastruktur für verteilte Objekte. Ein ORB bietet zusätzlich noch eine Vielzahl an Diensten, die von ORB-Technologie zu ORB-Technologie stark variieren kann. Ein ORB unterstützt zwar keine Laufzeitumgebung im eigentlichen Sinn, viele ORB-Technologien bieten jedoch grundlegende Laufzeitfunktionalitäten wie Prozess- und Threadverwaltung an, die von den Anwendungen explizit zu nutzen sind.

Der heute bekannteste Standard für einen ORB ist die Common Object Request Broker Architecture, kurz CORBA genannt. CORBA wird im Detail in Kapitel 8 vorgestellt.

**Application Server:** Application Server sind eine Middleware-Technologie, die sich ausschließlich auf die Unterstützung der Anwendungslogik auf der Middle-Tier konzentriert. Application Server unterstützen alle der genannten Konzepte: Sie bieten eine Kommunikationsinfrastruktur, Dienste und eine Laufzeitumgebung mit Komponentenmodell.

Application Server finden sich heute jedoch nur noch selten in Reinform, üblicherweise sind sie Teil einer vollständigen Middleware-Plattform.

**Middleware-Plattformen:** Middleware-Plattformen erweitern einen Application Server zu einer vollständigen verteilten Plattform für verteilte Anwendungen. Sie unterstützen verteilte Anwendungen auf allen Tiers, neben der Middle-Tier auch auf Client- und Server-Tier. Middleware-Plattformen konzentrieren sich nicht mehr alleine auf verteilte Anwendungen, sondern bieten zusätzlich Unterstützung bei der Anwendungsintegration.

Heute gibt es im Wesentlichen zwei (Quasi-)Standards für Middleware-Plattformen und ihre Komponentenmodelle: die Java 2 Platform Enterprise Edition, kurz J2EE, mit dem EJB-Komponentenmodell (siehe Kapitel 9) und die .Net-Plattform mit dem COM-Komponentenmodell (siehe Kapitel 10). Ebenfalls Kandidat für eine Middleware-Plattform ist der CORBA-Standard. Mit Version 3.0 wurde CORBA um ein eigenes Komponentenmodell, das CCM, erweitert und erfüllt damit alle Voraussetzungen einer vollständigen Plattform.

## 3.5 Transaktionsmonitore – ein kleiner Ausflug in die Vergangenheit

Wie die Vielfalt der Konzepte zeigt, ist eine Middleware-Plattform nicht mehr eine einfache Weiterentwicklung kommunikationsorientierter Middleware-Technologie. Hier fallen mehrere Konzepte zusammen, die nicht ausschließlich in der Verteilung der Anwendungen begründet sind.

Die Wurzeln der Middleware-Plattformen lassen sich weit in die Anfänge der Informationstechnologien zurückverfolgen. Als in den 60er und 70er Jahren die ersten Anwendungen am Mainframe entwickelt wurden, zeigte sich bald, dass die bestehenden Betriebssysteme nicht ausreichten. Typische Mainframeanwendungen wurden über Terminals genutzt, wobei die Anzahl der Terminals wie die der Anwender bis in die Tausende gehen konnte. Bei den Anwendungen handelte es sich in der Regel um so genannte OLTP-Anwendungen (OnLine Transactional Processing). OLTP-Anwendungen zählen zu den ersten transaktionalen Informationssystemen. Sie zeichnen sich durch drei Eigenschaften aus:

- viele parallele Zugriffe,
- eine große Anzahl möglicher Benutzer,
- hohe Anforderungen an die Verfügbarkeit.

Dies sind Eigenschaften, die heute insbesondere auch für Internetanwendungen gelten.

Zur Bewältigung der Herausforderungen wurden schon bald erste Transaktionsmonitore entwickelt, auch Transaction Processing Monitor, TP-Monitor oder kurz TPM genannt. Ihre Aufgabe war es, die eher rudimentären Funktionalitäten der Mainframe-Betriebssysteme um zwei Dienste zu erweitern, die Verwaltung von Transaktionen und die Verwaltung von Ressourcen wie Hauptspeicher, Prozesse und Verbindungen.

Die ersten Transaktionsmonitore wurden bereits Ende der 60er Jahre für den Mainframe entwickelt. Einige haben sich bis in die heutige Zeit erhalten: beispielsweise CICS (Customer Information Control System) von IBM, IMS/TM ebenfalls von IBM oder das BS 2000 von Siemens.

Auch wenn es sich hier um vermeintlich alte Technologien handelt, darf man sich nicht über ihren Einfluss hinwegtäuschen. Mainframes konnten auf Grund ihrer Zuverlässigkeit und Rechenstärke bis heute nicht geeignet abgelöst werden. Dies erklärt, dass immer noch viele Unternehmen einen, wenn nicht sogar mehrere Mainframes im Keller stehen haben, auch wenn die Technologie an sich schon lange für tot erklärt wurde.

Inzwischen wandelt sich der Trend. Die totgesagte Technologie wird wieder belebt. Sowohl IBM als auch Siemens arbeiten an der Weiterentwicklung ihrer Transaktionsmonitore, insbesondere an der Integration neuer Technologien wie Java, CORBA und J2EE am Mainframe.

Dennoch wurden seit Einführung der Internettechnologien in den 70er Jahren mehr und mehr OLTP-Anwendungen vom Mainframe auf verteilte Systeme migriert. Ein Migration bedeutet: Die Anwendung selbst wird auf neuer Technologie entwickelt, üblicherweise mit zusätzlicher Funktionalität, die Daten (das Herz eines jeden Informationssystems) werden in die Datenbank der neuen Anwendung überführt.

Die Aufgaben der Transaktionsmonitore übernahmen nun spezielle Server-Transaktionsmonitore wie Encina (IBM) oder Tuxedo (Bea). Diese verschmolzen in Verbindung mit den kommunikationsorientierten Middleware-Technologien mit den Jahren zum heutigen Application Server und bilden das Herzstück einer Middleware-Plattform.

## Z U S A M M E N F A S S U N G

Anwendungsorientierte Middleware erweitert kommunikationsorientierte Middleware um Laufzeit-umgebung, Dienste und optional um die Unterstützung eines Komponentenmodells. Anwendungs-orientierte Middleware konzentriert sich insbesondere auf Software-intensive, datenzentrierte und interaktive verteilte Anwendungen.

Die Laufzeitumgebung einer anwendungsorientierten Middleware setzt auf den Funktionalitäten des Betriebssystems auf und ergänzt diese geeignet. Neue Funktionalitäten sind unter anderem Verbesserung der Ressourcenverwaltung, Unterstützung der Nebenläufigkeit, Verbindungsverwal-tung, Unterstützung eines Sicherheitsmodells sowie verbesserte Verfügbarkeit.

Wichtige Dienste einer anwendungsorientierten Middleware sind ein Namensdienst, eine Sitzungs-verwaltung, ein Transaktionsdienst und ein Persistenzdienst. Es gibt eine Vielzahl weiterer mögli-cher Dienste. Generell steht es jeder Middleware-Technologie frei, welche Dienste sie konkret anbietet.

Ein Komponentenmodell unterstützt Entwicklung und Laufzeit komponentenbasierter Anwendungen. Kern des Modells ist die Definition eines Komponentenbegriffs sowie die Festlegung einer geeigneten Komponentenlaufzeitumgebung.

In der Kategorie der anwendungsorientierten Middleware lassen sich drei Technologien unterschei-den: Object Request Broker, Application Server und Middleware-Plattformen.

Application Server und Middleware-Plattformen stammen konzeptionell sowohl von kommunika-tionsorientierter Middleware als auch von Transaktionsmonitoren ab. Transaktionsmonitore sind eine Technologie, die ursprünglich für Mainframes entwickelt und später auf Serversystemen über-nommen wurde. Sie bieten eine Laufzeitumgebung für transaktionale Anwendungen.

## Z U S A M M E N F A S S U N G

## Übungen

**1.** Webanwendungen arbeiten häufig mit Sitzungen. Eine Sitzung bleibt über mehrere Seitenwechsel erhalten. Diskutieren Sie, zu welchen Problemen bei der Sitzungsverwaltung die Verwendung des Back-Buttons im Browser führen kann.

**2.** Erläutern Sie den Unterschied zwischen vertikalen und horizontalen verteilten Transaktionen.

**3.** Beschreiben Sie das Modell der Open Group zur Verwaltung verteilter Transaktionen. Erläutern Sie, warum eine einfache Transaktionsverwaltung bei verteilten Transaktionen nicht mehr ausreicht. Wo können Probleme auftreten?

**4.** Optimistisches Sperren erlaubt eine feinere Abstimmung der Isolierung von Transaktionen durch so genannte Sperrmodi. Diskutieren Sie, welche Sperrmodi denkbar sind.

**5.** Welche Phänomene können bei unzureichender Isolierung paralleler Transaktionen gegeneinander auftreten? Wie wirken sie sich aus?

**6.** Erläutern Sie den Zusammenhang zwischen Nebenläufigkeit, Threads und Transaktionen.

**7.** Sie erhalten die Aufgabe, eine Versicherungsanwendung zu entwickeln. Die Anwendung wird von 20 Sachbearbeitern genutzt. Die Sachbearbeiter arbeiten im Durchschnitt 6 Stunden täglich mit der Anwendung. Vom Auftraggeber wird eine tägliche Verfügbarkeit der Anwendung von 10 Stunden zu den üblichen Arbeitszeiten gefordert. Ausfälle werden in dieser Zeit nicht toleriert. Mit Hilfe welcher Strategie würden Sie diese Anforderung erfüllen? Begründen Sie Ihre Entscheidung.

**8.** Komponentenmodelle erleichtern die Entwicklung verteilter Anwendungen erheblich. Dennoch sind die Meinungen über ihren Nutzen geteilt. Finden Sie jeweils Argumente, die für bzw. gegen den Einsatz eines Komponentenmodells sprechen.

# Literatur

## ■ Dienste

The Open Group: Distributed TP: Reference Model; Berkshire, U.K., X/Open Company Ltd, Version 3, 1996.

The Open Group: Distributed TP: The XA Specification; Berkshire, U.K., X/Open Company Ltd, 1992.

ISO/IEC: International Standard ANSI/ISO/IEC 9075-1:1999 „Database Language SQL".

Ian Gorton: Enterprise Transaction Processing Systems; Wokingham, Addison Wesley, 2000.

Gernot Starke: Effektive Software-Architekturen – ein praktischer Leitfaden; München. Hanser 2002.

Johannes Siedersleben: Moderne Software-Architektur; München, dpunkt Verlag, 2004.

George Coulouris, Jean Dollimore, Tim Kindberg: Distributed Systems, Concepts and Design. Wokingham: Addison Wesley, 3.Ausgabe 2001 (dt. Verteilte Systeme – Konzepte und Design; München, Pearson Studium, 3., überarbeitete Auflage 2002)

Andrew Tanenbaum, Marten van Steen: Distributed Systems; Englewood Cliffs, NJ: Prentice Hall 2003 (dt. Verteilte Systeme – Grundlagen und Paradigmen; München, Pearson Studium 2003)

## ■ Komponentenmodelle

Clemens Szyperski: Component Software, Beyond Object-Oriented Programming; Addison Wesley, Second Edition, 2002.

Volker Gruhn, Andreas Thiel: Komponentenmodelle – DCOM, JavaBeans, Enterprise JavaBeans, CORBA; Addison-Wesley, 2000.

## ■ Transaktionsmonitore

Jim Gray, Andreas Reuter: Transaction Processing, Concepts and Techniques; Burlington, MA, Elsevier, Morgan Kaufmann Publisher, 1992.

Philip A. Bernstein, Eric Newcomer: Principles of Transaction Processing; Burlington, MA, Elsevier, Morgan Kaufmann Publisher, 1997.

# Entwurf verteilter Anwendungen

**4**

ÜBERBLICK

Eine Anwendung hat die Aufgabe, Anforderungen möglicher Anwender geeignet zu erfüllen. Anforderungen können funktionaler oder nichtfunktionaler Natur sein. Typische funktionale Anforderungen sind alle fachlichen Dienste, die ein Anwender nutzen möchte – wie beispielsweise: ein Buch in einem Internetshop kaufen, ein Ticket bei einem Online-Buchungssystem reservieren oder ein Navigationssystem nutzen.

Nichtfunktionale Anforderungen sind Anforderungen, die nicht direkt mit der Fachlichkeit zusammenhängen, dennoch für die Benutzung der Anwendung relevant sind. Nichtfunktionale Anforderungen machen beispielsweise Aussagen darüber, welche Verfügbarkeitsanforderungen für eine Anwendung einzuhalten sind, welche Antwortzeiten erwartet werden oder welche Sicherheitsanforderungen zu erfüllen sind.

Funktionale Anforderungen werden von der Anwendung realisiert. Die Umsetzung der nichtfunktionalen Anforderungen erfolgt in großen Teilen durch das verteilte System bzw. die verwendete Middleware. Einen nicht zu unterschätzenden Einfluss hat hier auch die Architektur der Anwendung.

## 4.1 Softwarearchitektur

Wie ein Architekt die Grundstruktur eines Gebäudes plant, so plant der Softwarearchitekt die Grundstruktur einer Anwendung. Der Vergleich zum Gebäudearchitekten wurde an dieser Stelle nicht zufällig gewählt. Aufgaben und Probleme bei der Planung eines Gebäudes ähneln stark den Aufgaben und Problemen, denen sich ein Softwarearchitekt stellen muss. Dies geht soweit, dass die Disziplin der Softwarearchitektur eine Reihe von Konzepten und Ideen der Gebäudearchitekten in ihre Arbeit übernommen hat.

Die Struktur einer Anwendung wird, ebenfalls in Anlehnung an Gebäudearchitekturen, auch Softwarearchitektur genannt. Es gibt heute eine Reihe von Definitionen für Softwarearchitekturen. Bass, Clements und Kazman definieren in ihrem Buch „Software Architecture in Practice" eine Softwarearchitektur wie folgt:

*The software architecture of a program or computing system is the structure of structures of the system, which comprise software elements, the externally visible properties of those elements, and the relationships among them.*

Eine Softwarearchitektur beschreibt die Elemente einer Anwendung und ihre Beziehungen untereinander. Sie ist maßgeblich dafür verantwortlich, dass die Anwendung alle funktionalen und insbesondere alle nichtfunktionalen Anforderungen der zukünftigen Anwender erfüllt.

Nicht jede Architektur ist für jede Anwendung geeignet. Wurde eine falsche Architektur gewählt, eine die für die Anforderungen nicht „trägt", kann dies beispielsweise dazu führen, dass die Anwendung zu langsam ist, dass sie fehlerhaft arbeitet, dass sie nicht den gewünschten Grad der Nebenläufigkeit aufbringt oder geforderte Verfügbarkeitsanforderungen nicht einhalten kann.

*Systemarchitektur* Während Softwarearchitekturen ausschließlich die Architektur der Softwareanwendung betrachten, befasst sich eine Systemarchitektur mit Hardware- und Softwareanteilen des vollständigen Systems. Zur Systemarchitektur zählen sowohl die Architektur der verteilten Anwendung (Softwarearchitektur), wie auch Architektur des verteilten Systems.

## 4.1.1 Komponenten

Komponenten sind Strukturelemente einer Softwarearchitektur. Sie sind eine der tragenden Säulen komponentenbasierter Softwareentwicklung. Komponentenbasierte Entwicklung ist zwar von der Idee her nicht wirklich neu, hat sich aber vor allem in den letzten Jahren zu einer Art Hype entwickelt.

Umso erstaunlicher scheint es, dass in der Informatik bis heute kein einheitlicher Komponentenbegriff gefunden wurde. Das bedeutet nicht, dass es nicht reichlich Auswahl an Definitionen gäbe. So listet Clemens Szyperski in seinem Buch „Component Software" gleich mehrere Seiten mit Definitionen zu Komponenten aus der Literatur auf – und liefert zusätzlich eine weitere Definition. Entscheidend aber ist, dass es keinen allgemein anerkannten Standard einer Komponente gibt. Es ist nicht Ziel dieses Buches, diese Lücke zu füllen; es wird auch an dieser Stelle keine Komponentendefinition eingeführt. Vielmehr wird aufgezeigt, warum Komponenten sinnvoll und notwendig sind und welche Eigenschaften sie (mindestens) erfüllen sollten.

### Das Problem – Unstrukturierte Programmierung

Die Einführung von Komponenten in der Softwareentwicklung war eine Antwort auf eine Vielzahl von Problemen, die sich mit steigender Komplexität und steigendem Umfang der Anwendungen einstellten. Besonders ein Problem machte Softwareentwicklern und vor allem den Unternehmen zu schaffen: Anwendungen, die unstrukturiert entwickelt wurden, waren auf Dauer nicht wartbar.

Nach ihrer Entwicklung geht eine Anwendung in die Phase des Betriebs und der Wartung über. Im Rahmen der Wartung werden kleinere Änderungen durchgeführt, Fehler behoben oder Funktionalitäten an neue Anforderungen angepasst. In der Wartungsphase wird eine Anwendung häufig von neuen Entwicklern übernommen, die zum Teil erhebliche Schwierigkeiten haben, Struktur und Abläufe der Anwendungen zu verstehen. Die Folgen sind hohe Wartungskosten sowie in manchen Fällen eine kostspielige Neuentwicklung. Dies ist bei guter Strukturierung häufig nicht notwendig.

Es gibt eine Vielzahl verschiedener Möglichkeiten, unstrukturierten und damit unwartbaren Code zu entwickeln. Zwei typische Fehler werden im Folgenden kurz vorgestellt.

Ein von Anfängern gern verübter Fehler ist die Entwicklung von so genanntem „Spaghetticode". Der Kontrollfluss einer Anwendung windet sich über unstrukturierte Funktionsaufrufe quer durch den Code und ist nicht mehr nachvollziehbar.

> **„Go To Statement Considered Harmful"** In seinem legendären Artikel „Go To Statement Considered Harmful" für die „Communications of the ACM" erläutert Edsger Dijkstra bereits 1968, dass die Verwendung von Go-To-Statements in Programmen – eine damals sehr beliebte Programmiertechnik – mehr Schaden als Nutzen anrichten würde. Go-To-Statements ermöglichten beliebige Sprünge im Code und waren die Hauptverursacher unverständlicher, verschlungener Kontrollflüsse in Anwendungen. Schon wenige Jahre später waren Go-To-Statements weitgehend aus allen neueren Programmiersprachen verschwunden.

Durch Einführung objektorientierter Sprachen sollte dieses Problem behoben werden. Objektorientierung brachte jedoch nur einen Teilerfolg. Unter der Annahme „wir programmieren objektorientiert, unser Code ist gut strukturiert" tappten viele Entwickler in eine andere Falle: ungewollte Abhängigkeiten zwischen Objekten, die „Code-Lasagne".

Der Begriff „Code-Lasagne" ist eine Anlehnung an den Begriff „Spaghetticode". In diesem Fall ist jedes Objekt einer Anwendung direkt oder indirekt von jedem anderen Objekt im Code abhängig. Änderungen an einer Stelle können zu ungewollten Seiteneffekten an anderen Stellen im Code führen. Die Behebung von Fehlern wird dadurch äußerst kritisch.

## Die Lösung – Komponenten

Generelles Problem bei unstrukturiertem Code sind die vielen inhaltlichen und technischen Abhängigkeiten, die unwillkürlich entstehen. Es existieren im Code keine eigenständigen, unabhängigen Bereiche mehr. Minimale Änderungen an der Funktionalität können sich ungewollt quer durch die gesamte Anwendung auswirken.

Komponenten wurden eingeführt, um Abhängigkeiten im Code zu beherrschen. Eine Komponente dient, wie eine Klasse, zur Strukturierung von Code, ist jedoch größer und kontrolliert an ihren Grenzen Beziehungen zu anderen Komponenten und zur Umgebung. Im Folgenden werden einige kennzeichnende Eigenschaften einer Komponente beschrieben:

- Eine Komponente kapselt Daten und Funktionen (bei prozeduralen Sprachen) oder Methoden (bei objektorientierten Sprachen).

- Der Zugriff auf eine Komponente erfolgt ausschließlich über ihre Schnittstellen. Eine Komponente implementiert eine oder mehrere Schnittstellen.

- Eine Komponente kann zur Laufzeit instanziiert werden. Instanzen von Komponenten werden auch Komponentenobjekte genannt.

Aufgabe des Softwarearchitekten ist es, im Rahmen des Architekturentwurfs Komponenten festzulegen und ihre Schnittstellen zu definieren. Zum Entwurf kann er sich an einigen generellen Regeln orientieren:

- Die Schnittstellen der Komponenten sollten so geplant werden, dass die Abhängigkeiten zwischen den Komponenten minimal bleiben. Das bedeutet: wenige Zugriffe zwischen Komponenten und möglichst keine Zyklen.

- Komponenten sollten so geplant werden, dass wahrscheinliche Änderungen sich nicht über die gesamte Anwendung auswirken, sondern möglichst lokal bleiben.

- Eine Komponente sollte so geplant werden, dass sie entweder technische oder fachliche Aspekte implementiert. Mischungen führen zu ungewollten Abhängigkeiten.

- Eine Komponente sollte so geplant werden, dass als Implementierung beispielsweise eine Open-Source Komponente oder auch eine kommerzielle Komponente verwendet werden kann.

- Eine Komponente sollte so geplant werden, dass Implementierungen der Komponenten für weitere Anwendungen wiederverwendbar sind. Dies gilt insbesondere für technische, in geringerem Maße auch für fachliche Komponenten.

*Information Hiding Modules*  Die Idee der Komponente in der Softwareentwicklung ist nicht wirklich neu. Bereits Anfang der 70er Jahre führte Parnas seine „Information Hiding Modules" ein, die Vorläufer der heutigen Softwarekomponenten. Die Idee war einfach: Ein Modul ist wie eine Komponente Strukturelement einer Anwendung. Zur Identifikation von Modulen gibt Parnas eine Regel an: Ein Modul enthält immer ein Geheimnis, welches es vor der Außenwelt schützt. Über seine Schnittstelle legt es fest, welche Informationen über die Modulgrenze hinaus gegeben werden und welche im Besitz des Moduls verbleiben.

Geheimnis eines Moduls ist beispielsweise die Implementierung eines Suchalgorithmus oder die Berechnung von eindeutigen Identifikatoren. Der Anwender kennt weder den Algorithmus noch das Vorgehen zur Berechnung. Er erhält lediglich auf Anfrage das Suchergebnis bzw. einen fertigen Identifikator. Ziel des Information Hiding ist die Austauschbarkeit und damit die Wiederverwendung der Module. Solange die Schnittstelle gleich bleibt, ist es einerlei, welcher Algorithmus sie tatsächlich implementiert. Module sind reine Entwurfselemente, sie spielen im Gegensatz zu Komponenten zur Laufzeit keine Rolle.

## 4.1.2  Architekturentwurf im Entwicklungsprozess

Die Entwicklung einer Anwendung erfolgt im Rahmen eines Vorgehensmodells. Ein Vorgehensmodell legt die Abläufe und die Ergebnisse fest, die im Rahmen der Entwicklung zu erstellen sind. Es gibt heute eine Vielzahl von Vorgehensmodellen, wie beispielsweise das Wasserfallmodell oder das Spiralmodell, auf die an dieser Stelle jedoch nicht weiter eingegangen wird. Unabhängig davon, welches Vorgehensmodell gewählt wird, ist vor der Entwicklung einer Anwendung grundsätzlich ihre Architektur zu planen. Der Architekturentwurf fällt im Wesentlichen in die Designphase eines Vorgehensmodells. Wurden alle Anforderungen an die zu entwickelnde Anwendung gesammelt und dokumentiert, kann die Struktur der Anwendung entworfen werden. *Abbildung 4.1* zeigt die Einbettung des Architekturentwurfs in den Entwicklungsprozess.

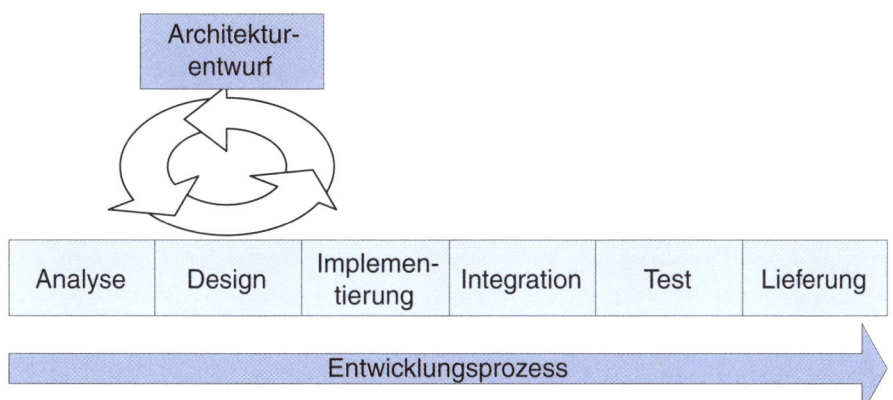

Abbildung 4.1: Architekturentwurf im Entwicklungsprozess

Der Architekturentwurf wird in einem iterativen Prozess durchgeführt. Anhand der Anforderungen wird ein erster Grobentwurf erstellt und seine Tragfähigkeit geprüft. Iterativ wird der Entwurf verfeinert, bis die Architektur feststeht und die Anwendung nach den Vorgaben implementiert werden kann.

## 4.2 Entwurfsprobleme

Entwurfsprobleme, denen sich ein Softwarearchitekt stellen muss, können vielfältiger Natur sein. Im Folgenden werden beispielhaft einige Entwurfsprobleme vorgestellt, die insbesondere bei interaktiven, datenzentrierten verteilten Anwendungen auftreten.

### Entwurf der Anwendungslogik

Die Anwendungslogik als zentrale Einheit einer Anwendung muss geeignet strukturiert werden, so dass alle funktionalen und nichtfunktionalen Anforderungen erfüllt werden können. Strukturierung bedeutet die geeignete Aufteilung der Software in Komponenten, so dass Abhängigkeiten gering und spätere Änderungen lokal bleiben. Jede Komponente erfüllt innerhalb des Anwendungskerns ihre individuelle Aufgabe. Aufgabe des Architekten ist es, einen geeigneten Komponentenschnitt zu finden.

### Entwurf der Benutzerschnittstelle

Anwender interagieren über die Benutzerschnittstelle mit der Anwendung. Die Benutzerschnittstelle ist sozusagen die Visitenkarte der Anwendung und kann die Akzeptanz der Anwender entscheidend mitbeeinflussen. Der Entwurf der Benutzerschnittstelle umfasst zum Einen Überlegungen zum graphischen Design der Schnittstelle (Fenstergestaltung, „Look and Feel"), zum Anderen aber auch zur Dialogführung: Wie wird der Anwender durch die Dialoge geführt, welche Hilfestellungen stehen ihm zur Verfügung und wie werden ihm Fehler oder Ausfälle der Anwendung mitgeteilt? Ebenfalls Teil des Entwurfs ist die Prüfung der Benutzereingaben: Anwender können ungewollt oder auch gewollt falsche Eingaben machen. Durch Prüfungen der Eingaben direkt an der Benutzerschnittstelle werden bereits die gröbsten Fehler herausgefiltert. Eine weitere Prüfung erfolgt in der Anwendungslogik.

### Entwurf der Client-Server-Schnittstelle

Der Entwurf an der Client-Server-Schnittstelle betrifft die Frage nach dem zu verwendenden Programmiermodell auf Ebene der Anwendung. Zur Auswahl stehen das objektorientierte Modell, das prozedurale Modell und das nachrichtenorientierte Modell. Jedes der Modelle bringt seine Vor- und Nachteile mit sich.

Das prozedurale Modell betrachtet den Server als Diensterbringer. Dienste sind grob-granulare Funktionsaufrufe, die mehrere Aktionen gebündelt anbieten. Schnittstellen, die nach dem prozeduralen Modell entworfen sind, werden auch dienstorientiert bezeichnet. An der Client-Server-Schnittstelle kann die Verwendung einer dienstorientierten Schnittstelle zu einer drastischen Minimierung der Aufrufe führen. Webservices sind typische Vertreter des dienstorientierten Modells.

Das objektorientierte Modell geht davon aus, dass nicht zwischen lokalen und entfernten Objekten unterschieden wird. Der objektorientierte Entwurf der Client-Server-Schnittstelle berücksichtigt keine Verteilungsaspekte. Vorteil des Modells ist, dass es bei objektorientierten Anwendungen an Rechnergrenzen keinen Paradigmenbruch gibt. Objektorientierte Kommunikation kann jedoch auf Grund vieler kleiner Methodenaufrufe über das Netz rasch zu Performance-Einbrüchen führen. *Abbildung 4.2* zeigt an einem Beispiel die Unterschiede zwischen objektorientierter und dienstorientierter Schnittstelle.

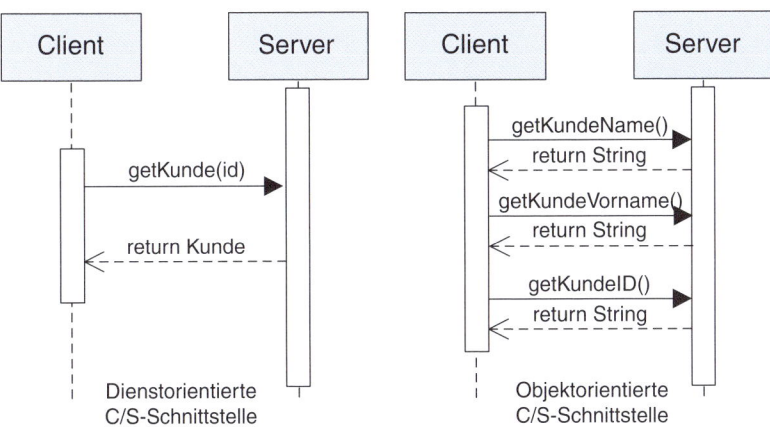

Abbildung 4.2: Vergleich dienstorientierte und objektorientierte Schnittstelle

Das nachrichtenorientierte Modell sieht asynchrone Kommunikation an der Client-Server-Schnittstelle vor. Dieser Fall tritt eher selten auf. Zur Realisierung können die verschiedenen Modelle asynchroner Kommunikation, wie sie in Kapitel 6 beschrieben sind, verwendet werden. Vorteil asynchroner Kommunikation ist die Entkopplung von Client und Server. Der Client ist während der Bearbeitung seines Aufrufs am Server nicht blockiert.

Neben dem Programmiermodell der Schnittstelle ist im Entwurf zu klären, in welcher Form Daten über die Schnittstelle transportiert werden. Im dienstorientierten Modell werden zur Minimierung der Aufrufe häufig Datencontainer wie Vektoren oder zusammengesetzte Objekte verwendet.

## Entwurf der Sitzungsverwaltung

Der Entwurf der Sitzungsverwaltung beschäftigt sich mit der Frage, wo und wie die Sitzungsdaten der Anwender geeignet verwaltet werden. Zur Auswahl stehen eine Reihe von Möglichkeiten: Bei Webanwendungen kann eine Sitzungsverwaltung beispielsweise am Browser, am Webserver oder am Anwendungsserver erfolgen, teilweise auch in der Datenbank.

Eine Entwurfsentscheidung kann sich stark auf die Skalierbarkeit und damit auf die Performance einer Anwendung auswirken, sowohl im positiven, wie auch im negativen Sinn. Ein schlechter Entwurf führt zu hohem Speicherverbrauch und im schlimmsten Fall zum Ausfall der Anwendung bei steigender Belastung. Ein guter Entwurf hat zum Ziel, dass eine Anwendung weitgehend unabhängig von der Zahl der Anwendersitzungen ist und skalierbar bleibt.

71

### Entwurf der Anwendungsprozesse (Workflow)

Ein Anwendungsprozess oder Workflow beschreibt einen mehr oder weniger komplexen Ablauf innerhalb einer Anwendung. Im einfachsten Fall handelt es sich um einen einfachen Aufruf. Komplexe Prozesse ziehen sich über mehrere Methodenaufrufe hinweg, die Daten müssen gegebenenfalls in Sitzungen zwischengespeichert werden. Der Prozess selbst braucht Informationen darüber, in welchem Zustand er sich gerade befindet. Der Entwurf von Prozessen umfasst die Überlegung, wie Prozesse in Code umgesetzt werden, wie sie mit der Sitzungsverwaltung zusammenarbeiten und wo die Zustandsdaten zu den Prozessen gespeichert werden.

### Entwurf der Datenhaltung

Für datenzentrierte Anwendungen ist ein Konzept für die Datenhaltung zu entwerfen. Das umfasst den Entwurf des Datenbankmodells, den Entwurf des Datenmodells und die Abbildung zwischen den beiden Modellen. Unterstützung erfährt der Architekt dabei durch Persistenzdienstes. Insbesondere übernehmen Persistenzdienst weitgehend die Abbildung zwischen den Modellen.

## 4.3 Architekturkonzepte

Architekturkonzepte beschreiben Lösungen für häufig auftretende Entwurfsprobleme. Der Softwarearchitekt prüft von Fall zu Fall, ob zu einem aufgetretenen Entwurfsproblem bereits ein Architekturkonzept existiert, und wendet dieses an. Architekturkonzepte sind so allgemeingültig beschrieben, dass sie in vielen ähnlichen Situationen eingesetzt werden können. Ziel ist die Wiederverwendung von Konzepten. Ein Architekt sollte von Erfahrungen anderer Architekten profitieren und bekannte Fehler vermeiden. Im Folgenden werden drei Arten an wiederverwendbaren Architekturkonzepten vorgestellt: Heuristiken, Muster und Musterarchitekturen.

### 4.3.1 Heuristiken

Heuristiken sind Regeln und Konzepte, die sich in der Praxis bewährt haben und als generelle Richtlinien für Softwarearchitekten gelten. Ein Softwarearchitekt erwirbt sich im Laufe der Zeit einen reichen Erfahrungsschatz, welche Entwurfsentscheidungen sich für welche Entwurfsprobleme bewährt haben. Diese Erfahrungen werden aus konkreten Entwurfssituationen heraus verallgemeinert und anderen Architekten zugänglich gemacht.

Eine Reihe von Heuristiken ist heute bereits Allgemeingut und wird intuitiv eingesetzt, ohne dass dies vielen Softwarearchitekten tatsächlich bewusst ist. Bekanntes Beispiel einer Heuristik ist der Architekturgrundsatz „Separation of Concerns" (Trennung der Zuständigkeiten), der von Dijkstra in seinem Essay „On the role of scientific thought" bereits 1974 eingeführt wurde. Der Grundsatz besagt, dass Software so strukturiert sein sollte, dass Zuständigkeiten innerhalb der Anwendung wohl separiert sind und eindeutig Teilsystemen oder Komponenten zugeordnet werden können.

Ebenfalls als Beispiel einer Heuristik können die „Information Hiding Modules" von Parnas (siehe Kasten) gesehen werden. Heuristiken sind bis heute die wichtigsten Entscheidungshilfen für den Architekturentwurf, auch wenn es zum Teil schwierig ist, sie in einen allgemeinen formalen Rahmen zu bringen. Häufig ist immer noch die mündliche Weitergabe von Erfahrungen die effektivste Form einer Heuristik.

## 4.3.2  Muster und Musterarchitekturen

Muster (Pattern) beschreiben allgemeine Lösungen zu häufig wiederkehrenden Problemen des Architekturentwurfs. Im Gegensatz zu Heuristiken bleiben sie jedoch nicht allgemein, sondern beschreiben konkret Problem und Lösungsansatz, wenn möglich mit Implementierungsvorschlag.

Ursprünglich ein Konzept der Gebäudearchitektur, finden Muster heute in immer mehr Bereichen der Softwareentwicklung ihre Verwendung. Beispielsweise können Entwicklungs- oder Entwurfsprozesse mit Hilfe von Prozessmustern beschrieben werden, fachliche Anforderungen und Probleme mit Hilfe von Analysemustern. Für den Entwurf von Softwarearchitekturen haben sich eine Reihe von Design- und Architekturmustern etabliert. Ein Muster beschreibt hier fokussiert eine Lösung für ein spezifisches Entwurfsproblem. Es wird niemals erfunden, sondern immer durch Beobachtungen in der Praxis identifiziert. Die Dokumentation eines Musters orientiert sich an vier Kernaspekten:

**Kontext:** Es wird die Entwurfssituation beschrieben, in der das Entwurfsproblem auftritt, sowie eine Entscheidungshilfe für den Einsatz des Musters gegeben.

**Problem:** Das Entwurfsproblem, welches durch den Einsatz des Musters gelöst werden soll, wird detailliert dargestellt.

**Lösung:** Es wird eine Lösung für das Entwurfsproblem vorgestellt. Die Lösung beschreibt detailliert, welche Elemente beteiligt sind und wie ihre Beziehungen untereinander sind. Die Beschreibung kann um zusätzliche Informationen wie Beispiellösungen oder auch mögliche Varianten ergänzt werden.

**Konsequenzen:** Es werden die Konsequenzen (positiv und negativ) beschrieben, die der Einsatz des Musters mit sich bringen kann. Beispielsweise kann der Einsatz eines Musters einen Performancegewinn bedeuten, jedoch ungünstige Abhängigkeiten im Code erzeugen.

Wie *Abbildung 4.3* zeigt, lassen sich Muster auf unterschiedlichen Abstraktionsebenen im Architekturentwurf einordnen.

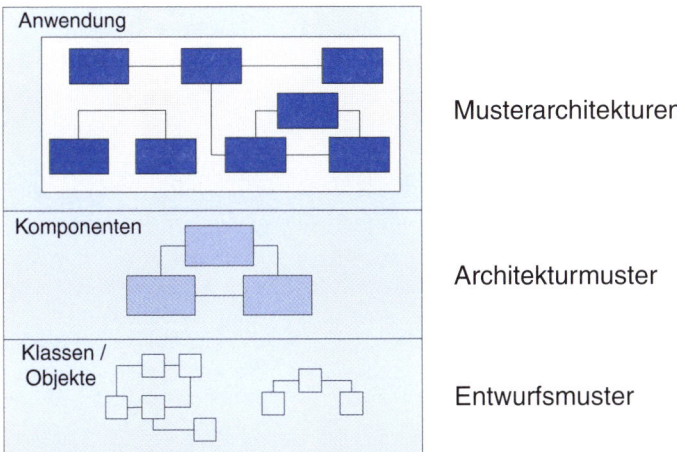

Abbildung 4.3: Abstraktionsstufen von Mustern

## Entwurfsmuster

Entwurfsmuster beschreiben Lösungen für Entwurfsprobleme auf der Ebene von Klassen und Modulen. Sie geben den Softwareentwicklern Hilfestellung bei der Implementierung einer Anwendung. Für den Architekturentwurf sind Entwurfsmuster jedoch – trotz ihres Namens – zu fein-granular.

## Architekturmuster

Architekturmuster gehen eine Abstraktionsstufe höher. Sie beschreiben strukturelle Prinzipien einer Softwarearchitektur auf der Ebene von Komponenten und Subsystemen. Die Verwendung von Schichten ist ein Beispiel eines Architekturmusters.

## Musterarchitekturen

Auf der obersten Hierarchieebene der Muster stehen Musterarchitekturen, häufig auch Referenzarchitekturen genannt. Musterarchitekturen beschreiben nicht so sehr Entwurfslösungen für Teilprobleme einer Softwarearchitektur, sondern konzentrieren sich auf den Entwurf vollständiger Anwendungen. Im Gegensatz zu Mustern ist der Bereich der Musterarchitekturen bisher noch nicht sehr stark entwickelt. Es gibt heute einige unternehmensspezifische Musterarchitekturen sowie eine verschwindende Anzahl allgemeingültiger Musterarchitekturen. Erschwerend kommt hinzu, dass bis heute nicht wirklich festgelegt wurde, was zum Umfang einer Musterarchitektur tatsächlich gehört und was nicht.

Grundsätzlich steckt hinter einer Musterarchitektur die Idee, dass Anwendungen in Gruppen von Anwendungstypen, so genannte Domänen, eingeteilt werden können. Anwendungen, die in einer Domäne sind, bringen ähnliche Entwurfsprobleme mit sich, für die allgemeine Lösungen zu finden sind. Die Lösungskonzepte werden in einer Musterarchitektur zusammengefasst. Musterarchitekturen können technologiespezifisch oder technologieunabhängig formuliert werden.

Da Inhalt und Umfang nicht festgelegt sind, kann eine Musterarchitektur sehr unterschiedlich aussehen. Sie umfasst mindestens Vorgaben zu allgemeinen Entwurfskonzepten und Entwurfsrichtlinien, die sich zum Teil auf Architektur- und Entwurfsmuster abstützen. Zusätzlich werden häufig fertige Frameworks, Komponenten und Bibliotheken angeboten, die eine Musterarchitektur-konforme Entwicklung unterstützen.

In Abschnitt 4.5 wird beispielhaft eine technologieunabhängige Musterarchitektur beschrieben, die sich vor allem auf die Domäne der verteilten betrieblichen Informationssysteme konzentriert. Eine technologiespezifische Musterarchitektur wird in Kapitel 9 vorgestellt.

# 4.4 Musterkataloge

Muster werden, wie erwähnt, nicht erfunden, sie werden in konkreten Projekten identifiziert und aufbereitet. Häufig verwendete Muster werden in Musterkatalogen zusammengefasst und veröffentlicht. Dort werden sie einem stetigen Überarbeitungsprozess unterzogen. Neue Muster werden hinzugefügt, existierende werden überarbeitet. Muster, die sich als ungeeignet oder überflüssig erwiesen haben, werden gegebenenfalls wieder aus dem Katalog entfernt.

Im Folgenden werden zwei Musterkataloge vorgestellt, die es in den letzten Jahren zu einem gewissen Grad der Berühmtheit gebracht haben. Auf einen weiteren Katalog, die J2EE-Pattern, geht Kapitel 9 näher ein.

## 4.4.1 GoF-Entwurfsmuster (Design Patterns)

In ihrem Buch „Entwurfsmuster" beschreiben Erich Gamma, Richard Helm, Ralph Johnson und John Vlissides (auch die „Gang of Four" oder kurz GoF genannt) eine Vielzahl an häufig vorkommenden objektorientierten Entwurfsmustern. Ihr Ziel ist es, den Softwareentwickler bei Entwurf und Implementierung guter objektorientierter Software zu unterstützen. Dazu identifizierten die Autoren 23 häufig wiederkehrende Muster und bereiteten diese zur allgemeinen Wiederverwendung auf.

Der GoF-Musterkatalog konzentriert sich ausschließlich auf den Feinentwurf auf Klassenebene. GoF-Muster beschreiben immer Beziehungen zwischen einzelnen Objekten oder Klassen und gehen nicht auf Entwurfsprobleme auf Komponenten- oder Subsystemebene ein. Der Katalog unterscheidet drei Musterkategorien:

**Erzeugungsmuster:** Objekte sind Instanzen von Klassen im Hauptspeicher und müssen zur Laufzeit erzeugt werden. Erzeugungsmuster verstecken den Prozess der Instanziierung von Objekten vor der Anwendung. Typisches Beispiel eines Erzeugungsmusters ist die Fabrik (Factory). Eine Fabrik erzeugt auf Anfrage Objekte zu Klassen und stellt sie der Anwendung zur Verfügung.

**Strukturmuster:** Strukturmuster beschreiben die Komposition von Klassen oder Objekten zu größeren, zusammenhängenden Gebilden. Beschrieben werden die beteiligten Klassen oder Objekte sowie die strukturellen Abhängigkeiten zwischen ihnen. Typisches Beispiel eines Strukturmusters ist der Proxy. Ein Proxy dient als Stellvertreter eines Objekts und kontrolliert den Zugriff.

**Verhaltensmuster:** Verhaltensmuster beschreiben Art und Weise der Zusammenarbeit zwischen Klassen und Objekten. Ein häufig eingesetztes Verhaltensmuster ist beispielsweise der Observer. Ein Observer kann Ereignisse (Events) von außen empfangen und an Objekte (Listener), die sich als Interessenten angemeldet haben, weiterleiten. Eingesetzt wird das Observermuster häufig bei graphischen Benutzeroberflächen. Mausklicks als externe Ereignisse werden an interessierte Objekte zur Bearbeitung weitergeleitet.

Neben den drei genannten Kategorien unterscheidet der GoF-Musterkatalog zwischen klassenbasierten und objektbasierten Mustern, d.h. Mustern, die Beziehungen auf Klassenebene und Muster die Beziehungen auf Objektebene beschreiben. Klassenbasierte Muster arbeiten mit Vererbung und Schnittstellenimplementierung. Objektbasierte Muster konzentrieren sich auf die Komposition von Objekten und ihre Beziehungen. Im Folgenden werden zwei GoF-Muster vorgestellt, die unter anderem im Bereich der Verteilung Verwendung finden.

### Das Proxy-Muster

Ein Proxy-Objekt agiert als Stellvertreterobjekt für ein weiteres Objekt. Gründe für die Einführung eines Stellvertreters können sein: das Objekt ist lokal nicht vorhanden, der Zugriff auf das Objekt muss durch Regeln geschützt werden oder die Instanziierung des Objekts sollte aus Kostengründen kontrolliert werden.

Im Bereich der verteilten Anwendungen ist das Proxy-Muster Kernkonzept des entfernten Methodenaufrufs (siehe auch Kapitel 2). Der Proxy repräsentiert in diesem Fall als Stellvertreter das eigentliche Serverobjekt am Client. Ziel ist die Zugriffstransparenz. Für den Client bleibt transparent, ob sein Aufruf lokal oder entfernt bearbeitet wird.

Die Umsetzung des Musters sieht vor, dass Proxy und Objekt die gleiche Schnittstelle implementieren (siehe *Abbildung 4.4*). Der Client nutzt die Dienste des Objekts ausschließlich über Schnittstelle. Der Proxy leitet die Aufrufe an das Objekt weiter.

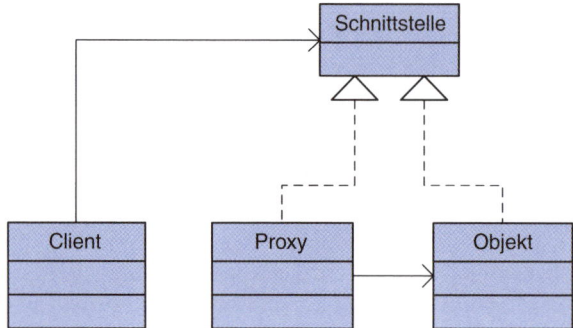

Abbildung 4.4: Das Proxy-Muster

## Das Adapter-Muster

Proxy und Adapter sind Muster mit ähnlicher Zielrichtung, jedoch unterschiedlicher Umsetzung. Ein Adapter nimmt wie ein Proxy über eine Schnittstelle die Aufrufe von einem Client entgegen und vermittelt diese an das Objekt weiter. Zur Umsetzung des Adapter-Musters sieht der Musterkatalog zwei Möglichkeiten vor:

**Vererbung:** Der Adapter wird vom Objekt abgeleitet und erweitert dessen ererbte Funktionalität um geeignete Zugriffsmethoden. Diese Lösung ist nur sinnvoll, wenn Objekt und Adapter im gleichen Prozessraum liegen.

**Weiterleitung:** Der Adapter implementiert geeignete Zugriffsmethoden für den Client. Die Aufrufe werden transparent an das Objekt weitergeleitet. In diesem Fall können Adapter und Objekt in getrennten Prozessräumen liegen.

Dem Client bietet der Adapter seine Funktionalität über eine Schnittstelle an. *Abbildung 4.5* zeigt die Struktur des Adapter-Musters im Fall der Weiterleitung. Diese Lösung findet bei verteilten Anwendungen und insbesondere bei der Anwendungsintegration Verwendung.

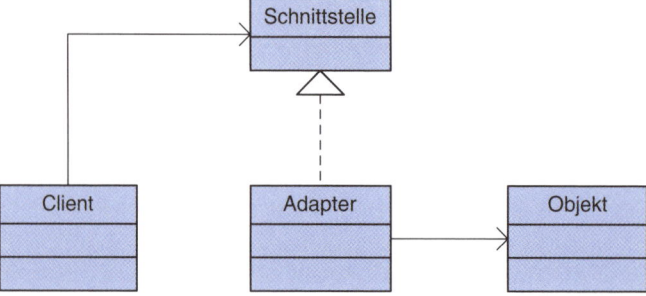

Abbildung 4.5: Adapter-Muster mit Weiterleitung

## 4.4.2 POSA- oder Siemens-Musterkatalog

Frank Buschmann, Regine Meunier, Hans Rohnert, Peter Sommerlad und Michael Stal veröffentlichen in ihrem Buch „Pattern-orientierte Softwarearchitektur – Ein Pattern-System" eine Reihe von zum Teil sehr bekannten Mustern. Die Autoren unterscheiden je nach Einsatzebene drei Arten von Mustern:

**Idiome:** Ein Idiom beschreibt, wie man Entwurfsprobleme auf der untersten Abstraktionsebene mit Hilfe von programmiersprachlichen Konzepten löst. Idiome sind sprachspezifisch und konzentrieren sich auf Implementierungslösungen. Der POSA-Musterkatalog beschreibt ein Beispiel eines Idioms, das Counted-Pointer-Idiom (manchmal auch Smart Pointer genannt) für C++. Das Idiom erleichtert die Speicherverwaltung von dynamisch erzeugten und mehrfach referenzierten Objekten. Mit Hilfe eines Referenzzählers werden alle Referenzen auf ein Objekt verwaltet. Existiert keine Referenz mehr, wird das Objekt gelöscht.

**Entwurfsmuster:** Die POSA-Entwurfsmuster entsprechen von ihrer Granularität her weitgehend den GoF-Entwurfsmustern. Insgesamt ist der POSA-Entwurfsmusterkatalog jedoch nicht so umfangreich und konzentriert sich stärker auf verteilte Anwendungen. Ein paar der GoF-Muster wurden übernommen und ergänzt, einige kamen neu hinzu. Beispielsweise kennen sowohl der POSA-Katalog als auch der GoF-Katalog das Proxy-Muster. Neu hinzugekommen ist im POSA-Katalog das Publisher-Subscriber-Muster, das vor allem bei nachrichtenorientierter Middleware seinen Einsatz findet (siehe hierzu auch Kapitel 6).

**Architekturmuster:** Architekturmuster sind die eigentliche Stärke und der Mehrwert des POSA-Katalogs. Hier sind Muster beschrieben, die in der Anwendungsentwicklung bereits an vielen Stellen eingesetzt werden. Bekanntes Beispiel ist das Model-View-Controller-Muster (MVC), das sich vor allem zur Entwicklung graphischer Benutzeroberflächen durchgesetzt hat. Das Muster unterstützt die Bearbeitung von interaktiven Eingaben durch Benutzer. Ebenso bekannt, wenn auch häufig nicht als Muster identifiziert, ist das Layer-Muster, das die Strukturierung eines Systems in Schichten beschreibt.

In leicht geänderter Besetzung veröffentlichten die Autoren 2001 eine Erweiterung des Musterkatalogs um Muster für nebenläufige verteilte Objekte. Die Erweiterungen betreffen alle drei Musterarten. Inhaltlich behandelt der neue Musterkatalog folgende Themen:

- Muster für Dienstzugriff und Konfiguration
- Muster zur Ereignisbehandlung
- Synchronisationsmuster
- Nebenläufigkeitsmuster

Ein weiterer POSA-Musterkatalog, diesmal mit neuen Autoren, erschien im April 2004 und beschäftigt sich mit dem Thema Ressourcenverwaltung.

## 4.5 Die Musterarchitektur Quasar

Ein Beispiel für eine technologieunabhängige Musterarchitektur ist die Qualitätssoftwarearchitektur Quasar. Quasar definiert eine Musterarchitektur für komplexe verteilte betriebliche Informationssysteme. Konkret bietet Quasar:

- Entwurfskonzepte und -richtlinien
- eine einheitliche Begriffswelt
- standardisierte Schnittstellen zu Diensten
- wiederverwendbare Dienstkomponenten

Entwickelt wurde Quasar ursprünglich als unternehmensspezifische Musterarchitektur für das Münchner Softwareunternehmen sd&m. In den letzten Jahren wurden die spezialisierten Aspekte herausgefiltert und Quasar als allgemeine Architekturlösung für verteilte Informationssysteme aufbereitet.

### 4.5.1 Quasar-Grundkonzepte

Quasar konzentriert sich sowohl auf den Entwurf als auch auf die Entwicklung verteilter Anwendungen. Im Folgenden werden die vier Säulen der Quasar-Musterarchitektur vorgestellt.

**Entwurfskonzepte:** Kernkonzept von Quasar ist die Trennung von Zuständigkeiten der Software. Die Idee basiert auf dem Konzept des „Separation of Concerns", geht noch einen Schritt weiter. Typische Zuständigkeiten der Software innerhalb einer Anwendung werden identifiziert und ergeben so genannte Softwarekategorien. Quasar unterscheidet fünf Softwarekategorien:

- 0-Software ist Software, die (weitgehend) unabhängig von der Technik und von fachlichen Aspekten ist. Typische Beispiele für 0-Software sind Datentypen wie string oder vector, die allgemein zur Verfügung stehen und selbst wieder nur 0-Software verwenden dürfen.

- A-Software ist Software, die ausschließlich fachliche Aspekte, wie beispielsweise einen Ticketkauf oder einen Fahrplandienst, implementiert. A-Software ist in der Regel der Anteil eines Informationssystems, der die fachlichen Anforderungen umsetzt.

- T-Software ist Software, die technische Aspekte implementiert. Zur T-Software zählt beispielsweise jede Art von Middleware, aber auch Betriebssystem, Treiber, Adapter und vieles mehr. T-Software kann üblicherweise zugekauft werden oder steht als Open-Source-Komponente zur Verfügung.

- AT-Software ist Software, die an der Grenze zwischen A-Software und T-Software vorkommt und die Übergänge realisiert. AT-Software ist ein Zugeständnis an die Realität. Eine saubere Grenze zwischen Fachlichkeit und Technik sollte zwar das Ziel sein, ist jedoch im Allgemeinen nicht mit vertretbarem Aufwand zu erreichen. Der Anteil an AT-Software in einer Anwendung sollte so gering wie möglich gehalten werden.

- R-Software ist Software, die generiert werden kann. In die Kategorie der R-Software fallen beispielsweise Stubs und Skeletons bei Middleware-Technologien.

Softwarekategorien unterstützen den Softwarearchitekten bei der Zerlegung einer Anwendung in Komponenten. Durch die Identifikation von Softwarekategorien wird eine erste Grobarchitektur der Anwendung geschaffen. Es wird eine Anwendungs-architektur (A-Architektur) identifiziert, die die gesamte Fachlichkeit und damit die A-Software umfasst. Darauf aufbauend wird die technische Architektur (T-Architektur) der Anwendung festgelegt. Die T-Architektur beschreibt die zu verwendenden Plattformen und Technologien und entspricht der T-Software in der Anwendung.

Ausgehend von den so gefundenen Grobarchitekturen werden innerhalb der Softwarekategorien weitere Komponenten identifiziert. Jede Komponente einer Anwendung sollte dabei möglichst einer Softwarekategorie zugeordnet werden können.

Die Einführung von Softwarekategorien fand vor allem in Hinblick auf die Wartbarkeit und Änderbarkeit von Anwendungen statt. Ein häufiges Problem der Anwendungsentwicklung, gerade bei langlebigen Informationssystemen, ist der stetige Wandel, dem Technologien heute unterzogen sind. Beispielsweise gab es innerhalb von vier Jahren vier größere Standardwechsel bei J2EE. Dementsprechend gab es in kürzeren Abständen immer wieder neue Versionen von J2EE-Application-Servern, die zum Teil nicht mehr kompatibel zueinander waren.

Auf fachlicher Seite sind Änderungen eher langfristig zu sehen. Dass der Prozess zum Ticketkauf sich grundlegend ändert, ist eher unwahrscheinlich. Ebenso sollten die Abläufe zur Fahrplanabfrage oder zu Vertragsabschlüssen weitgehend identisch bleiben, auch wenn sich durchaus immer wieder kleine Änderungen und Verbesserungen ergeben können. Insbesondere existiert keine innere Abhängigkeit zwischen Änderungen an der Technik (z.B. neue J2EE-Version) und Änderungen an der Fachlichkeit (z.B. neue Gesetzeslage für Versicherungsverträge). Durch die Trennung von A- und T-Software lässt sich die Weiterentwicklung der technischen Aspekte von der Weiterentwicklung der fachlichen Aspekte weitgehend trennen.

**Entwurfsrichtlinien:** Ausgehend von den allgemeinen Entwurfskonzepten definiert Quasar einige grundlegende Entwurfsrichtlinien, die der Softwarearchitekt für seinen Entwurf beachten sollte. Die Richtlinien betreffen alle Aspekte verteilter Informationssysteme wie Entwurf der Client-Server-Schnittstelle, Entwurf der Benutzerschnittstelle, Entwurf des Anwendungskerns sowie Themen wie Sitzungsverwaltung, Persistenz, Transaktionsverwaltung und Anwendungsintegration. Entwurfsrichtlinien werden in Quasar informativ beschrieben.

**Schnittstellen:** Schnittstellen spielen eine große Rolle in Quasar. Schnittstellen unterstützen die Entkopplung von Komponenten und damit die Entkopplung von Softwarekategorien.

Quasar definiert eine eigene Spezifikationssprache für Schnittstellen, die sich an der von Bertrand Meyer entwickelten Methode zum „Design-by-Contract" orientiert. Mit Hilfe der QSL (Quasar Specification Language) wird die rein syntaktische Spezifikation einer Schnittstelle um Vor- und Nachbedingungen für Methodenaufrufe sowie Invarianten (unveränderbare Eigenschaften) erweitert.

**Dienstkomponenten:** Im Rahmen der Weiterentwicklung von Quasar ist die Entwicklung einer Reihe vorgefertigter Dienstkomponenten geplant, die direkt in Anwendungen eingesetzt werden können. Die Komponenten werden in unterschiedlichen Programmiersprachen zur Verfügung stehen und können über Standardschnittstellen genutzt werden.

Der Komponentenkatalog war zum Zeitpunkt des Erscheinens dieses Buches noch in Arbeit. Aktuell steht die „Quasar Persistence" (www.openquasar.de), ein Open-Source Persistenzframework, in Java zur Verfügung. Weitere Dienstkomponenten sind in Planung.

## 4.5.2   Quasar und Verteilung

Quasar definiert im Rahmen der Entwurfsrichtlinien ein Architekturkonzept zum Entwurf von Schnittstellen an Rechnergrenzen. Dabei kann es sich um beliebige Schnittstellen handeln, wie beispielsweise die Client-Server-Schnittstelle. Bei der Entwicklung des Architekturkonzepts standen folgende Ziele im Vordergrund:

**Allgemeingültigkeit:** Die Architektur geht davon aus, dass die Kommunikation zwischen gleichberechtigten Kommunikationspartnern stattfindet. Es wird keine Kommunikationsrichtung angenommen.

**Zugriffstransparenz:** Es bleibt transparent, ob die Kommunikation zwischen lokalen oder entfernten Komponenten stattfindet.

**Plattformunabhängigkeit:** Die Architektur lässt sich auf allen Plattformen und mit allen gängigen Technologien realisieren.

*Abbildung 4.6* beschreibt die Quasar-Verteilungsarchitektur. Auf beiden Seiten der Kommunikation kapselt jeweils ein Adapter die Kommunikationsaspekte. Konzeptuelle Grundlage ist der entfernte Methodenaufruf (siehe Kapitel 2). Ein A-Proxy auf Senderseite sowie ein A-Stub auf Empfängerseite repräsentieren jeweils die Schnittstelle zu den Anwendungskomponenten. Das A kennzeichnet, dass es sich um Software der Kategorie A handelt. Die technische Kommunikation übernehmen Kommunikations-Sender und Kommunikations-Empfänger. Hierzu setzen sie auf der jeweils verwendeten Middleware auf. Fachliche und technische Transformatoren sind für die Abbildung der Daten an Kategoriegrenzen der Software (A-Software und T-Software) zuständig. Beispielsweise kennt ein A-Proxy nur fachliche Datentypen, wohingegen ein Kommunikations-Sender mit Datentypen der verwendeten Middleware arbeitet.

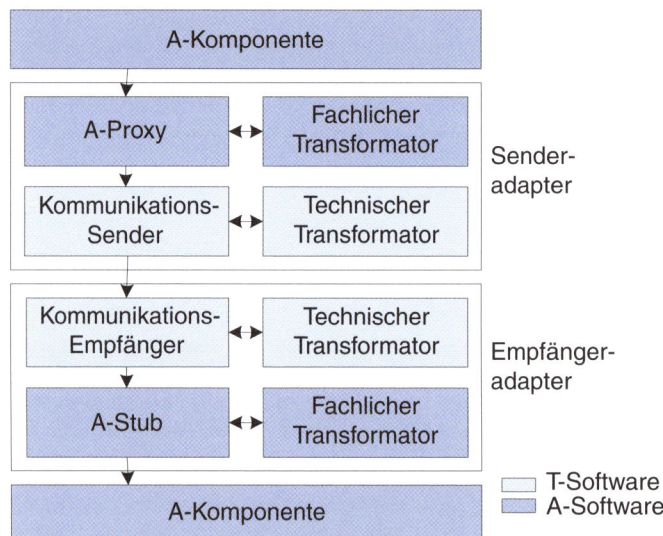

Abbildung 4.6: Quasar-Standardarchitektur der Verteilung (übernommen aus Quasar-Broschüre)

Die Verteilungsarchitektur ist ein Architekturkonzept auf Anwendungsebene. Sie zieht eine weitere Abstraktionsstufe zwischen Middleware und Anwendung ein. Das Modell erscheint in seiner Gesamtheit komplex, bringt jedoch eine weitgehende Unabhängigkeit der Anwendung von der verwendeten Middleware mit sich. Ein Aspekt, der üblicherweise nicht gegeben ist.

Wird das Modell nicht in seiner vollständigen Komplexität benötigt, so kann es an die jeweiligen Gegebenheiten angepasst und vereinfacht werden. Beispielsweise ist ein Zusammenlegen von A-Proxy und Kommunikations-Sender sowie A-Stub und Kommunikations-Empfänger eine durchaus mögliche Variante der Architektur.

## Z U S A M M E N F A S S U N G

Damit eine Anwendung die funktionalen und vor allem die nichtfunktionalen Anforderungen erfüllen kann, benötigt sie eine Architektur. Eine Architektur beschreibt die Komponenten, aus denen die Anwendung aufgebaut ist, sowie statische und dynamische Beziehungen zwischen den Komponenten.

Der Entwurf einer Softwarearchitektur ist Teil des Entwicklungsprozesses und kann in Vorgehensmodellen innerhalb der Entwurfsphase angesiedelt werden. Der Entwurfsprozess selbst wird iterativ durchgeführt.

Architekturkonzepte bieten Lösungen für typische Problemstellungen des Architekturentwurfs. Um Erfahrungen anderer Softwarearchitekten in den Entwurfsprozess zu integrieren, wird versucht, Architekturkonzepte wiederverwendbar zu machen. Wiederverwendbare Architekturkonzepte sind beispielsweise Heuristiken, Muster und Musterarchitekturen.

Heuristiken beschreiben informelle Erfahrungen von Architekten, die für den allgemeinen Gebrauch dokumentiert wurden.

Muster beschreiben konkrete Lösungen für Teilprobleme des Architekturentwurfs. Die Beschreibung eines Musters folgt festen Regeln. Es gibt mehrere Musterkataloge, die häufig verwendete Muster beschreiben.

Musterarchitekturen geben allgemeine Lösungen für den Entwurf von Anwendungen einer Domäne. Sie beschreiben Entwurfskonzepte und Richtlinien und liefern optional Frameworks und Bibliotheken zur Unterstützung der Entwicklung. Musterarchitekturen sind technologiespezifisch oder technologieunabhängig.

## Z U S A M M E N F A S S U N G

### Übungen

1.  Was versteht man unter den Begriffen „Information Hiding Principle" und „Separation of Concerns"? Überlegen Sie sich Beispiele für den Einsatz der beiden Architekturprinzipien.

2.  Finden Sie in eigenen Worten geeignete Definitionen der Begriffe Softwarearchitektur und Komponente.

3.  Diskutieren Sie, welche Vorteile durch Wiederverwendung von Architekturkonzepten entstehen. Gibt es auch Nachteile?

4.  Smart Pointer wurden als Idiom der Sprache C++ genannt. Finden Sie weitere Beispiele für Idiome in anderen Programmiersprachen.

# Literatur

## ■ Softwarearchitektur und Komponenten

Len Bass, Paul Clements, Rick Kazman: Software Architecture in Practice; Addison-Wesley, Second Edition 2003.

Clemens Szyperski: Component Software, Beyond Object-Oriented Programming; Addison Wesley, Second Edition 2002.

Edsger W. Dijkstra: Selected Writings on Computing: A Personal Perspective; Springer Verlag, 1982, P. 60-66.

D. L. Parnas: On the criteria to be used in decomposing systems into modules; Communications of the ACM, Volume 15, Nr. 12, 1972.

## ■ Heuristiken, Muster und Musterarchitekturen

Mark Maier, Eberhard Rechtin: The Art of Systems Architecting. CRC Press, Second Edition 2000.

Erich Gamma, Richard Helm, Ralph Johnson, John Vlissides: Entwurfsmuster – Elemente wiederverwendbarer objektorientierter Software; Addison-Wesley 2004.

Frank Buschmann, Regine Meunier, Hans Rohnert: Pattern-Oriented Software Architecture, Vol. 1: A System of Patterns; Chichester, England, John Wiley and Sons, 1996.

Douglas Schmidt, Michael Stal, Hans Rohnert, Frank Buschmann: Pattern-Oriented Software Architecture, Vol. 2: Patterns for Concurrent and Networked Objects; Chichester, England, John Wiley and Sons, 2001.

Michael Kircher, Prashant Jain: Pattern-Oriented Software Architecture, Vol. 3: Patterns for Resource Management; Chichester, England, John Wiley and Sons, 2004.

Johannes Siedersleben: Moderne Software-Architektur; München, dpunkt Verlag, 2004.

Johannes Siedersleben (Hrsg.): Quasar: die sd&m Standardarchitektur, Teil 2. Broschüre, http://www.sdm.de 2002.

# TEIL II

# Standards und Technologien

# Entfernte Aufrufe

**ÜBERBLICK**

**5**

Zu den entfernten Aufrufen gehören alle kommunikationsorientierten Middleware-Technologien, die eines der beiden synchronen Programmiermodelle implementieren: entfernter Prozeduraufruf oder entfernter Methodenaufruf. Entfernte Aufrufe sind eine reine Kommunikationsinfrastruktur. Sie bieten keine weitergehende Unterstützung für verteilte Anwendungen. Entfernte Aufrufe sind prinzipiell eigenständige Middleware-Technologien, sie bilden jedoch in der Regel die Kommunikationsbasis einer umfassenderen Betriebssystem- oder Middleware-Plattform.

# 5.1 Entfernte Prozeduraufrufe

Entfernte Prozeduraufrufe basieren auf dem gleichnamigen Programmiermodell. Sie werden häufig im Zusammenhang mit Netzwerk-Betriebssystemen, insbesondere zur Unterstützung der Zugriffstransparenz in verteilten Dateisystemen eingesetzt: Ein physikalisch in einem Netzwerk verteiltes Dateisystem wird dem Anwender durch transparente entfernte Prozeduraufrufe als einheitliches lokales Dateisystem präsentiert.

Im folgenden Abschnitt wird als bekannter Vertreter eines entfernten Prozeduraufrufes der Sun RPC vorgestellt. Ein weiteres Beispiel ist der DCR RPC, ein Standard für entfernte Prozeduraufrufe, der zur DCE-Plattform (Distributed Computing Environment) gehört. DCE ist eine Sammlung von herstellerneutralen Technologiestandards für verteilte Systeme. Verantwortlich für die DCE-Standards und ihre Weiterentwicklung ist die Open Group. Nähere Informationen zu DCE und DCE RPC finden sich auch unter www.opengroup.org.

## 5.1.1 Sun RPC

Der Sun RPC wurde 1988 von Sun für das Betriebssystem Solaris entwickelt. Seine Architektur orientiert sich an der allgemeinen Architektur eines entfernten Prozeduraufrufes (siehe *Abbildung 5.1*). Damit ein Client die Dienste einer entfernten Server-Prozedur aufrufen kann, braucht er eine Reihe von Hilfsprozeduren:

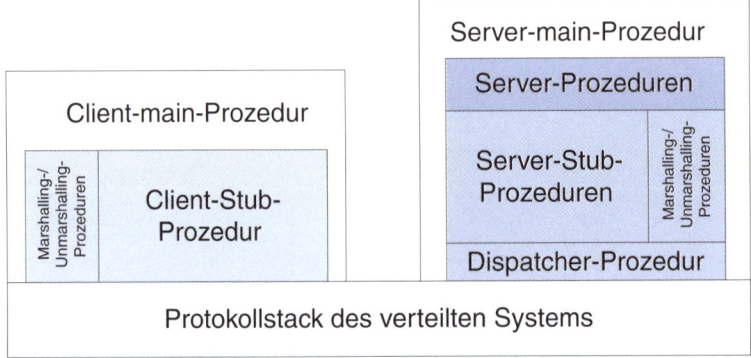

Abbildung 5.1: Sun RPC Architektur

- Client-main-Prozedur und Server-main-Prozedur repräsentieren Client- bzw. Server-programm und kontrollieren jeweils den Prozess.

- Die Server-Prozedur läuft innerhalb einer Server-main-Prozedur und *bietet einen konkreten Dienst* an.

- Client-Stub-Prozeduren dienen dem Client als Stellvertreterprozeduren der gewünschten Server-Prozedur.

- Server-Stub-Prozeduren sind jeweils einer Server-Prozedur zugeordnet. Sie über-nehmen die Aufrufe und leiten sie an ihre Server-Prozedur weiter.

- Der Dispatcher ermittelt anhand der Prozedur-ID im Aufruf die gewünschte Server-Prozedur und leitet den Aufruf an die zugehörige Server-Stub-Prozedur weiter.

- Marshalling-/Unmarshalling-Prozeduren unterstützen die Client- und Server-Stub-Prozeduren bei der Datentransformation.

Die Signaturen aller im Serverprozess zur Verfügung stehenden Server-Prozeduren werden in der Dienstschnittstelle des Serverprogramms definiert.

## Die Schnittstelle

Zur Definition der Dienstschnittstelle verwendet Sun RPC eine eigene Schnittstellen-sprache, die XDR (External Data Representation). Ursprünglich nur zur Darstellung von Datentypen in einem unabhängigen Format gedacht, wurde die XDR zur vollstän-digen Schnittstellensprache erweitert. Eine Schnittstellenbeschreibung in XDR ent-hält folgende Informationen:

- Programmnummer
- Versionsnummer
- Prozedurdefinitionen
- Datentypendefinitionen

Programm- und Versionsnummer repräsentieren den Schnittstellennamen. Sie wer-den vom Client benötigt, um das richtige Serverprogramm einer Prozedur zu identifi-zieren. Beispielsweise bringt jede Neudefinition einer Prozedur in der Schnittstelle eine neue Schnittstellenversion mit sich.

Eine Prozedurdefinition beschreibt die Signatur und die Nummer einer spezifischen Prozedur. Datentypendefinitionen zeigen an, welche Datentypen an der Schnittstelle ausgetauscht werden dürfen. Sun RPC unterstützt lediglich die Verwendung eines ein-zigen Parameters für eine Prozedur. Werden mehr Parameter benötigt, so wird eine komplexe Datenstruktur verwendet, die alle Parameter umfasst. Diese Einschränkung gilt ebenso für den Rückgabewert.

Die XDR-Datentypen orientieren sich weitgehend an den Datentypen der Program-miersprache C. Mit Hilfe einfacher C-Datentypen werden in der XDR-Schnittstelle komplexe Datenstrukturen wie Konstanten, Typedefs, Strukturen, Enumerationen und Unions aufgebaut.

Mit einem C-Generator (rpcgen) werden aus der Schnittstellendefinition alle Hilfspro-zeduren wie Client-Stub-Prozedur, Server-Stub-Prozedur, Dispatcher, Marshalling- und Unmarshalling-Prozedur als C-Prozeduren generiert und in einer Bibliothek abgelegt.

## Ein Kommunikationsablauf

Wurden alle Prozeduren erzeugt und in Bibliotheken eingestellt, kann die Kommunikation zwischen Client- und Server-Prozedur erfolgen.

**1.** Der Client fordert über eine Bibliotheksfunktion eine Referenz (Handle) auf die gewünschte Server-Prozedur an. Zur Erzeugung von Referenzen bietet Sun RPC einen Port Mapper-Dienst an. Port Mapper existieren auf jedem Rechner im Netzwerk und haben die Aufgabe, die lokalen Abbildungen von Ports auf Serverprogramme und ihre Dienstschnittstellen zu verwalten. Als Parameter übergibt der Client der Bibliotheksfunktion den Namen des Rechners, auf dem die gesuchte Server-Prozedur liegt, Programmnummer und Versionsnummer der gewünschten Schnittstelle sowie das zu verwendende Transportprotokoll. Als Ergebnis erhält der Client eine Referenz mit allen notwendigen Informationen zur Kommunikation mit dem Serverprogramm. Die Referenz wird jedem Aufruf des Clients auf der Client-Stub-Prozedur als zweiter Parameter mitgegeben. Sun RPC unterstützt demnach keine echte Ortstransparenz. Der Client muss die Adresse des Servers kennen.

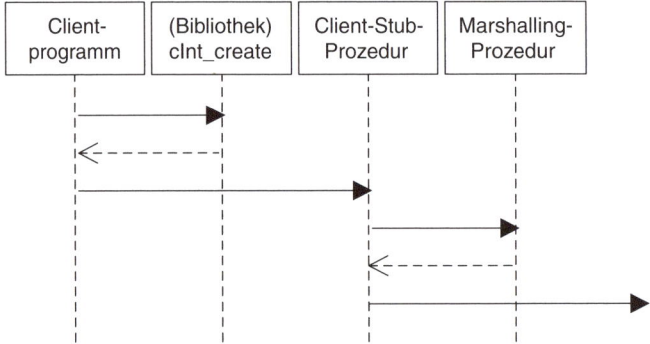

Abbildung 5.2: RPC-Aufruf (Client)

**2.** Die Client-Stub-Prozedur erhält den Aufruf des Clients mit Parametern und Referenz. Mit Hilfe der Marshalling-Prozedur werden die Daten in ein Übertragungsformat gebracht und über die Referenz zum Server transportiert. Hierzu wird das Transportprotokoll des verteilten Systems genutzt.

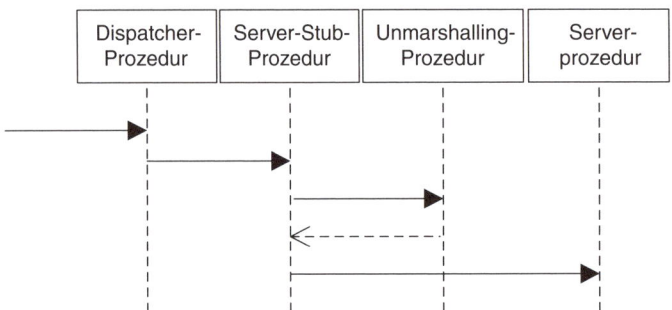

Abbildung 5.3: RPC-Aufruf (Server)

**3.** Bei Start des Serverprogramms werden dem lokalen Port Mapper alle wesentlichen Informationen zur Identifizierung des Serverprogramms übergeben. Empfängt das Serverprogramm einen entfernten Aufruf von einem Clientprogramm, prüft der Dispatcher Programm- und Versionsnummer und übergibt den Aufruf an die geforderte Server-Stub-Prozedur. Diese stößt mit Hilfe der Unmarshalling-Prozedur die Rücktransformation der Daten an und leitet den Aufruf an die Server-Prozedur weiter.

## 5.2 Entfernte Methodenaufrufe

Middleware-Technologien, die den entfernten Methodenaufruf implementieren, werden zur Kommunikation in verteilten objektorientierten Anwendungen eingesetzt. Sie sind in der Regel integraler Bestandteil einer vollständigen Middleware-Plattform. Im Folgenden wird eine bekannte Vertreterin eines entfernten Methodenaufrufes vorgestellt, die Java RMI-Technologie.

### 5.2.1 Java RMI

Java RMI wurde von Sun als Teil der Java-Plattform spezifiziert und ist vollständig in die Plattform integriert. Ziel ist die Unterstützung entfernter Methodenaufrufe auf verteilte Java-Objekte.

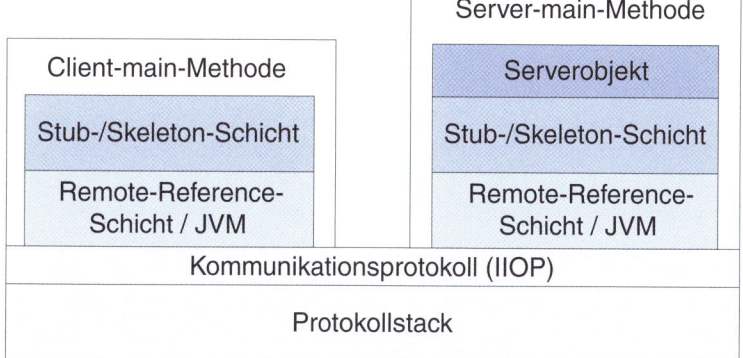

Abbildung 5.4: Java RMI Architektur

Die Stärke von Java RMI ist seine Einfachheit und die einfache Integration mit anderen Technologien der Java-Plattform. Die Realisierung einer verteilten Java-RMI-Anwendung ist mit verhältnismäßig geringem Aufwand verbunden, die Abläufe sind gut zu verstehen. Wesentliche Konzepte wie der Namensdienst (RMI Registry) sowie alle notwendigen Werkzeuge sind standardmäßig vorhanden und stehen kostenfrei zur Verfügung.

Java RMI wird heute eher selten als isolierte Middleware-Technologie eingesetzt. Es dient vielmehr als Kommunikationsinfrastruktur anderer anwendungsorientierter Middleware-Technologien, insbesondere J2EE (siehe Kapitel 9).

Java RMI setzt standardmäßig auf dem Internet-Protokollstack auf, kann jedoch auch andere Protokolle zur Übertragung verwenden. Wie *Abbildung 5.4* zeigt, umfasst Java RMI drei Schichten. Jede Schicht erfüllt eine spezielle Aufgabe im Rahmen der Architektur:

- Die Stub/Skeleton-Schicht realisiert die Schnittstelle des Serverobjekts auf beiden Seiten der Kommunikation. Clients übergeben ihre Aufrufe an den Client-Stub. Der Stub übernimmt das Marshalling der Daten und übergibt den Aufruf an die Remote-Reference-Schicht zur Übertragung. Auf Serverseite nimmt das Server-Skeleton die Aufrufe an, führt das Unmarshalling der Daten durch und übergibt den Aufruf an das Serverobjekt.

- Die Remote-Reference-Schicht ist in die Java Virtual Machine (JVM) integriert. Es handelt sich um eine Bibliothek, die anhand von Objektreferenzen Serverobjekte lokalisiert und die Aufrufe weiterleitet. Die Remote-Reference-Schicht bietet zusätzliche Funktionalität zur Aktivierung von Serverobjekten.

- Das ursprüngliche Kommunikationsprotokoll von Java RMI, JRMP (Java Remote Method Protocol), wurde aus Gründen der Interoperabilität durch das CORBA-Protokoll IIOP (siehe Kapitel 8) ersetzt. Das IIOP-Protokoll setzt auf dem Transportprotokoll des verteilten Systems auf und koordiniert die Kommunikation zwischen den JVMs auf Client- und Serverseite.

### Die Schnittstelle

Die Methoden eines RMI-Serverobjekts werden mit ihren Parametern in einer Schnittstellenbeschreibung definiert. Java RMI bietet zur Schnittstellendefinition eine eher einfache Lösung an: Da die Java Plattform auf dem Ansatz basiert, dass sowohl Client als auch Server Java unterstützen, erfolgt auch die Schnittstellenbeschreibung in Java. Jedes Serverobjekt erhält eine Java-Schnittstelle, in der die Methodensignaturen sowie alle benötigten Datentypen definiert werden. Die implizite Annahme, dass alle Kommunikationspartner die gleiche Sprache unterstützen, bringt zwei große Vorteile mit sich:

**Geringe Komplexität von Java-RMI-Anwendungen:** Java RMI benötigt keine eigene Schnittstellensprache wie andere Middleware-Technologien. Datentypen werden als Java-Datentypen definiert, Methoden als Java-Methoden. Dadurch werden Programmieraufwand und Komplexität von Java-RMI-Anwendungen erheblich reduziert.

**Unterstützung von Call-by-Value-Semantik:** Die Sprachabhängigkeit ermöglicht eine Call-by-Value-Semantik der entfernten Methodenaufrufe: Beliebig komplexe Objektstrukturen können serialisiert, über das Netz übertragen und auf Empfängerseite als Objektstrukturen wiederhergestellt werden. Der dazu notwendige Code kann ebenfalls bei Bedarf übertragen werden.

*Abbildung 5.5* beschreibt die Entwicklung einer RMI-Anwendung. Ausgehend von der Schnittstellenbeschreibung des Serverobjekts werden eine Client- und eine Serverimplementierung erstellt.

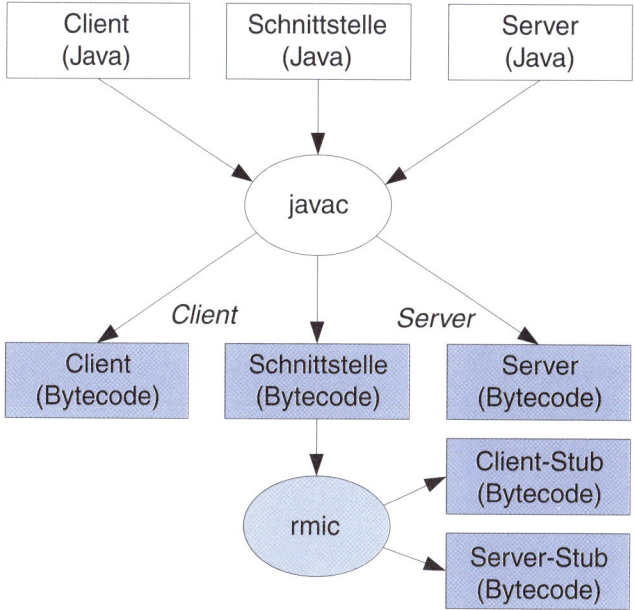

Abbildung 5.5: Entwicklung einer RMI-Anwendung

Der Compiler der Java-Plattform (javac) übersetzt Klassen und Schnittstelle in Byte-code. Mit Hilfe des RMI-Compilers (rmic) werden aus der Schnittstellendefinition Client-Stub und Server-Skeleton sowie alle explizit definierten Datentypen generiert. Alle Klassen der Anwendung werden auf Client und Server verteilt. Die Verteilung wird im Detail weiter unten an einem Beispiel erklärt.

## Ein Kommunikationsablauf

Zur Durchführung eines entfernten Aufrufs auf einem Serverobjekt benötigt ein Client dessen Objektreferenz. Die Objektreferenz enthält alle Informationen zur Lokalisierung des Serverobjekts im Netz. Java RMI verwendet als Objektreferenzen einfache URLs (Uniform Resource Locator). Eine Referenz enthält den Namen des Rechners, auf dem das Objekt liegt, die Portnummer des Servers sowie einen Objektidentifikator des Serverobjekts. Zur Veröffentlichung der Objektreferenzen stellt die Java-Plattform einen einfachen Namensdienst zur Verfügung, die RMI Registry. Andere Namensdienste wie JNDI können ebenfalls verwendet werden.

Im Rahmen der Initialisierung und Veröffentlichung eines Serverobjekts wird die Objektreferenz erzeugt und unter einem festen Namen in der RMI Registry angemeldet. Interessierte Clients fordern über den Namen die Objektreferenz von der Registry an. Die Entwicklung einer RMI-Anwendung wird im Folgenden anhand einer Beispielanwendung im Detail beschrieben.

## Der Datumsserver – ein Beispiel

Als einfaches Beispiel einer RMI-Anwendung wurde ein Datumsdienst gewählt, der auf Anfrage immer das aktuelle Datum liefert.

**Die Schnittstelle** Der Datumsdienst implementiert die Schnittstelle *IDatum*.

```
import java.rmi.Remote;
import java.rmi.RemoteException;
public interface IDatum extends Remote {
  public java.util.Date getDatum () throws
  RemoteException;
}
```

Listing 5.1: Die Schnittstelle IDatum

Eine Schnittstelle unterscheidet sich in zwei Punkten von einer normalen Java-Schnitt-stelle:

- Die Schnittstelle erweitert die (leere) Schnittstelle *Remote* des Java-RMI-Standards. Damit wird klar definiert, dass es sich um die Schnittstelle eines verteilten Objekts handelt und dass entfernte Methodenaufrufe unterstützt werden.

- Alle Methoden der Schnittstelle können eine *java.rmi.RemoteException* werfen. Bei entfernten Aufrufen besteht die Möglichkeit von Fehlern bei der Übertragung (z.B. Netzwerkfehlern). Die Definition einer *RemoteException* bietet dem Client die Mög-lichkeit, geeignet auf Fehler dieser Art zu reagieren.

**Der Datumsdienst** Die Implementierung des Dienstes umfasst zum Einen die Imple-mentierung des Serverobjekts selbst, zum Anderen die Implementierung des Server-programms, in dem das Serverobjekt läuft. Um das Beispiel zu vereinfachen, werden Serverobjekt und Serverprogramm zusammen in einer Klasse implementiert.

Um ein Objekt als RMI-Objekt auszuzeichnen, wird es von der Klasse *java.rmi.Uni-castRemoteObject* abgeleitet. *UnicastRemoteObject* ist Teil des Java-RMI-Standards und stellt alle Funktionalitäten zur Verfügung, die ein Serverobjekt letztlich zu einem entfernt zugreifbaren Serverobjekt machen.

Zu den Funktionalitäten gehören beispielsweise das Anmelden an der RMI Registry und die Kommunikation über das Internet-Transportprotokoll TCP. Wird ein anderes Kommunikationsprotokoll verwendet, so ist die Klasse *UnicastRemoteObject* neu zu implementieren. Als Diensterbringer implementiert das Serverobjekt zusätzlich die Schnittstelle *IDatum*.

```
public class Datumsdienst extends UnicastRemoteObject implements IDatum {
```

Im Konstruktor des Serverobjekts wird der Konstruktor der übergeordneten Klasse *UnicastRemoteObject* aufgerufen. Damit sind alle technischen Voraussetzungen erfüllt, die das Serverobjekt zu einem entfernten Objekt machen.

```
public Datumsdienst() throws RemoteException {
  super();
}
```

Das Serverobjekt liefert nun noch die Implementierung der Schnittstellenmethode. Der Rückgabewert *Date* wird hier mit Call-by-Value-Semantik übergegen. Möglich ist jedoch auch die Übergabe der Referenz auf ein anderes, nicht serialisierbares Remote-Objekt (Call-by-Reference-Semantik).

```
public Date getDatum() throws RemoteException {
  return new Date();
}
```

Die Implementierung des Servers erfolgt in einer *main*-Methode. Um rechnerübergreifende Kommunikation zu ermöglichen, erhält der Server einen Security-Manager zur Überwachung der Zugriffe auf das Serverobjekt. Die Regeln zur Überwachung erhält der Security-Manager in Form von Policies. Auf das Thema Sicherheit wird weiter unten noch eingegangen.

```
if(System.getSecurity Manager()== null) {
  System.setSecurity Manager(new RMISecurity Manager());
}
```

Der Server initialisiert nun das Serverobjekt und meldet es an der RMI Registry an. Die Anmeldung erfolgt über die statische Methode *Naming.bind()* des Java-RMI-Standards. Als Parameter werden der Name, unter dem das Serverobjekt zu veröffentlichen ist, sowie das Objekt selbst übergeben:

```
Datumsdienst datumsdienst = new Datumsdienst();
Naming.bind("Datumsdienst", datumsdienst);
```

Mit Aufruf der Methode *bind()* wird das Serverobjekt in der RMI Registry veröffentlicht und steht ab diesem Zeitpunkt zur allgemeinen Nutzung zur Verfügung. Die Verwaltung des Serverobjekts übernehmen Funktionen der RMI-Bibliothek in der JVM. Im Folgenden wird das Beispiel im Zusammenhang gezeigt:

```
import java.rmi.*;
import java.util.*;
public class Datumsdienst extends UnicastRemoteObject
  implements IDatum {
  // Konstruktor des Serverobjekts
  public Datumsdienst() throws RemoteException {
    super();
  }
  // Implementierung der Schnittstellenmethode
  public Date getDatum() throws RemoteException {
    return new Date();
  }
  // main-Methode des Serverprogramms
  public static void main(String[] args) {
  try{
  if(System.getSecurityManager() == null) {
    System.setSecurityManager(new RMISecurityManager());
  }
  Datumsdienst datumsdienst = new Datumsdienst();
  Naming.bind("Datumsdienst", datumsdienst);
  }
catch (Exception e) {
  e.printStackTrace();}
  }
```

Listing 5.2: Der vollständige Datumsdienst

**Der Client** Der Client wird im Beispiel als einfache *main*-Methode realisiert. Wie der Server, so erhält auch der Client einen Security-Manager.

In einem ersten Schritt holt sich der Client die Objektreferenz zum Serverobekt aus der RMI Registry. Transparent für den Client wird anhand der Referenz der Proxy am Client initialisiert. Der Proxy verbirgt sich hinter der Schnittstelle *IDatum*.

```
IDatum datum = (IDatum)Naming.lookup("Datumsdienst");
```

Mit Hilfe des Proxy-Objekts kann der Client nun die Methode *getDatum()* des Server-objekts aufrufen und das Ergebnis ausgeben.

```
Date aktDatum = datum.getDatum();
```

Im folgenden Beispiel wird der Datumsclient im Zusammenhang gezeigt.

```
import java.rmi.*;
import java.util.Date;
public static void main(String[] args) {
try{
 // Initialisierung des Security-Managers
 if(System.getSecurityManager() == null) {
    System.setSecurityManager(new java.rmi.RMISecurityManager());
 }
 // Aufruf der entfernten Methode am Serverobjekt
 IDatum datum = (IDatum)Naming.lookup ("Datumsdienst");
 Date aktDatum = datum.getDatum();
 System.out.println („Heute ist der „ + aktDatum);
} catch (Exception e)
  {e.printStackTrace();}
}
```

Listing 5.3: Der vollständige Datumsclient

**Generierung und Verteilung** Zu Generierung und Initialisierung der Datumsanwendung stehen die Werkzeuge der Java-Plattform zur Verfügung. In einem ersten Schritt werden mit dem Java-Compiler (javac) Client, Server und Schnittstelle übersetzt.

```
javac DatumsClient.java Datumsdienst.java IDatum.java
```

Anschließend werden über den RMI-Compiler (rmic) aus der Schnittstelle Stubs und Skeletons generiert.

```
rmic IDatum.java
```

Bei der Generierung werden zwei neue Klassen erstellt, *Datumsdienst_Stub.class* und *Datumsdienst_Skel.class*. Alle Klassen werden entsprechend *Tabelle 5.1* auf Client und Server verteilt.

**Tabelle 5.1**

**Verteilung der Klassen auf Client und Server**

| Client | Server |
| --- | --- |
| Datumsclient.class | Datumsserver.class |
| IDatum.class | IDatum.class |
| | Datumsserver_Stub.class |
| | Datumsserver_Skel.class |

Interessant ist hier, dass sowohl Server- als auch Client-Stub am Server verbleiben können. Dies hat seine Hintergründe in folgendem Problem: Bei der Registrierung des Serverobjekts benötigt die RMI Registry Zugriff auf Stub- und Skeleton-Klasse. Da im Allgemeinen nicht davon ausgegangen werden kann, dass der Client zum Registrierungszeitpunkt vorhanden ist, liegt der Client-Stub am Server. Mit Hilfe eines Klassenladers, einem Mechanismus der Java-Plattform, wird zur Laufzeit die Stub-Klasse vom Server zum Client geladen und dort initialisiert. Der Stub steht ab diesem Zeitpunkt dem Client für Aufrufe zur Verfügung.

**Initialisierung**  Zur Initialisierung einer RMI-Anwendung wird die RMI Registry als Hintergrundprozess gestartet. Die Registry muss generell zur Verfügung stehen, wenn ein Server ein Serverobjekt anmelden möchte.

```
start rmiregistry &
```

Dem Server werden beim Start verschiedene Informationen mitgegeben, mindestens jedoch der Pfad zur Datei mit den Zugriffsrechten (Policyfile) für den Security-Manager.

```
java -Djava.rmi.server.policy="..." Datumsdienst
```

Damit steht der Datumsdienst im Netz zur Verfügung und kann von beliebigen Clients genutzt werden. Da auch der Client einen Security-Manager nutzt, muss ihm beim Start ebenfalls der Pfad zur Datei mit den entsprechenden Zugriffsrechten angegeben werden.

```
java -Djava.rmi.server.policy="..." Datumsclient
```

**Java RMI und Sicherheit**  Neben dem grundsätzlichen Problem, dass verteilte Objekte über das Netz angreifbar und somit sicherheitskritisch sind, tritt bei Java RMI durch den Mechanismus des dynamischen Nachladens von Klassen zur Laufzeit ein weiteres Sicherheitsproblem auf. Werden Klassen nachgeladen, muss sichergestellt sein, dass ihre Methodenimplementierungen bei der Ausführung keinen Schaden anrichten können.

Java RMI nutzt das Sicherheitsmodell des Java-Standards, auch Sandbox-Modell genannt. Anwendungen, die als sicherheitskritisch eingestuft werden, erhalten einen Security-Manager. Dem Security-Manager werden Regeln (Policies) zur Zugriffsverwaltung gegeben. Die Regeln legen den Bereich (die Sandbox) fest, auf dem die Anwendung arbeiten darf.

Zugriffsrechte können Ressourcen jeglicher Art betreffen, beispielsweise Sockets (Verbindung aufbauen, Verbindung akzeptieren) oder Dateien (Leserechte, Schreibrechte).

Policies werden in Policy-Dateien abgelegt und dem Security-Manager bei der Initialisierung mitgegeben. Die Verwendung eines Security-Managers ist optional, solange Client- und Serverprogramm auf dem gleichen Rechner liegen. Er wird jedoch obligatorisch, sobald Client- und Serverprogramm auf verschiedenen Knoten eines verteilten Systems liegen.

# Z U S A M M E N F A S S U N G

Entfernte Prozeduraufrufe finden vor allem in Netzwerk-Betriebssystemen Verwendung und unterstützen den Zugriff auf verteilte Dateisysteme. Bekannte Beispiele sind Sun RPC und DCE RPC.

Der Sun RPC wurde 1995 von Sun Microsystems als Spezifikation veröffentlicht und wird heute von weitgehend allen Unix-Betriebssystemen unterstützt. Zur Kommunikation stützt sich Sun RPC auf verschiedene Hilfsprozeduren ab, die Aufgaben wie Marshalling und Unmarshalling sowie Verbindungsaufbau und Vermittlung der Aufrufe übernehmen.

Schnittstellensprache des Sun RPC ist die External Data Representation (XDR). Zur Definition der Datentypen verwendet die XDR Datentypen der Sprache C. Ein Generator erstellt aus der XDR-Schnittstellendefinition die entsprechenden Hilfsprozeduren.

Middleware-Technologien, die den entfernten Methodenaufruf implementieren, werden vor allem als leichtgewichtige Kommunikationsmechanismen in objektorientierten Middleware-Plattformen eingesetzt. Bekanntes Beispiel ist Java RMI, die Middleware-Technologie der Java-Plattform.

Java RMI ist eine vollständig auf Java basierende Middleware-Technologie. Schnittstellensprache ist ebenfalls Java. Dies bringt einige Vorteile mit sich: Die Implementierung von Java RMI-Anwendungen bleibt leichtgewichtig; auch unterstützt Java RMI Call-by-Value-Semantik, d.h., Objekte können als Werte übergeben werden.

Zur Sicherung der verteilten Kommunikation nutzt Java RMI das Sicherheitsmodell der Java-Plattform. Kern des Modells ist ein Security-Manager, der anhand von Regeln (Policies) die Aktionen der Anwendung überwacht.

# Z U S A M M E N F A S S U N G

## Übungen

**1.** Durch welche Technik werden entfernte Prozeduren bei Sun RPC veröffentlicht? Wie unterscheidet sich dieses Verfahren von der Veröffentlichung eines Serverobjekts bei Java RMI?

**2.** Skizzieren Sie im Detail die Abläufe bei der Durchführung eines entfernten Prozeduraufrufes mit Sun RPC.

**3.** Welche Vorteile werden durch das Binden von Objektreferenzen an einfache Namen erzielt? Betrachten Sie vor allem den Aspekt der Lebensphasen von Serverobjekten.

**4.** Welche Vorteile bringt die Sprachgebundenheit von Java RMI? Gibt es auch Nachteile?

**5.** Erweitern Sie den Datumsdienst der Java RMI-Beispielanwendung um eine Methode, die dem Client eine Darstellung des Datums im Format tt.mm.jjjj liefert.

# Literatur

## ■ RPC-Standards und -Technologien

Andrew Tanenbaum, Marten van Steen: Distributed Systems; Englewood Cliffs, NJ: Prentice Hall 2003 (dt. Verteilte Systeme – Grundlagen und Paradigmen; München, Pearson Studium 2003).

R. Srinivasan: RPC: Remote Procedure Call Protocol Specification Version 2. Internet RFC 1831, August 1995.

The Open Group: DCE 1.1: Remote Procedure Call, CAE Specification, Document Number: C706; Berkshire, U.K., X/Open Company Ltd, October 1997.

## ■ RMI-Standards und -Technologien

George Coulouris, Jean Dollimore, Tim Kindberg: Distributed Systems, Concepts and Design. Wokingham: Addison Wesley, 3.Ausgabe 2001 (dt. Verteilte Systeme – Konzepte und Design; München, Pearson Studium, 3., überarbeitete Auflage 2002).

Sun Microsystems: Java RMI Specification.
http://java.sun.com/j2se/1.5.0/docs/guide/rmi/spec/rmiTOC.html.

Sun Microsystems: Java 2 Platform Security Architecture
http://java.sun.com/j2se/1.4.2/docs/guide/security/spec/security-spec.doc.html.

# Nachrichtenorientierte Middleware

**6**

ÜBERBLICK

Nachrichtenorientierte Middleware basiert, wie der Name impliziert, auf dem nachrichtenorientierten Modell (siehe Kapitel 2). Ziel des Modells ist der asynchrone Austausch beliebiger Nachrichten zwischen Prozessen. Für nachrichtenorientierte Middleware finden sich häufig auch die Namen Messaging Systeme, Message Oriented Middleware oder kurz MOM.

Kernprinzip dieser Middleware-Technologie ist die Verwendung von Warteschlangen. Eine Nachricht wird vom Sender in die Warteschlange des Empfängers gelegt. Sender und Empfänger agieren unabhängig voneinander: Der Sender fährt mit seiner Ausführung fort, ohne zu berücksichtigen, ob die Nachricht vom Empfänger abgeholt wurde. Wenn der geeignete Zeitpunkt gekommen ist, holt der Empfänger die Nachricht aus der Warteschlange.

## 6.1 Architektur

Im Bereich der nachrichtenorientierten Middleware gibt es bisher nur wenig Standards, die Technologien sind jedoch im Wesentlichen nach einem ähnlichen Prinzip aufgebaut. Kernkonzepte sind Nachrichten (Messages), Warteschlangen (Queues) und Warteschlangenverwalter (Queue-Manager). Nachrichten werden von einem Sender zusammengestellt, in ein vorgegebenes Nachrichtenformat zur Übertragung umgewandelt und dem Warteschlangenverwalter übergeben (siehe *Abbildung 6.1*).

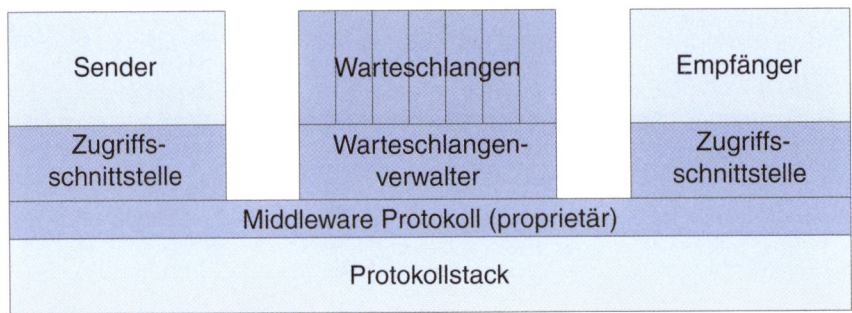

Abbildung 6.1: Architektur nachrichtenorientierter Middleware

Der Warteschlangenverwalter verwaltet eine Vielzahl an Warteschlangen für unterschiedliche Empfänger. Er ist zuständig für die Zuordnung von Nachrichten zu Warteschlangen sowie für die Benachrichtigung der Empfänger, dass eine Nachricht eingetroffen ist.

Neben der reinen Nachrichtenübermittlung ist der Verwalter für die Initialisierung und für die Überwachung seiner Warteschlangen zuständig. Über eine Zugriffsschnittstelle und ein nachrichtenorientiertes Protokoll nutzen Sender und Empfänger die Dienste des Verwalters.

Schreiben in und Lesen aus einer Warteschlange kann immer nur lokal erfolgen. Lokal bedeutet, Warteschlange und Sender bzw. Empfänger liegen auf dem gleichen Rechner oder im gleichen Subnetz. Den Transport der Nachrichten über Subnetzgrenzen hinweg übernehmen ebenfalls Warteschlangenverwalter (Router). Falls erforderlich, führen sie bei der Vermittlung der Daten eine Transformation in andere Formate durch.

In vielen Unternehmen existiert eine umfangreiche Warteschlangeninfrastruktur mit mehreren Verwaltern und einer Vielzahl an Warteschlangen (*Abbildung 6.2*).

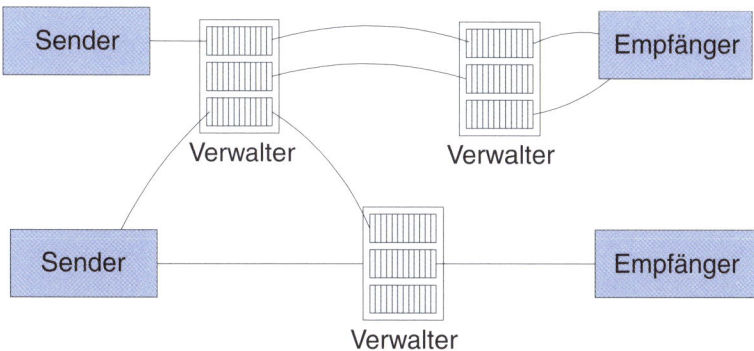

Abbildung 6.2: Beispiel einer Warteschlangeninfrastruktur

Einrichtung und Verwaltung einer Warteschlangeninfrastruktur wird in Unternehmen häufig einer unabhängigen Organisationseinheit übertragen. Jede beliebige Anwendung im Unternehmen kann, bei Bedarf, neue Warteschlangen beantragen und diese nutzen.

### 6.1.1 Garantierte Auslieferung

Ein Thema, das bei asynchroner Kommunikation eine Rolle spielt, ist das Problem der garantierten Auslieferung. Wenn ein Sender eine Nachricht in eine Warteschlange stellt, geht er davon aus, dass die Nachricht auf jeden Fall ausgeliefert wird. Dies ist kein Problem, solange Warteschlangenverwalter und Empfänger korrekt arbeiten. Es können jedoch eine Vielzahl an Fehlern auftreten: Der Verwalter fällt aus oder der Empfänger ist kurzzeitig nicht erreichbar.

Zur Zusicherung der garantierten Auslieferung unterstützen nachrichtenorientierte Middleware-Technologien das Konzept der persistenten Warteschlange. Nachrichten in einer persistenten Warteschlange werden bis zur Auslieferung auf dem Dateisystem oder in einer Datenbank dauerhaft (persistent) zwischengespeichert. Ist der Empfänger schließlich erreichbar, wird die Nachricht zugestellt, unabhängig davon, ob die Auslieferung Stunden oder Tage später erfolgt. Garantierte Auslieferung sichert demzufolge nur zu, dass eine Nachricht ihren Empfänger erreichen wird. Es wird jedoch keine Aussage darüber gemacht, zu welchem Zeitpunkt die Auslieferung stattfindet.

## 6.2 Erweiterte Programmiermodelle

Das nachrichtenorientierte Programmiermodell repräsentiert den Standardfall einer asynchronen Nachrichtenübermittlung und wird auch Point-to-Point-Modell genannt. Es sind genau zwei Kommunikationspartner beteiligt: Eine Nachricht wird vom Sender in die Warteschlange des Empfängers gelegt. Zu diesem relativ einfachen Modell der Nachrichtenvermittlung wurden zwei Erweiterungen entwickelt, das Request-Reply-Modell und das Publish-Subscribe-Modell.

## 6.2.1 Das Request-Reply-Modell

Das Request-Reply-Modell simuliert eine synchrone Kommunikation über eine asynchrone Kommunikationsinfrastruktur, d.h., der Sender bleibt bis zum Erhalt einer Antwortnachricht blockiert. Eine Möglichkeit zur technischen Umsetzung des Modells ist die Verwendung temporärer Reply-Warteschlangen (siehe *Abbildung 6.3*).

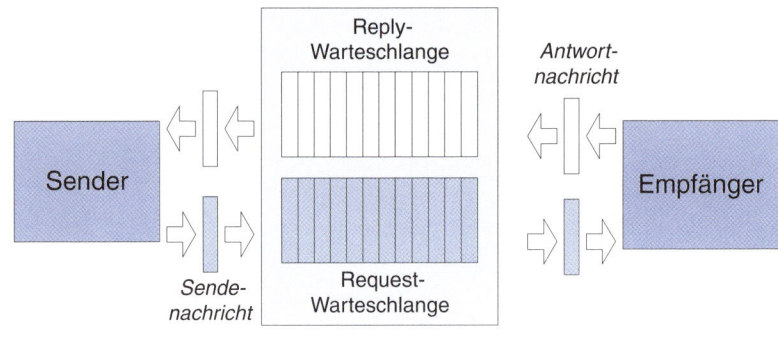

Abbildung 6.3: Request-Reply-Modell

Der Sender legt seine Nachricht in die Warteschlange des Empfängers und fordert parallel beim Warteschlangenverwalter eine temporäre Warteschlange für Antwortnachrichten an. Hat der Empfänger die Nachricht verarbeitet und eine Antwort erstellt, wird diese in die temporäre Warteschlange gelegt und vom Sender entgegengenommen. Die temporäre Warteschlange wird nach ihrer Verwendung vom Verwalter wieder gelöscht. Sender und Empfänger sind in diesem Modell wesentlich enger gekoppelt, als bei normaler asynchroner Kommunikation. Das Modell setzt insbesondere die Verfügbarkeit des Empfängers zum Sendezeitpunkt voraus.

Das Request-Reply-Modell findet vor allem Verwendung, wenn aus technischen oder historischen Gründen auf nachrichtenorientierte Middleware zurückgegriffen werden muss, aus fachlichen Gründen jedoch eine synchrone Kommunikation erforderlich ist.

Eine weitere Möglichkeit zur Simulation synchroner Kommunikation über eine asynchrone Queue, ist die Verwendung von Identifikatoren zur Kennzeichnung zusammengehöriger Nachrichten. Der Empfänger einer Nachricht kopiert die ID der Anfragenachricht (Nachrichten-ID) an eine vorgegebene Stelle in der Antwortnachricht (Correlation-ID). Der Sender wartet in seiner Ausführung, bis er die mit der ID gekennzeichnete Antwortnachricht erhalten hat. Vorteil dieser Methode ist, dass sich mehrere parallele Verbindungen über eine Queue realisieren lassen.

## 6.2.2 Das Publish-Subscribe-Modell

Das Publish-Subscribe-Modell simuliert über Warteschlangen ein Abonnentensystem, in dem Sender Nachrichten veröffentlichen, die interessierte Empfänger abonnieren können. Das Modell unterscheidet dabei drei Rollen: den Publisher zur Veröffentlichung von Nachrichten, den Subscriber zur Abonnierung der Nachrichten und einen Vermittler (Broker) zur Koordination der Nachrichtenvermittlung.

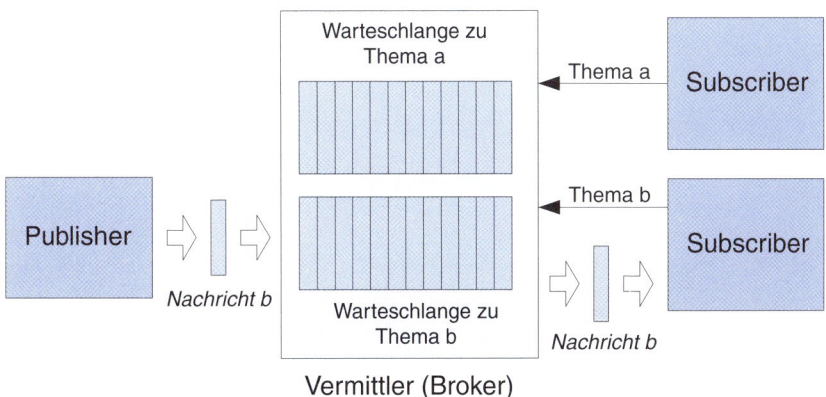

Abbildung 6.4: Publish-Subscribe-Modell

*Abbildung 6.4* zeigt den Ablauf einer Kommunikation im Publish-Subscribe-Modell. Subscriber abonnieren beim Vermittler Nachrichten zu einem Thema (Topic). Ein Publisher übergibt dem Vermittler eine Nachricht zu diesem Thema. Der Vermittler stellt die Nachricht in die entsprechende Warteschlange und sendet sie an die Subscriber weiter, sobald diese empfangsbereit sind. Zur Verteilung der Nachrichten sind verschiedene Modelle möglich. Beispielsweise kann eine Nachricht als Kopie an alle Subscriber gesendet werden. Eine andere Möglichkeit ist die gleichmäßige Verteilung aller Nachrichten an die entsprechenden Subscriber. Jede Nachricht wird dabei genau einmal versendet.

Publisher und Subscriber sind in diesem Modell vollständig unabhängig. Kein Publisher kennt seine Subscriber und umgekehrt. Die Vermittlung der Nachrichten läuft immer über den Vermittler. Technisch wird das Publish-Subscribe-Modell über themenspezifische Warteschlangen realisiert.

Das Publish-Subscribe-Modell eignet sich für alle Anwendungsfälle, in denen ein entsprechendes Modell aus der Realität nachgebildet werden soll. Beispielsweise können mit diesem Modell die Aktivitäten einer Börsenplattform dargestellt werden: Daten zu Aktienkursen werden veröffentlicht, Börsenkunden möchten jedoch nur zu den Kursen bestimmter Aktien informiert werden.

# 6.3    Java Message Service

Der Java Message Service (JMS) definiert einen Standard für eine einheitliche Java-Zugriffsschnittstelle auf nachrichtenorientierte Middleware. JMS wurde von Sun als integraler Bestandteil der Java-Plattform entwickelt. Der JMS-Standard definiert die Schnittstelle, über die Java-Anwendungen die Dienste eines beliebigen MOM-Servers nutzen können. Die Implementierung des JMS-Standards wird von den Herstellern der MOM-Server bereitgestellt. Der Standard unterscheidet zwei Rollen:

- Der JMS-Provider dient als Oberbegriff für den MOM-Server selbst.
- Der JMS-Client steht für die Java-Anwendung, die einen JMS-Provider nutzen möchte.

Anwendungen, unabhängig davon, ob es sich um Sender oder Empfänger handelt, werden im JMS-Modell grundsätzlich als JMS-Clients betrachtet. Den Server repräsentiert der MOM-Server. Neben den zwei Rollen definiert JMS zwei Basiskonzepte: Nachrichten und administrierte Objekte. Eine Nachricht hat ein festgelegtes Format und ist zum Versenden über den JMS-Provider bestimmt. Administrierte Objekte sind von den JMS-Providern bereitzustellen, um JMS-Clients Informationen für den Verbindungsaufbau zu geben. Der Standard definiert die Schnittstellen zweier administrierter Objekte:

- Die *ConnectionFactory* enthält alle notwendigen Informationen, die ein JMS-Client zum Aufbau aktiver Verbindungen zu einem JMS-Provider benötigt und bietet über eine Schnittstelle Methoden zur Initialisierung einer Verbindung.
- Die *Destination* repräsentiert eine konkrete Warteschlange des JMS-Providers. Das Objekt wird von einem JMS-Client zum Einstellen und Auslesen von Nachrichten verwendet.

Administrierte Objekte werden in einem Namensdienst veröffentlicht und können von JMS-Clients dort bei Bedarf angefordert werden.

## 6.3.1 Ein Kommunikationsablauf

Der JMS-Standard bildet in seiner Schnittstellendefinition die verschiedenen Modelle nachrichtenorientierter Kommunikation ab. Unterstützt werden das Point-to-Point-Modell mit Unterstützung synchroner Antwortnachrichten (Request-Reply) sowie das Publish-Subscribe-Modell. Im Folgenden wird das allgemeine Vorgehen zu Verbindungsaufbau und Kommunikation über JMS beschrieben. In den weiteren Abschnitten werden die modellspezifischen Anpassungen der JMS-Schnittstelle zu Point-to-Point und Publish-Subscribe vorgestellt.

Erster Schritt eines Kommunikationsablaufs ist der Aufbau einer Verbindung zwischen JMS-Client und JMS-Provider. Der Standard definiert hierzu die Schnittstellen zu vier Objekten, über die ein JMS-Client die Dienste seines JMS-Providers nutzen kann:

- Die *Connection* repräsentiert eine konkrete Verbindung zu einem JMS-Provider. Eine Verbindung kann über die Schnittstelle gestartet oder gestoppt werden, um das Empfangen von Nachrichten zu ermöglichen bzw. zu verhindern.
- Die *Session* repräsentiert den Kontext, in dem Nachrichten erzeugt und verarbeitet werden. Eine *Session* kann bei Bedarf Transaktionen unterstützen.
- Der *MessageProducer* wird verwendet, um Nachrichten an eine Warteschlange zu schicken.
- Der *MessageConsumer* wird verwendet, um Nachrichten von Warteschlangen zu empfangen.

Aufgabe eines JMS-Providers ist es, eine geeignete Implementierung der Schnittstellen zu liefern.

Zu Verbindungsaufbau und Kommunikation sind folgende Schritte von einem JMS-Client durchzuführen:

**Verbindungsaufbau:** Der JMS-Client fordert vom jeweiligen Namensdienst die administrierten Objekte eines JMS-Providers an, die *ConnectionFactory* und die *Destination*. An der *ConnectionFactory* fordert der JMS-Client eine aktive Verbindung (*Connection*) zum JMS-Provider an. Das *Destination*-Objekt repräsentiert eine Warteschlange des JMS-Providers.

**Kommunikationsumgebung:** Zur Steuerung der Kommunikation wird an der Verbindung eine Sitzung (*Session*) eröffnet. Zusätzlich werden ein *MessageProducer* und falls erforderlich ein *MessageConsumer* initialisiert und jeweils an das Warteschlangen-objekt, die *Destination*, gebunden.

**Senden einer Nachricht:** Der JMS-Client erstellt eine neue Nachricht (*Message*) zum Versenden und übergibt sie dem *MessageProducer* zum Einstellen in die Warte-schlange.

**Empfangen einer Nachricht:** JMS unterstützt sowohl das synchrone als auch das asynchrone Empfangen von Nachrichten:

- Bei synchronem Empfangen ist der JMS-Client so lange in seiner Ausführung blo-ckiert, bis der *MessageConsumer* eine Nachricht aus seiner Warteschlange empfan-gen hat.
- Zum asynchronen Empfangen von Nachrichten installiert der JMS-Client einen *MessageListener*. Liegt eine Nachricht in der Warteschlange vor, so wird der JMS-Client über den *MessageListener* vom JMS-Provider informiert und kann die Nach-richt entgegennehmen.

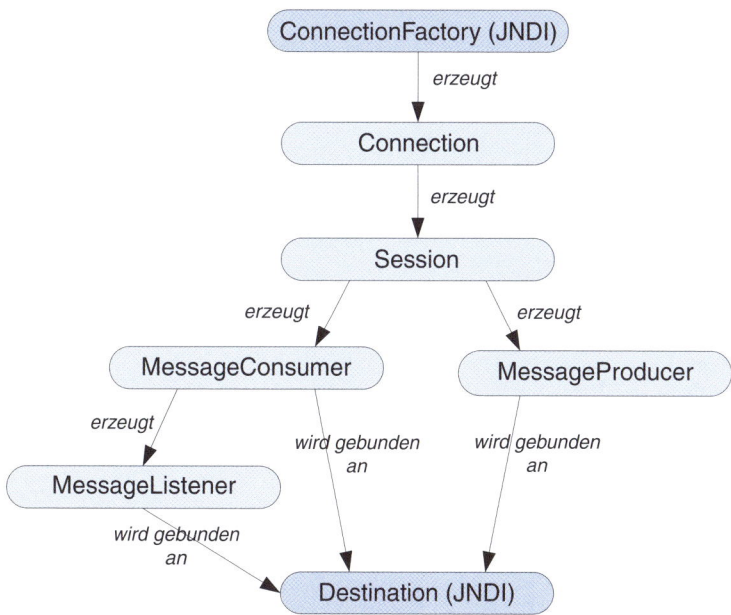

Abbildung 6.5: Allgemeines JMS-Modell: Elemente und Beziehungen

*Abbildung 6.5* beschreibt die Elemente der JMS-Schnittstelle und ihre Beziehungen. Die hier genannten Schnittstellen und Objekte werden jedoch nicht direkt eingesetzt, sondern je nach verwendetem Programmiermodell (Point-to-Point oder Publish-Subscribe) durch modellspezifische Schnittstellen bzw. Objekte ersetzt. Die Schnittstellen sind jeweils auf die Unterstützung von Eigenschaften und Besonderheiten der Modelle spezialisiert.

## Die Point-to-Point-Schnittstelle

Das Point-to-Point-Modell konzentriert sich auf die Vermittlung von asynchronen Nachrichten und unterstützt synchrone Kommunikation über temporäre Antwort-warteschlangen. Die Schnittstellen des Standards werden in diesem Modell durch fol-gende konkrete Schnittstellen ersetzt:

- Die *QueueConnectionFactory* unterstützt den Verbindungsaufbau einer Point-to-Point-Verbindung zum JMS-Provider.
- Die *QueueConnection* repräsentiert eine aktive Point-to-Point-Verbindung.
- Die *Queue* repräsentiert eine Warteschlange.
- Die *QueueSession* repräsentiert eine Point-to-Point-Sitzung.
- Der *QueueSender* versendet Nachrichten an genau eine Warteschlange.
- Der *QueueReceiver* empfängt Nachricht aus genau einer Warteschlange.

Verbindungsaufbau und Kommunikationsablauf sind weitgehend identisch zum allgemeinen JMS-Programmiermodell. Das folgende (unvollständige) Beispiel beschreibt die wichtigsten Schritte, die ein Programm durchzuführen hat, um eine Nachricht über eine Point-to-Point-Schnittstelle zu versenden:

```
// ConnectionFactory und Queue werden über ein Context
// Objekt vom JNDI-Namensdienst geholt.
QueueConnectionFactory connectionFactory = (QueueConnectionFactory)
ctx.lookup("QueueConnectionFactoy");
Queue queue = (Queue) ctx.lookup("myQueue");
// Anhand der ConnectionFactory wird eine Verbindung
// eröffnet und eine Sitzung gestartet.
QueueConnection queueConnection = connectionFactory.createQueueConnection();
QueueSession queueSession = queueConnection.createQueueSession(...);
QueueSender sender = queueSession.createSender(queue);
// Eine Nachricht wird erstellt und verschickt.
Message message = queueSession.createTextMessage();
message.setText("Hello World");
queueSender.send(message);
```

Listing 6.1: Versenden einer Nachricht über Point-to-Point-Schnittstelle

## Die Publish-Subscribe-Schnittstelle

Wesentliches Element der Publish-Subscribe-Modells ist das Thema (Topic). Publisher veröffentlichen Nachrichten zu bestimmten Themen, Subscriber abonnieren Nachrichten zu bestimmten Themen. Dieses Modell spiegelt sich auch in der JMS-Schnittstelle wider. Zur Kommunikation nach dem Publish-Subscribe-Modell sind folgende Schnittstellen vorgesehen:

- Die *TopicConnectionFactory* unterstützt den Verbindungsaufbau einer Publish-Subscribe-Verbindung zum JMS-Provider.
- Die *TopicConnection* repräsentiert eine aktive Publish-Subscribe-Verbindung.
- Das *Topic* repräsentiert die Warteschlange zu einem bestimmten Thema.
- Die *TopicSession* repräsentiert eine Sitzung für eine Publish-Subscribe-Kommunikation.
- Der *TopicPublisher* versendet Nachrichten an ein bestimmtes Topic.
- Der *TopicSubscriber* empfängt Nachrichten von einem oder mehreren Topics.

Wesentlicher Unterschied zum Point-to-Point-Modell ist die Unterstützung einer 1:n-Beziehung: Nachrichten, die in eine *Topic*-Warteschlange gestellt werden, können an mehrere *TopicSubscriber* versendet werden.

## 6.4 Einsatz

In verteilten Anwendungen findet nachrichtenorientierte Middleware eher selten Verwendung, da hier üblicherweise eine enge Kopplung von Sender und Empfänger sowie Unterstützung synchroner Programmiermodelle gefordert werden. Häufig greifen Anwendungen jedoch für bestimmte Kommunikationsanforderungen auf nachrichtenorientierte Middleware zurück, beispielsweise zur Realisierung von 1:n Beziehungen (eine Nachricht muss an viele Server verschickt werden).

Der Vorteil nachrichtenorientierter Middleware liegt neben der losen Kopplung auch in der Vermittlung von Nachrichten, die weitgehend unabhängig von Struktur, Programmiersprache und Plattform sind. Wenn bei anderen Middleware-Konzepten noch umfangreiche Vorkehrungen zu Schnittstellendefinition und Datentransformation gefordert werden, so ist das Nachrichtenformat einer nachrichtenorientierten Middleware eher einfach strukturiert. Methoden- oder Prozeduraufrufe werden mit den Parameterdaten in einem handlichen Nachrichtenformat verpackt. Zusatzinformationen im Header dienen dem JMS-Provider zur korrekten Weiterleitung der Nachrichten an den Empfänger. Diese Art der Entkopplung wird vor allem benötigt, wenn eine zu hohe Abhängigkeit von Sender und Empfänger nicht erwünscht ist, wie beispielsweise bei der Anwendungsintegration, einem der bevorzugten Einsatzgebiete nachrichtenorientierter Middleware.

**Z U S A M M E N F A S S U N G**

Nachrichtenorientierte Middleware ist eine Implementierung des nachrichtenorientierten Programmiermodells. Kernkonzepte sind Warteschlangen (Queues), Warteschlangenverwalter (Queue-Manager) und Nachrichten (Messages).

Warteschlangenverwalter haben die Aufgabe der Initialisierung und Verwaltung von Warteschlangen. Mit Hilfe dieser Konzepte lässt sich eine komplexe Warteschlangeninfrastruktur aufbauen, die mehrere Anwendungen parallel unterstützt.

Neben dem einfachen nachrichtenorientierten Modell, auch Point-to-Point-Modell genannt, unterstützt nachrichtenorientierte Middleware zwei Verfeinerungen: das Request-Reply-Modell und das Publish-Subscribe-Modell.

Das Request-Reply-Modell erweitert das Point-to-Point-Modell um das Konzept einer Antwortwarteschlange. Mit diesem Modell kann eine synchrone Kommunikation nachgebildet werden.

Das Publish-Subscribe-Modell entspricht dem Modell eines Abonnentensystems. Publisher veröffentlichen Nachrichten zu Themen, die von Subscribern abonniert werden können.

Es gibt im Bereich der nachrichtenorientierten Middleware bisher vor allem einen Standard, der sich durchgesetzt hat, der JMS-Standard der Java-Plattform.

JMS definiert eine Zugriffsschnittstelle für Java-Anwendungen auf nachrichtenorientierte Middleware. Die Schnittstelle unterstützt die genannten Programmiermodelle: das Point-to-Point-Modell, das Request-Reply-Modell und das Publish-Subscribe-Modell.

Nachrichtenorientierte Middleware-Technologien finden auf Grund ihrer Eigenschaften vor allem im Bereich der Anwendungsintegration ihren Einsatz.

**Z U S A M M E N F A S S U N G**

## Übungen

**1.** Begründen Sie, wann die Übertragung einer Nachricht durch nachrichtenorientierte Middleware-Technologien transaktional ist, also die vier Eigenschaften einer Transaktion erfüllt. Welche Rolle spielen hierbei persistente Warteschlangen?

**2.** Beschreiben Sie alle Programmiermodelle, die mit nachrichtenorientierter Middleware umgesetzt werden können.

**3.** Überlegen Sie sich für jedes der genannten drei nachrichtenorientierten Programmiermodelle geeignete Anwendungsszenarien in der Praxis. Begründen Sie für jedes Szenario Ihre Entscheidung.

**4.** Welche Aufgabe erfüllt der JMS-Standard im Rahmen nachrichtenorientierter Middleware?

## Literatur

Sun Microsystems: Java Message Service Specification, Version 1.1, April 12, 2002, http://java.sun.com/products/jms/docs.html.

Gregor Hohpe, et al: Enterprise Integration Patterns: Designing, Building and Deploying Messaging Solutions. Addison-Wesley Professional, 2003.

Bill Blunden: Message Passing Server Internals. McGraw-Hill Professional, 2003.

Arohi Redkar, et al: Pro MSMQ: Microsoft Message Queue Programming. Apress, 2004.

# Webservices

**7**

ÜBERBLICK

Webservices zählen zur neuen Generation von Webanwendungen. Es sind Anwendungskomponenten, die auf den Knoten eines verteilten Systems liegen. Der Zugriff auf einen Webservice erfolgt über das Middleware-Protokoll SOAP. SOAP ist ein XML-basiertes Protokoll, das den entfernten Prozeduraufruf als Programmiermodell umsetzt. Die Dienste der Webservices werden über eine Schnittstelle gekapselt.

Verteilte Anwendungen, die vollständig auf Webservices basieren, sind bisher noch nicht weit verbreitet. Einige Unternehmen, wie Amazon oder Google, bieten jedoch bereits Teile ihrer Dienste als Webservices an. Für den Zugriff steht ein Web-API zur Verfügung, das in Anwendungen eingebunden werden kann.

Gründe für die bisher eher geringe Verbreitung gibt es viele: Anwendungsfälle für eine sinnvolle Nutzung von Webservices sind heute noch in den Anfängen und auch die Technologie ist noch nicht ausgereift genug, um kritische Geschäftsvorfälle durchzuführen. Insbesondere Aspekte wie Sicherheit, Prozess- und Transaktionsmanagement sind bisher nur teilweise gelöst.

## 7.1 Webtechnologien

Seit den Anfängen des Internets gab es mehrere Generationen an Webanwendungen. Statische HTML-Seiten waren der Beginn. Informationen wurden mit HTML formatiert und im Browser angezeigt, navigiert wurde über Links. Webserver nahmen Anfragen entgegen, suchten die passenden HTML-Seiten aus und schickten sie an den Aufrufer zurück.

Mit der zweiten Generation kam Bewegung in das Web, es wurden dynamische Webseiten eingeführt. Wieder auf der Basis von HTML konnten nun Webseiten dynamisch aufgebaut werden. Als Technologie stand CGI (Common Gateway Interface) dahinter. Mit CGI wurde es möglich, Daten über HTML-Oberflächen zu erfassen, die Anfragen am Server zu bearbeiten und abhängig vom Ergebnis unterschiedliche Seiten dynamisch aufzubauen. Die Bearbeitung der Anfragen erfolgte über CGI-Skripten, die in verschiedenen Sprachen geschrieben waren. CGI hatte einen wesentlichen Nachteil: Mit jeder Anfrage wurde ein neuer schwergewichtiger Prozess gestartet, was bei Internetanwendungen mit einer potentiell hohen Anzahl an Anwendern schnell zu Engpässen führte.

Mit Java Servlets, JSP (Java Server Pages), PHP, ASP (Active Server Pages) und schließlich ASP.Net kamen serverseitige Webtechnologien (siehe *Abbildung 7.1*), die nach einem ähnlichen Prinzip wie CGI arbeiten: Aufrufe werden vom Browser an den Webserver weitergeleitet und dort bearbeitet. Die Folgeseiten werden abhängig vom Ergebnis dynamisch aufgebaut. Im Unterschied zu CGI handelt es sich hier jedoch um Thread-basierte serverseitige Webtechnologien. Mit jedem Aufruf von einem Browser wird ein neuer Thread gestartet, in dem der Aufruf bearbeitet wird. Threads bieten als leichtgewichtige Prozesse den Vorteil, dass sie weniger Ressourcen benötigen. Ein weiterer Vorteil der genannten serverseitigen Webtechnologien ist, dass den Anwendungen alle Funktionalitäten der jeweiligen Plattform (Java, Windows-Technologien, .Net) zur Verfügung stehen. Serverseitige Webtechnologien sind bis heute die Basis vieler Anwendungen im World Wide Web.

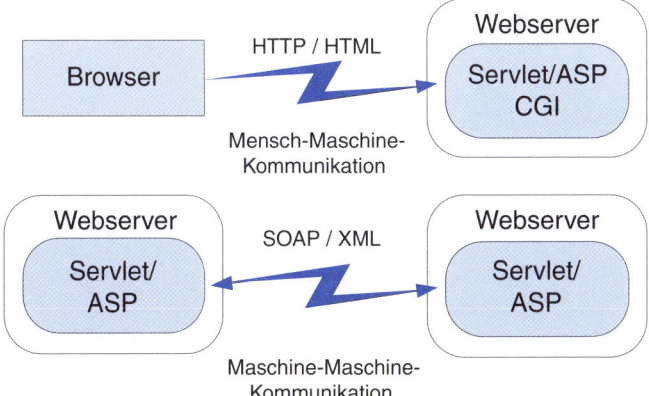

Abbildung 7.1: Serverseitige Webtechnologien

So unterschiedlich die genannten Technologien auch sind, etwas ist ihnen gemeinsam – sie alle wurden explizit für die Mensch-Maschine-Kommunikation entwickelt. Anwender interagieren über einen Browser mit der Anwendung am Webserver. Mit Webservices kam ein neuer Aspekt hinzu: die Maschine-Maschine-Kommunikation. Webservices bieten Anwendern komplexe Dienste an und suchen hierzu eigenständig nach geeigneten Teildiensten im Netz. Beispielsweise könnte ein Webservice zur Reisebuchung im Hintergrund weitere Dienste nutzen, wie Hotel- und Flugbuchung sowie Autoreservierung (siehe *Abbildung 7.2*). Diese Art von Anwendungen ist bis heute jedoch noch weitgehend Utopie.

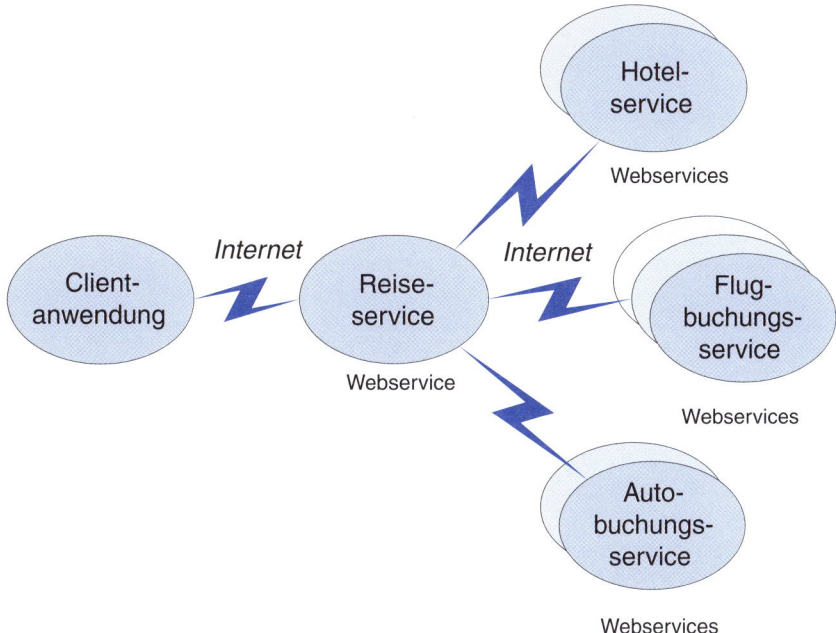

Abbildung 7.2: Beispiel Webservice zur Reisebuchung

## 7.2   Webservice-Standards

Webservices basieren auf vier Standards. Jeder der Standards ist für einen definierten Aufgabenbereich bei der Kommunikation zuständig und wird von einem unabhängigen Standardisierungsgremium verwaltet.

**SOAP:** SOAP ist der Standard des Middleware-Protokolls von Webservices. SOAP setzt auf einem Transportprotokoll (z.B. HTTP, SMTP) auf und nutzt dessen Strukturen zur Übertragung von Datenpaketen in XML-Format. Das Akronym SOAP stand ursprünglich für Simple Object Access Protocol. Da das Protokoll jedoch aus der Nähe betrachtet weder einfach noch objektorientiert ist, wurde der Name mit Version 1.2 weggelassen, geblieben ist das Akronym. SOAP steht somit nur noch als Name für sich selbst. SOAP wurde ursprünglich von Microsoft als Nachfolger eines ebenfalls XML-basierten Middleware-Protokolls, dem XML-RPC, entwickelt. Heute wird der SOAP-Standard von einem unabhängigen Gremium verwaltet, dem W3C (World Wide Web Consortium). Aktuelle Version ist SOAP 1.2.

**WSDL:** Eine Middleware benötigt neben einem Protokoll eine geeignete Schnittstellensprache. Bei Webservices übernimmt diese Aufgabe die WSDL (Webservice Description Language). Mit WSDL wird die Schnittstelle des Services in XML definiert und kann veröffentlicht werden. WSDL wurde wie SOAP standardisiert und wird ebenfalls vom W3C verwaltet.

**XML:** Grundlage für SOAP und WSDL ist die XML (eXtended Markup Language). XML ist eine deskriptive Sprache, die vor allem zur Beschreibung und für den Austausch komplexer Datenstrukturen eingesetzt wird. Sowohl SOAP als auch WSDL verwenden XML zur Beschreibung von Schnittstellen, Datenstrukturen und Übertragungsformaten. Der XML-Standard liegt seit Februar 2004 in Version 1.1 vor. Pflege und Weiterentwicklung des XML-Standards liegen ebenfalls in der Verantwortung des W3C.

**UDDI:** Ein Webservice benötigt neben Zugriffsprotokoll und Schnittstellenbeschreibung auch einen Verzeichnisdienst zur Veröffentlichung. Ein Verzeichnisdienst entspricht im Wesentlichen dem Namensdienst eines verteilten Systems. Der UDDI-Standard (Universal Description, Discovery and Integration) definiert die Schnittstelle eines Verzeichnisdienstes speziell für Webservices. Zur Entwicklung des Standards wurde 2000 das UDDI-Projekt gegründet und der Standard in erster Version entwickelt. Standardisierung und Weiterentwicklung wurden 2002 an das Standardisierungsgremium OASIS (Organization for the Advancement of Structured Information Standards) übergeben. Aktueller Standard ist UDDI-Version 3. Viele aktuelle Implementierungen basieren jedoch noch auf der Vorgängerversion, UDDI-Version 2.

### 7.2.1   Die Konkurrenten

SOAP, WSDL und UDDI sind die drei Standards, die sich für Webservices durchgesetzt haben. Es gibt noch eine Reihe von Konkurrenten, die jedoch nicht erfolgreich waren.

Vorläufer von SOAP ist der oben bereits erwähnte XML-RPC. Die Idee hinter XML-RPC war, HTTP und XML zu verbinden und damit eine Möglichkeit zu finden, XML-Nachrichten über HTTP zu verschicken. XML-RPC wurde 1998 von Dave Winer entwickelt und war Grundlage für die Entwicklung von SOAP. XML-RPC musste schließlich dem komplexeren und ausgereiften SOAP-Standard weichen und spielt heute nur noch eine geringe Rolle.

Auch UDDI ist ein Sieger im Wettstreit um einen Standard. Konkurrent war die Spezifikation DISCO (DISCOvery). DISCO wurde wie SOAP von Microsoft entwickelt. Das Konzept ist sehr einfach. WSDL-Beschreibungen von Webservices und eine zusätzliche Beschreibung werden in einer XML-Datei (DISCO-Datei) zusammengehängt. Die DISCO-Spezifikation beschreibt die Struktur der DISCO-Dateien, sie sagt jedoch nichts darüber aus, wie solche DISCO-Dateien in einer Registry oder einem Verzeichnisdienst verwaltet werden.

# 7.3  Grundkonzepte

Im Folgenden werden, ausgehend vom XML-Standard, die Konzepte hinter den Webservice-Technologien vorgestellt.

## 7.3.1  XML als gemeinsame Sprache

Die Extensible Markup Language XML ist heute die Technologie der Wahl zum Datenaustausch zwischen Systemen. XML ist eine deskriptive Sprache, mit deren Hilfe beliebig komplexe Datenstrukturen mit allen Abhängigkeiten in einem Dokument abgebildet werden können. XML-Dokumente sind beliebig zwischen Systemen austauschbar. Zur Interpretation und Bearbeitung von XML-Dokumenten steht eine Vielzahl von Open-Source-Werkzeugen zur Verfügung.

In diesem Abschnitt wird keine vollständige Einführung in XML gegeben. Es werden lediglich die Konzepte vorgestellt, die zum Verständnis von WSDL und SOAP notwendig sind.

Ein XML-Dokument ist in zwei Bereiche aufgeteilt: Der Kopf enthält allgemeine Metainformationen zu XML-Version und Zeichensatz, im Rumpf befinden sich die konkreten Daten. Die Informationen im Kopf werden von XML-Parsern zur Bearbeitung der Daten im Rumpfbereich benötigt. Im Folgenden werden an einem Beispiel die wichtigsten Konzepte eines XML-Dokuments vorgestellt.

```xml
<? xml version="1.0" encoding="UTF-8"?>
<Bank xmlns="http://www.beispielbank.com"
xmlns:xsi="http://www.w3.org/2001/XMLSchema-instance"
xsi:schemaLocation="http://www.beispielbank.com
Bank.xsd" >
<Kunde>
 <Name>Maier</Name>
 <Vorname>Emil</Vorname>
 <Kontonummer>12345678</Kontonummer>
</Kunde>
<Kunde>
 <Name>Müller</Name>
 <Vorname>Gabriele</Vorname>
 <Kontonummer>987654321</Kontonummer>
</Kunde>
...
</Bank>
```

Listing 7.1: Beispiel: Aufbau eines XML-Dokuments

Das Beispiel basiert wie im Kopf angegeben auf XML-Version 1.0 mit Zeichensatz UTF-8 (Unicode Transformation Format-8). Der Rumpf des Dokuments beschreibt in einfacher Form die Kundendaten einer Bank. Die Bank hat mehrere Kunden, zu denen jeweils Name, Vorname und Kontonummer angegeben werden.

## Wohlgeformte XML-Dokumente

Der Aufbau eines XML-Dokuments folgt festen Regeln. Es ist hierarchisch aus Elementen aufgebaut mit einem Wurzelelement. Für die Elementstruktur gelten folgende Regeln:

- Elemente treten immer paarweise auf. Zu jedem öffnenden Element muss ein schließendes Element existieren.

  `<Kunde>.....</Kunde>`

- Elemente dürfen sich nicht überlappen. In der Hierarchie dürfen sich öffnende und schließende Elemente nicht überschneiden.

  `<Kunde><Name>....</Name></Kunde>`

Zur paarweisen Darstellung der Elemente gibt es zwei Alternativen. Zum Einen kann es leere Elemente geben. Hierbei handelt es sich um Blätter im Hierarchiebaum. Die Darstellung

`<Kunde></Kunde>`

wird in diesem Fall zusammengezogen zu

`<Kunde/>` .

Ebenfalls möglich ist die Verwendung einer inline-Schreibweise. Untergeordnete Elemente werden als Attribute im Element definiert.

`<Konto nummer="987654321"/>`

Der XML-Standard sieht eine Reihe weiterer Regeln zur Formatierung vor. XML-Dokumente, die allen Regeln gehorchen, werden auch als wohlgeformt bezeichnet.

## Namensräume

Namensräume werden verwendet, um XML-Elementen global eindeutige Namen zu geben. Das Bankbeispiel definiert den Namensraum http://www.beispielbank.com  Alle Elemente eines XML-Dokuments haben damit implizit den Namensraum als Präfix.

Mit Namensräumen werden Konflikte in XML-Dokumenten vermieden. Beispielsweise kann es in vielen XML-Dokumenten eine Entität „Kunde" geben, die jedes Mal andere Elemente enthalten kann. Im Beispiel handelt es sich um die Entität http://www.beispielsbank.com/Kunde, womit eindeutig die Herkunft festgelegt ist. Namensräume werden auch verwendet, um die zu Grunde liegenden XML-Schemata eindeutig zu bezeichnen.

## Gültige XML-Dokumente - XML- Schema

Das ein XML-Dokument wohlgeformt ist, macht noch keine Aussage darüber, ob das Dokument auch gültig ist. Ein XML-Dokument ist wohlgeformt, wenn es einer Strukturbeschreibung genügt. Um das Element „Emil Meyer" in einem XML-Dokument gültig zu beschreiben, muss in irgendeiner Form festgelegt sein, dass ein Kunde genau durch die drei Attribute Name, Vorname und Kontonummer gekennzeichnet ist.

Zur Festlegung der Struktur stehen zwei Techniken zur Verfügung: DTD (Data Type Definition) und XML-Schema. Das Prinzip hinter DTD und XML-Schema ist ähnlich: Beide legen für jedes Element Informationen wie Name und Wertebereich fest. XML-Schemata bieten zusätzlich die Möglichkeit zur Festlegung der Datentypen.

DTD und XML-Schema sind alternativ einsetzbare Technologien. Beispielsweise basiert HTML bis heute auf einer DTD-Beschreibung. Das neuere SOAP-Protokoll setzt hingegen auf einem XML-Schema auf. Voraussichtlich wird die DTD mehr und mehr durch das flexiblere XML-Schema ersetzt werden.

## 7.3.2 XML-Schema

Im Folgenden werden die wichtigsten Elemente eines XML-Schemas vorgestellt. Das Schema in Listing 7.2 definiert Struktur und Typinformationen zum obigen Bankbeispiel.

```
<xsd:schema
xmlns:xsd="http://www.w3.org/2001/XMLSchema"
targetNamespace="http://www.beispielbank.com"
xmlns="http://www.beispielbank.com" >
<xsd:element name="Bank">
 <xsd:complexType>
 <xsd:sequence>
 <xsd:element name="Kunde">
 <xsd:complexType>
 <xsd:sequence>
  <xsd:element name="Name" type=xsd:string/>
  <xsd:element name="Vorname" type=xsd:string/>
  <xsd:element name="Kontonummer" type=xsd:integer/>
 </xsd:sequence>
 </xsd:complexType>
 </xsd:element>
 </xsd:sequence>
 </xsd:complexType>
 </xsd:element>
</xsd:schema>
```

Listing 7.2: XML-Schema zum Bankbeispiel

Im Schema ist festgelegt, dass nur die Elemente *Bank*, *Kunde*, *Name*, *Vorname* und *Kontonummer* im Namensraum http://www.beispielbank.com gültig sind. Das Element *Bank* ist ein komplexer Datentyp bestehend aus dem ebenfalls komplexen Datentyp *Kunde*. Ein Kunde hat drei Attribute, Name, Vorname und Kontonummer. *Name* und *Vorname* sind vom Typ String, *Kontonummer* hingegen vom Typ Integer. Die in diesem XML-Schema verwendeten Basistypen *element*, *complexType*, *type* und *sequence* sind ebenso wie die verwendeten Datentypen *string* und *integer* im XML-Schema http://www.w3.org/2001/XMLSchema definiert. Das Schema wird vom W3C vorgegeben und definiert alle Basistypen. Es bildet die Grundlage aller XML-Dokumente.

Auf Struktur und Aufbau von XML-Dokumenten und XML-Schemata wird an dieser Stelle nicht weiter eingegangen. Hinweise zu weiterführender Literatur finden sich am Ende des Kapitels.

### 7.3.3 Ein Kommunikationsablauf

Der Zugriff auf einen Webservice erfolgt über SOAP nach dem Modell der entfernten Prozeduraufrufe. Die Schnittstelle des Webservices wird mit WSDL definiert und veröffentlicht. Zur Veröffentlichung wird die Schnittstellenbeschreibung direkt an einen Client übergeben oder in einem UDDI-Verzeichnisdienst registriert. Im Folgenden wird an einem Beispiel ein Kommunikationsablauf demonstriert.

#### Die WSDL-Schnittstellendefinition

Die Schnittstellendefinition eines Webservices erfolgt als XML-Dokument. Die Gültigkeit des Dokuments wird nun jedoch nicht mehr vom W3C-XML-Schema vorgegeben, sondern von einem Schema des WSDL-Standards. Eine WSDL-Schnittstellendefinition hat eine festgelegte Struktur:

```
<definitions>
```

ist das Wurzelelement eines WSDL-Dokuments. Es definiert Namen und Namensraum des Services sowie den Namensraum der verwendeten Standards.

```
<types>
```

enthält alle Datentypdefinitionen, die für den Aufruf des Services benötigt werden und nicht im Standard-XML-Schema des W3C definiert sind.

```
</types>
```

```
<message name="Message1">
```

definiert die Nachrichten, die bei einem SOAP-Aufruf übertragen werden. Sind mehrere Nachrichten vorhanden, wie beispielsweise Eingabeparameter und Rückgabewert, so werden mehrere Nachrichten definiert. Eine Nachricht kann aus logischen Teilelementen bestehen, so genannten Parts. Parts definieren Name-Wert-Paare zu den Parametern einer Nachricht.

```
</message>
```

```
<portType>
```

beschreibt die Methoden, die der Webservice anbietet. Zur Definition der Parameter werden die oben definierten Nachrichten verwendet. Für den Aufruf unterstützt WSDL vier Kommunikationstypen:

- *One-way:* Der Client sendet eine Nachricht an den Webservice, eine Antwort wird nicht erwartet.
- *Request-Response:* Der Client sendet eine Nachricht und erhält vom Webservice eine Antwort.
- *Solicit Response:* Der Server sendet eine Nachricht und erhält vom Client eine Antwort.
- *Notification:* Der Server sendet eine Nachricht an den Client, eine Antwort wird nicht erwartet.

```
</portType>
```

```
<binding>
```

definiert Nachrichtenformate und Transportprotokoll, wie sie zur Übertragung der Aufrufe verwendet werden. Häufig wird das SOAP-Binding eingesetzt.

```
</binding>
```

```
<service>
```

definiert alle für den Zugriff auf den Dienst notwendigen Informationen wie Netzwerkadresse und Portnummer.

```
</service>
```

```
</definitions>
```

WSDL-Schnittstellenbeschreibungen werden üblicherweise nicht von Hand erstellt. Webservices-Plattformen stellen Werkzeuge zur Verfügung, die aus der Schnittstellendefinition in einer spezifischen Programmiersprache eine WSDL-Schnittstellendefinition generieren.

### Die Veröffentlichung mit UDDI

Um einen Webservice einem möglichst breiten Publikum zugänglich zu machen, wird seine Schnittstelle veröffentlicht. Als Plattform zur Veröffentlichung haben sich UDDI-Verzeichnisdienste durchgesetzt. Ein UDDI-Verzeichnisdienst hat im Wesentlichen zwei Aufgaben zu erfüllen:

- Anbieter können in einem UDDI-Verzeichnisdienst ihre Webservices veröffentlichen. Hierzu definiert der Standard ein Publishing-API.
- Servicenutzer können anhand von inhaltlichen Kriterien nach Webservices suchen. Hierzu definiert der Standard ein Inquiry-API.

Implizit wird gefordert, dass Veröffentlichung und Suche internetweit eindeutig möglich sein sollten. Diese Anforderung macht eine übergreifende Organisation der UDDI-Verzeichnisdienste erforderlich.

Nicht jeder UDDI-Verzeichnisdienst kann und muss die Anforderungen eines universellen, globalen Verzeichnisdienstes erfüllen. Im UDDI-Standard werden zwei Typen von Dienstanbietern unterschieden: UDDI-Operatoren und private UDDI-Verzeichnisdienste. UDDI-Operatoren sind Betreiber von UDDI-Verzeichnisdiensten, die bestimmte Anforderungen zu erfüllen haben. Laut UDDI-Operators-Specification müssen sie in der Lage sein, die Eigenschaften Verfügbarkeit, Sicherheit und Performance für ihre Verzeichnisdienste garantiert zuzusichern. Nur eine relativ geringe Anzahl an Firmen kommt damit überhaupt als UDDI-Operator in Frage. Aktuell zählen zu den Operatoren Microsoft, IBM und SAP.

Die UDDI-Verzeichnisse der UDDI-Operatoren arbeiten eng zusammen und werden in ihrer Gesamtheit Universal Business Registry (UBR) genannt. Private Verzeichnisse sind bisher weitgehend unabhängig. UDDI Version 2 ermöglicht noch keine Interoperabilität zwischen der UBR und privaten Verzeichnissen; Version 3 ist an dieser Stelle flexibler. Neben den Betreibern von UDDI-Verzeichnisdiensten sieht der Standard zusätzliche Registrare vor. Registrare sind Firmen, die Schnittstellen zur Registrierung von Services an der UBR anbieten. *Abbildung 7.3* beschreibt die Organisation der UDDI-Verzeichnisdienste.

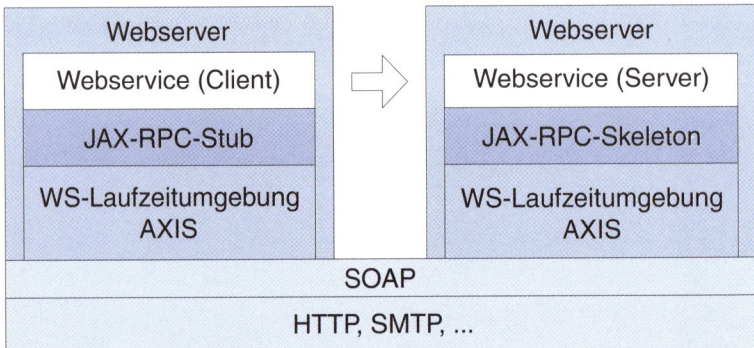

Abbildung 7.3: UDDI-Verzeichnisdienst Architektur

Struktur und Funktionalität eines UDDI-Verzeichnisdienstes sind in einem UDDI-Schema definiert. Das Schema definiert das Modell aller Entitäten, die zur Modellierung von Informationen zu Webservices zur Verfügung stehen. Insbesondere werden folgende Entitäten unterstützt:

**businessEntity:** Eine businessEntity repräsentiert ein Unternehmen oder die Geschäftseinheit eines Unternehmens, das Webservices anbietet.

**businessService:** Ein businessService beschreibt eine Menge zusammengehöriger Webservices, die von einer businessEntity angeboten werden.

**bindingTemplate:** Ein bindingTemplate beschreibt die technischen Informationen für den Zugriff auf einen speziellen Webservice.

**tModel (taxonomiy model):** Ein tModel dient zur Kategorisierung von businessEntities und Services. tModels definieren eine Taxonomie im Verzeichnisdienst, innerhalb der businessEntities und businessServices abgelegt und gesucht werden können.

Um einen Service an einem UDDI-Verzeichnisdienst anzumelden, wird eine businessEntity erstellt. Dieser Entity wird die WSDL-Schnittstellenbeschreibung des Webservices zugeordnet. Damit ist der Webservice veröffentlicht und kann von potentiellen Nutzern abgefragt werden.

## Die Kommunikation über SOAP

Hat ein Client die Schnittstellendefinition des Services von der im UDDI-Dienst angegebenen Adresse geholt, kann die Kommunikation mit dem Service beginnen. Aus der WSDL-Beschreibung wird ein Stub generiert, über welchen der Client seine Nachrichten an den Webservice versendet.

Grundlage der Kommunikation ist im Allgemeinen SOAP. Bei SOAP aber handelt es sich nicht im eigentlichen Sinn um ein Protokoll: Es gibt lediglich die Struktur der Nachrichten vor, die dann über ein Kommunikationsprotokoll wie HTTP, SMTP oder FTP verschickt werden. Dabei stellt HTTP das mit Abstand am häufigsten verwendete Trägerprotokoll für SOAP dar.

SOAP definiert die Struktur von Nachrichten, die über das Kommunikationsprotokoll transportiert werden. Eine SOAP-Nachricht ist ein XML-Dokument, in dem der Aufruf an den Webservice mit den benötigten Parametern definiert ist. Falls es sich um eine Antwortnachricht handelt, sind zusätzlich die Ergebnisdaten enthalten. Wie bei WSDL und UDDI gibt es auch für SOAP ein XML-Schema, das Struktur und

Bedeutung der SOAP-Elemente festlegt. Zur Definition von Datentypen steht das Standard-XML-Schema des W3C zur Verfügung.

Der Aufbau einer SOAP-Nachricht ist relativ einfach (siehe *Abbildung 7.4*). Ein SOAP-Body enthält die zu versendenden Daten, ein SOAP-Header steht zur Verfügung, um zusätzliche Informationen wie Transaktionskontext oder Sicherheitsinformationen mitzuschicken. Ein SOAP-Envelope bildet die Klammer um Body und Header. Abhängig vom jeweils verwendeten Kommunikationsprotokoll wird der SOAP-Envelope in einer spezifischen Nachricht des Protokolls verpackt und verschickt.

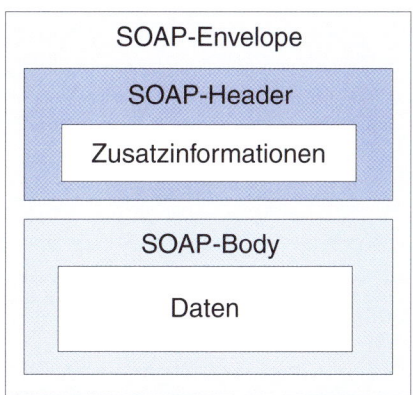

Abbildung 7.4: Aufbau einer Soap-Nachricht

## 7.4 Sicherheit

Einer der Hauptkritikpunkte an Webservices ist das Fehlen von Sicherheitsstandards. Dies ist jedoch nur teilweise gerechtfertigt. Es gibt eine Reihe von Sicherheitsmechanismen, die in Webservice-Plattformen bereits realisiert wurden. Häufig handelt es sich jedoch um individuelle Lösungen, so dass nicht die fehlenden Sicherheitskonzepte, sondern vielmehr die fehlende Interoperabilität das Problem darstellt.

Aufgabe eines Sicherheitsstandards ist es, Sicherheitsrisiken bei Webservices zu minimieren. Sicherheitsrisiken im Internet sind vielfältig (siehe auch Kapitel 3). Angreifer können versuchen, unberechtigt Zugriff auf einen Service zu erhalten, beispielsweise durch Umgehen der Authentifizierung oder durch Abhorchen von Nachrichten auf dem Netz. Teilweise werden Nachrichten bei der Übertragung verändert, ohne dass es der Empfänger merkt. Dies sind nur einige Beispiele von Problemen, denen ein Sicherheitsstandard begegnen muss.

### WS-Security

WS-Security ist der zur Zeit bekannteste und umfassendste Vorschlag eines Sicherheitsstandards für Webservices. Mit seinem Sicherheitskonzept setzt WS-Security auf SOAP-Mechanismen auf. Wie bereits oben angesprochen, wurde im SOAP-Header Raum für Erweiterungen gelassen. Dies macht sich WS-Security zu Nutze.

Grundelemente von WS-Security sind Token. Ein Token ist eine in XML geschriebene Sicherheitsinformation. Im WS-Security-Standard wurden bisher zwei Token definiert, das UsernameToken und das BinarySecurityToken. Das UsernameToken dient zur Übermittlung von Authentifizierungsinformationen wie Benutzername und

Passwort. Das BinarySecurityToken dient zur Übertragung von Binärdaten. Mit ihm können beispielsweise verschlüsselte Zertifikate übermittelt werden.

Zu Verschlüsselung und Signierung von Daten setzt WS-Security auf zwei weiteren Standards auf: XML-Signature und XML-Encryption. XML-Signature ist ein Standard für digitale Signaturen in XML. Mit ihm können XML-Nachrichten signiert werden und so die Identität des Absenders zusichern. Die Verschlüsselung der Nachricht erfolgt mit Hilfe des Standards XML-Encryption. XML-Encryption gibt allerdings nicht den Verschlüsselungsalgorithmus vor, sondern nur die Struktur einer verschlüsselten XML-Nachricht.

Bisher wurden die Erweiterungen des SOAP-Headers sowie die Verwendung der beiden Token zur Sicherung der Kommunikation als Standards veröffentlicht. Im Moment steht der WS-Security-Standard in vielen Webservice-Implementierungen noch nicht zur Verfügung, so dass zur Sicherung von Webservices andere Sicherheitsmechanismen, wie z.B. SSL (Secure Socket Layer), verwendet werden müssen.

Es gibt aktuell eine Reihe von Bemühungen, einen allgemein anerkannten Sicherheitsstandard für Webservices zu entwickeln. WS-Security ist dabei der aussichtsreichste Kandidat für einen solchen Standard. Version 1.0 des Standards wurde 2002 erstellt und an OASIS zur Pflege und Weiterentwicklung übergeben. Federführend bei der Entwicklung des Standards waren insbesondere Microsoft und IBM.

Zur Verwaltung und Prüfung von Zugriffsrechten kann ein weiterer Standard eingesetzt werden: SAML (Secure Assertion Markup Language). SAML arbeitet mit Zusicherungen (Assertions). Eine Zusicherung ist eine Datenstruktur, die Informationen eines beliebigen Objekts repräsentiert. Die Struktur einer Zusicherung wird in einem XML-Schema definiert. Mit Hilfe von Zusicherungen und einer Reihe von zusätzlichen Verwaltungseinheiten wird in der SAML-Architektur eine Art virtuelle Vergabestelle für Rechte nachgebildet. Zusicherungen werden erzeugt und erhalten ihre Daten zugewiesen. Die Daten werden anhand von vorgegebenen Regeln geprüft. SAML findet vor allem bei Authentifizierung und Autorisierung Verwendung. Möglich wird mit einer SAML-Architektur auch ein so genannter Single-Sign-On: Ein Anwender meldet sich einmal über eine Zugangsseite an und hat ab diesem Zeitpunkt Zugriff auf verschiedene Systeme und Anwendungen.

## 7.5    Prozess- und Transaktionsverwaltung

Ziel von Webservices ist die Realisierung komplexer Geschäftsmodelle im Internet. Dies ist nur möglich, wenn mehrere Webservices zusammenarbeiten. Organisation und Steuerung mehrerer Webservices in einer verteilten Anwendung wird auch Choreographie genannt.

Die Initiatoren von Webservices erkannten sehr bald, dass die Basisstandards SOAP und WSDL für komplexe Anwendungen nicht mehr ausreichten. Erweiterungen zu Prozess- und Transaktionsverwaltung waren notwendig. Wenn bei Webservices von Transaktionen die Rede ist, so sind immer serviceübergreifende Transaktionen gemeint. Serviceinterne Transaktionen sind Sache der jeweiligen Serviceanbieter und nicht Thema der Webservice-Standards. Voraussetzung für serviceübergreifende Transaktionen sind serviceübergreifende Prozesse. Aus diesem Grund hängen Transaktionsverwaltung und Prozessbeschreibung bei Webservices eng zusammen, was sich auch in den Standards widerspiegelt.

Wie beim Thema Sicherheit, so entwickelte sich auch zu Prozessen und Transaktionen in den letzten Jahren ein wildes Durcheinander an Standards und Standardergänzungen, die zum Teil inkompatibel und konkurrierend zueinander entwickelt wurden. Inzwischen kristallisieren sich einige der Standards als geeignete Kandidaten für einen zukünftigen einheitlichen Webservice-Standard heraus. Dazu zählen insbesondere die von IBM und Microsoft entwickelte Prozessbeschreibungssprache BPEL (Business Process Execution Language) und der Transaktionsstandard BTP (Business Transaction Protocol). Prozessbeschreibungssprachen unterstützen die Darstellung von komplexen Geschäftsvorgängen in und zwischen Unternehmen. Sie beschreiben vielschichtige Zusammenhänge zwischen Anwendungskomponenten und sind Grundlage für eine automatische Ausführung. Proprietäre Prozessbeschreibungssprachen sind häufig in Workflow Engines integriert und unterstützen die Definition von komplexen Arbeitsabläufen. Es fehlen jedoch nach wie vor einheitliche Standards. Wenn Webservices unterschiedlicher Anbieter zusammenarbeiten, um einen angeforderten Dienst zu erbringen, so muss es möglich sein, die Zusammenarbeit sinnvoll zu koordinieren.

## 7.5.1 BPEL und WS-T

Die Business Process Execution Language BPEL ist eine Prozessbeschreibungssprache für Webservices. Mit BPEL können sowohl konkrete Interaktionen zwischen Webservices als auch die Reihenfolge von Interaktionen innerhalb komplexer Abläufe beschrieben werden. Die Beschreibung erfolgt in XML und ist Grundlage zur Generierung eines Webservices zur Prozesskoordination. Zur Prozessbeschreibung greift BPEL auf WSDL 1.1 und die Standard-XML-Schema-Definition zurück. Vorteil für BPEL ist die Unterstützung der wichtigsten Hersteller von Webservice-Lösungen, IBM und Microsoft. Der Standard wird von OASIS verwaltet.

Der WS-T-Standard erweitert BPEL um den Aspekt der Transaktionsverwaltung. Es werden zwei Transaktionstypen angeboten:

- Atomic Transaction (AT)
- Business Activities (BA)

Atomic Transactions sind kurz laufende Transaktionen, die alle ACID-Eigenschaften haben und das Modell verteilter Transaktionen mit 2-Phasen-Commit unterstützen (siehe auch Kapitel 3). Dieses Modell ist für Webservices jedoch häufig zu restriktiv. Aus diesem Grund wurde ein zweites Modell für lange Transaktionen entwickelt, die Business Activities. In einer Business Activity werden alle Aktionen innerhalb einer Transaktion einzeln verfolgt und die Ergebnisse bewertet. Einzelne Schritte können zurückgesetzt und Fehlerursachen oder Probleme analysiert werden. Das Ergebnis einer Business Activity ist wie bei einer Atomic Transaction konsistent und als klares Ziel definiert. Lediglich der Weg kann bei einer Business Activity flexibler angepasst werden.

WS-T wurde als Aufsatz für BPEL konzipiert, ist jedoch (noch) nicht in der Hand eines unabhängigen Standardisierungsgremiums, sondern wird von seinen Initiatoren verwaltet (IBM, Microsoft und Bea). Aus diesem Grund ist noch nicht klar, ob WS-T sich als Standard durchsetzen wird.

## 7.5.2 BTP

Zweiter Kandidat im Rennen um den Transaktionsstandard ist das Business Trans-action Protocol BTP. BTP wurde auf Initiative von OASIS ins Leben gerufen. Ziel war die Definition eines Transaktionsprotokolls für lose gekoppelte Anwendungen.

Kern des Standards sind so genannte BTP-Elemente. Jeder Anwendungskomponente wird ein BTP-Element zur Seite gestellt. Dieses ist zuständig für die Koordination der Transaktionen, an denen die Anwendungskomponente beteiligt ist. Die Schnittstelle der Anwendungskomponente bleibt davon unberührt.

Der BTP-Standard unterscheidet verschiedene Rollen. Eine Anwendungskompo-nente, die als Client die Dienste der anderen nutzen möchte, ist der Initiator, alle weite-ren Komponenten der Anwendung sind Services. Dem Initiator wird ein BTP-Element mit der Rolle „Coordinator" zur Seite gestellt. Services erhalten Participants. Der Coor-dinator verwaltet die Transaktion und kommuniziert dazu mit den Participants. Die Participants sind für die lokale Verwaltung der Transaktion innerhalb ihres Services zuständig. Dieses Modell dient als Grundlage für zwei mögliche Transaktionsmodelle:

- Atomic Business Transactions
- Cohesive Business Transactions

Atomic Business Transactions setzen, entsprechend den Atomic Transactions des WS-T-Standards, verteilte Transaktionen nach dem ACID-Prinzip um. Cohesive Business Transactions unterscheiden sich jedoch entscheidend von den Business Activities des WS-T. In gewisser Weise handelt es sich hier um geschachtelte Transaktionen. Eine Transaktion ist aufgeteilt auf eine Reihe untergeordneter Transaktionen. Ist eine der Transaktionen nicht erfolgreich, kann die Haupttransaktion selbst entscheiden, wie sie fortfahren möchte.

Wenn ein Participant nun feststellt, dass die Transaktion in seinem Service nicht erfolgreich war, so teilt er dies (sofern möglich) dem Coordinator mit. Der Coordinator entscheidet das weitere Vorgehen. Beispielsweise könnte ein anderer Service gesucht werden, der den gleichen Dienst anbietet.

Vorteil dieses Ansatzes ist die flexible Anpassung an die jeweiligen Gegebenheiten. Ist ein Webservice beispielsweise auf Grund eines Netzwerkfehlers nicht erreichbar, so kann flexibel die Strategie geändert werden.

## 7.6 Webservices mit Java

Als ein Beispiel einer Webservice-Plattform wird im Folgenden die Webservice-Lösung der Java-Plattform vorgestellt. Die Realisierung von Webservices mit der .Net-Plattform wird in Kapitel 10 vorgestellt. Zu PHP, einer weiteren Webservice-Plattform, wird auf die Literatur verwiesen.

JAX-RPC (Java APIs for XML based RPC) ist ein Standard zur Entwicklung von Java-basierten Webservices. Entwickelt wurde er unter dem JCP (siehe Kapitel 9). JAX-RPC setzt auf den oben genannten Webservice-Standards auf und erweitert diese um eine Java-spezifische RPC-Schnittstelle. Wesentliche Erweiterungen sind die Abbildungs-regeln zwischen Java und den WSDL-Datentypen, die auf dem Standard-XML-Schema basieren.

Auf Serverseite definiert JAX-RPC ein Programmiermodell für die Realisierung des Webservices. In diesem Modell wird die Schnittstelle des Webservices mit Java definiert. Die Schnittstelle wird auch als Service Endpoint Interface bezeichnet. Aus der Schnittstelle wird dann die WSDL-Schnittstelle generiert und Webservices kann veröffentlicht werden.

Die WSDL-Schnittstelle dient zusätzlich als Grundlage zur Generierung von Stub und Skeleton. Die Implementierung des Webservices bleibt dabei frei von jeglichen technischen Aspekten. So kann beispielsweise auch jede existierende Komponente ohne Probleme zu einem Webservice erweitert werden.

Zur Laufzeit nimmt ein Servlet Aufrufe an den Service entgegen und reicht sie über die Schnittstelle weiter. Das Servlet wird von der jeweiligen Webservice-Umgebung bereitgestellt und ist nicht Teil des Standards.

Der JAX-RPC-Standard definiert lediglich die Programmierschnittstelle für Java-Anwendungen. Zusätzlich ist eine Webservice-Plattform wie beispielsweise Apache Axis notwendig um Laufzeitaspekte abzudecken. Axis ist eine SOAP-Implementierung, die im Rahmen des Apache-Projekts entwickelt wurde. *Abbildung 7.5* zeigt die Architektur einer Webservice-Umgebung, die auf JAX-RPC und der Axis-Plattform aufsetzt.

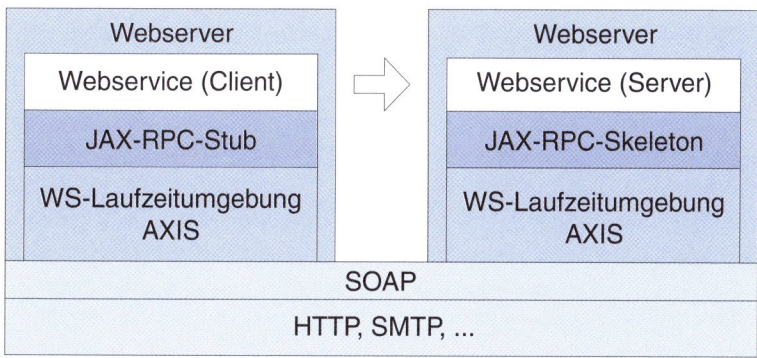

Abbildung 7.5: Webservice-Plattform mit JAX-RPC und Axis

## 7.7 Einsatz

Nicht umsonst erfreuen sich Webservices so großer Beliebtheit. Sie eröffnen eine Reihe von Möglichkeiten, die mit bisherigen Technologien nur ansatzweise möglich waren; insbesondere erlauben sie die (vorerst mehr theoretische) Entwicklung neuer Geschäftsmodelle im Internet.

Anwendungsszenarien für Webservices sind in der Theorie vielfältig. Als Beispiel wird häufig die Bereitstellung kombinierter Dienstleistungen im Web diskutiert. In der Praxis fehlt es jedoch an der konkreten Umsetzung. Dies liegt nicht zuletzt an fehlenden Sicherheits- und Transaktionsstandards. Webservices, wie sie im Moment zur Verfügung stehen, bieten eher einfache informative Dienste.

Auch wenn Webservices im Moment noch nicht extensiv eingesetzt werden, so ist dennoch anzunehmen, dass sie sich durchsetzen werden. Webservices bringen ein paar Eigenschaften mit sich, die sie konkurrierenden Middleware-Technologien gegenüber hervorheben:

■ Webservices sind eine Middleware-Technologie für das Internet. Durch die Verwendung von HTTP als Kommunikationsprotokoll sind sie nicht auf ein Intranet beschränkt, sondern sind über Firewall-Grenzen hinweg erreichbar.

- Webservices sind einfach zu implementieren. Jede Webservice-Plattform stellt ausreichend Werkzeuge zur Verfügung, die weitgehend alle technischen Aspekte verbergen.

- Webservices basieren auf offenen Standards. Dies bedeutet, sie sind interoperabel. Dies ist im Moment noch nicht zu 100 % der Fall, wird jedoch in Zukunft kommen.

- Webservices sind kostengünstig und einfach zu realisieren. Es wird lediglich eine geeignete Webinfrastruktur (Webserver, Netzwerk, Internetprotokolle) benötigt.

Diese Vorteile haben dazu geführt, dass der Einsatz von Webservices nicht nur im Internet zu erwarten ist. Unternehmen haben festgestellt, dass sich diese Technologie auch im Bereich der Anwendungsintegration eignet.

Neben den genannten Vorteilen bringt die Webservice-Technologie auch manche Nachteilen mit sich. Die Formatierung von Nachrichten in XML bläht die Größe der zu übertragenden Daten um bis zu 30% auf, was zu Engpässen bei der Performance führen kann. Auch kann nicht immer davon ausgegangen werden, dass Client und Server zur Interpretation der Daten das gleiche XML-Schema oder die gleiche Schema-Version verwenden, was zu Irritationen bei Abläufen führen kann.

## Z U S A M M E N F A S S U N G

Webservices sind eine Middleware-Technologie für verteilte Anwendungen, vorzugsweise im Internet. Sie erweitern die übliche Mensch-Maschine-Kommunikation im Web um eine Maschine-Maschine-Kommunikation, d.h., Webservices greifen direkt auf Dienste anderer Webservices zu.

Die Webservice-Plattformen realisieren die Technik hinter Webservices. Sie setzen auf drei Standards auf: WSDL, SOAP und UDDI. Die Web Service Description Language WSDL dient zur Definition der Schnittstellen von Webservices. SOAP definiert das Middleware-Protokoll, UDDI die Schnittstelle eines Verzeichnisdienstes für Webservices. Gemeinsame Sprache aller Standards ist die eXtensible Markup Language XML.

XML ist eine deskriptive Sprache zur Beschreibung beliebiger Daten. XML-Dokumente, die bestimmten syntaktischen Regeln gehorchen, werden als wohlgeformt bezeichnet. Wohlgeformte Dokumente sind nur dann auch gültige Dokumente, wenn sie den Vorgaben einer Data Type Definition (DTD) oder einem XML-Schema genügen. Der W3C stellt ein Standard-XML-Schema mit Basisdatentypen zur Verfügung.

Größtes Defizit bei Webservices sind die fehlenden Standards zu Sicherheit, Prozess- und Transaktionsverwaltung. Es gibt eine Reihe aussichtsreicher Spezifikationen und Standards, die sich jedoch noch nicht allgemein durchgesetzt haben.

Für Java-Anwendungen definiert der JAX-RPC-Standard eine Schnittstelle auf SOAP-Implementierungen. Der Standard konzentriert sich insbesondere auf die Abbildung von Java-Datentypen auf WSDL-Datentypen. Er untersteht dem Java Community Process.

Webservices haben sich bisher noch nicht durchgesetzt. Ihre Vorteile lassen jedoch annehmen, dass mit ausgereiften Plattformen und allgemein akzeptierten Sicherheitsstandards auch die Anwendungsmöglichkeiten zunehmen werden.

Webservices bringen eine Reihe von Vorteilen mit. Sie können über Firewall-Grenzen hinweg genutzt werden. Sie sind kostengünstig, da sie auf Technologien aufsetzen, die in der Regel bereits zur Verfügung stehen (Webserver, Netzwerk, Internet) und sie basieren auf offenen Standards.

## Z U S A M M E N F A S S U N G

### Übungen

**1.** Welchen neuen Aspekt unterstützen Webservices im Vergleich zu anderen Webtechnologien?

**2.** Was versteht man unter einem wohlgeformten XML-Dokument? Wann kann ein XML-Dokument als gültig bezeichnet werden?

**3.** Idee hinter Webservices ist es, einem Anwender einen komplexen Dienst durch die transparente Zusammenarbeit mehrerer Teildienste zur Verfügung zu stellen. Nennen Sie mögliche Geschäftsmodelle für Webservices in Zukunft.

**4.** Die Open Group definiert ein Modell für verteilte Transaktionen (siehe hierzu Kapitel 3). Warum macht es keinen Sinn, dieses Modell direkt auf Webservices zu übertragen?

**5.** Nennen Sie einige Vorteile der Webservice-Technologie gegenüber Java RMI. Wo sehen Sie die wichtigsten konzeptionellen Unterschiede der beiden Technologien?

## Literatur

### ■ Links zu Standards

W3C: XML Specification. http://www.w3.org/TR/REC-xml/

W3C: WSDL Specification. http://www.w3.org/TR/wsdl,

W3C: SOAP Specification. http://www.w3.org/TR/soap/

OASIS: WS-Security 2004, BTP, SAML, UDDIv2 Specifications: http://www.oasis-open.org/specs/index.php

OASIS: UDDIv3 Specification: http://uddi.org/pubs/uddi_v3.htm

OASIS: BPEL: http://www.oasis-open.org/committees/wsbpel,

### ■ Links zu Webservices mit Java

JCP: JAX-RPC. http://java.sun.com/xml/downloads/jaxrpc.html

Apache Axis-Projekt. http://ws.apache.org/axis/

### ■ Webservices mit PHP

Christian Wenz, Tobias Hauser: Web Services mit PHP; Bonn, Galileo Press, 2003.

### ■ Webservices allgemein

Tobias Hauser, Ulrich M. Löwer: Web Services Standards; Bonn, Galileo Press, 2004.

Andreas Eberhart, Stefan Fischer: Web Services. Hanser, 2003.

Michael Kuschke, Ludger Wölfel: Web Services kompakt; Heidelberg, Spektrum Verlag, 2002.

# CORBA

**8**

ÜBERBLICK

Die Common Object Request Broker Architecture, kurz CORBA, ist ein offener Middleware-Standard für verteilte ORB-Plattformen (siehe auch Kapitel 3). Ziel des Standards ist die Bereitstellung einer Kommunikations- und Dienstinfrastruktur für verteilte objektorientierte Anwendungen. Verantwortliches Gremium für den CORBA-Standard ist die OMG (Object Management Group).

## 8.1 Die Object Management Group (OMG)

Die OMG wurde 1989 als ein nichtkommerzielles Standardisierungsgremium gegründet. Erstes Ergebnis war 1990 die Object Management Architecture (OMA), das Konzept einer Plattformarchitektur für verteilte Anwendungen. Im Rahmen der OMA werden bis heute Standards entwickelt, die jeweils unterschiedliche Aspekte der Architektur abdecken. Der CORBA-Standard ist Teil der OMA. Er legt die Struktur der ORB-basierten Middleware fest.

Heute gehören der OMG über 800 Mitglieder an, wobei sich der Fokus der Organisation leicht verschoben hat. Wenn in den Anfängen noch CORBA und die OMA im Zentrum lagen, so arbeitet die OMG heute vor allem an der Weiterentwicklung neuerer Standards wie beispielsweise der UML (Unified Modeling Language). Ein Thema, das die OMG zur Zeit verstärkt verfolgt, ist die MDA (Model Driven Architecture), ein Ansatz zur modellbasierten Anwendungsentwicklung. Eines der Ziele dieser Aktivitäten ist es, im Rahmen der MDA alle Standards der OMG in einen sinnvollen Zusammenhang zu stellen: beispielsweise modellbasierte Entwicklung von Anwendungen mit der UML mit automatisierter Abbildung auf die CORBA-Infrastruktur.

### 8.1.1 Die Object Management Architecture (OMA)

Die OMA ist eine Sammlung unterschiedlicher modularer Standards, die in ihrer Gesamtheit die Plattformarchitektur definieren. Auf Grund dieser Modularität ist es möglich, nur Teile des Standards zu nutzen bzw. zu implementieren und dennoch standardkonform zu bleiben. Die OMG macht in dieser Hinsicht keinerlei Vorgaben. Diesen Aspekt machen sich viele Hersteller von CORBA-Produkten zu Nutze.

Die Standards der OMA lassen sich in folgende Gruppen einteilen (siehe auch *Abbildung 8.1*):

**CORBA:** definiert eine Middleware für verteilte Objekte. Es gibt einen zentralen CORBA-Standard sowie ergänzende Standards zu einzelnen Themen wie beispielsweise den CORBA-IIOP-Standard für das IIOP-Protokoll (Internet Inter ORB Protocol) oder auch Standards für die Sprachabbildungen zwischen der Schnittstellensprache IDL (siehe weiter unten) und den von CORBA unterstützten Programmiersprachen. Hierzu zählen unter anderem Java, C++, C, Lisp und Smalltalk.

**CORBAservices:** definieren eine Reihe von Basisdiensten für verteilte Anwendungen. Aktuell unterstützt der Standard über 20 Dienste (Services). Für jeden Dienst gibt es einen eigenen Standard.

**CORBAfacilities:** definieren anwendungsspezifische Dienste für verteilte Anwendungen. Unterschieden werden:

**1.** *Domain CORBAfacilities:* unterstützen die Entwicklung domänenspezifischer Anwendungen. Beispiele für Domänen sind Gesundheitswesen (Healthcare) oder Transportwesen.

**2.** *Horizontal CORBAfacilities:* sind allgemeine Dienste für Anwendungen, jedoch nicht so grundlegend wie CORBAservices (z.B. Internationalisierung, Druckservice).

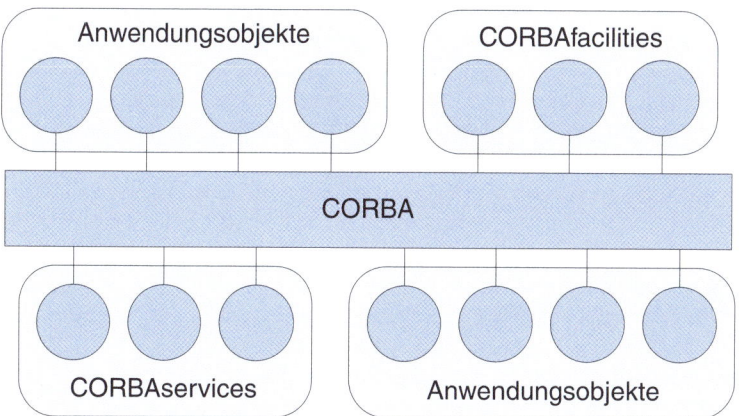

Abbildung 8.1: Die Object Management Architecture

Während der CORBA-Standard sowie Teile der CORBAservices üblicherweise in jeder CORBA-Implementierung vorhanden sind, haben CORBAfacilities bisher keine breite Akzeptanz in der Anwendungsentwicklung gefunden. Sie werden aus diesem Grund hier nicht weiter betrachtet.

Jeder Teilstandard der OMA definiert einen Aspekt der Plattform, wobei der Fokus auf der Beschreibung der Schnittstellen liegt. Zu jeder Komponente und jedem Dienst der CORBA-Plattform definiert ein Standard die Schnittstelle. Aussagen zur Implementierung werden keine gemacht, diese sind Sache der Hersteller.

## 8.1.2 Der OMG-Standardisierungsprozess

Der Standardisierungsprozess der OMG legt fest, nach welchem Verfahren ein neuer Standard entwickelt bzw. Änderungen an bestehenden Standards vorgenommen werden. Er ist im Detail von der OMG vorgegeben. Der Prozess basiert auf einer Reihe von verantwortlichen Gruppen, die für eine geordnete Durchführung des Prozesses verantwortlich sind.

Für jeden Standard der OMG ist eine eigene TF (Task Force) verantwortlich. Ihre Aufgabe ist die Koordination der Pflege und Weiterentwicklung des Standards. Das AB (Architecture Board) trägt die Verantwortung für die Konsistenz der Standards untereinander. Das TC (Technology Committee) und das BC (Business Committee) prüfen technische und wirtschaftliche Aspekte einer Spezifikation auf dem Weg zum Standard. Das BoD (Board of Directors) und die FTF (Finalization Task Force) sind zuständig für die Fertigstellung der Spezifikation und ihre Freigabe als Standard. Änderungen an bestehenden Standards oder auch neue Standards können über zwei Wege eingeführt werden:

**Request for Proposal (RFP):** Über einen RFP fordert die TF eines Standards von den OMG-Mitgliedern Vorschläge für Lösungen zu gegebenen Anforderungen. OMG-Mitglieder, und nur diese, haben das Recht, Vorschläge einzureichen. Die TF stimmt ab, welcher der Vorschläge geeignet ist. Dieser wird vom AB auf Konsistenz zu den anderen Standards geprüft und an das TC übergeben. Das TC schlägt nach eingehender Prüfung dem BoD die Annahme des Vorschlags vor.

**Request for Comment (RFC):** Hier ist nicht die TF, sondern die Industrie Initiator für die Entwicklung eines Standards. Ein Vorschlag in Form einer Spezifikation wird an die TF zur Prüfung übergeben. Der Vorschlag wird einem Reviewprozess unterzogen. Dieser führt von der TF über AB und TC. Auf jeder Stufe wird erneut geprüft, ob der Vorschlag abgelehnt oder der Reviewprozess fortgeführt wird. Sind alle Stufen erfolgreich durchlaufen, wird der Vorschlag 90 Tage zur Prüfung durch die Allgemeinheit, insbesondere die Industrie freigegeben. Werden keine schwerwiegenden Einwände vorgebracht, schlägt das TC dem BoD die Annahme der Spezifikation vor.

Die letzten Schritte bis zur Freigabe sind für beide Request-Typen identisch. Das BoD beauftragt einige seiner Mitglieder als BC zur Prüfung der wirtschaftlichen und rechtlichen Aspekte der Spezifikation. Damit soll verhindert werden, dass der Standard, beispielsweise aus lizenzrechtlichen Gründen, nicht frei verwendet werden kann. Das BoD übergibt schließlich die Spezifikation an die FTF zur endgültigen Freigabe des Standards.

Mit diesem rigiden Standardisierungsprozess möchte die OMG die Qualität der Standards auf hohem Level erhalten und die Anforderungen der Industrie ausreichend berücksichtigen. So soll verhindert werden, dass Standards ,für die Ablage' produziert werden. Nachteil ist allerdings, dass der Prozess insgesamt schwerfällig ist und ein Standard von der ersten Idee bis zur Verabschiedung verhältnismäßig lange braucht.

## 8.2    Der CORBA-Standard

CORBA ist der Standard einer Middleware-Plattform für verteilte Objekte. Als der Standard entwickelt wurde, hatte die OMG vor allem fünf Ziele im Auge:

- *Objektorientierung:* Verteilte Objekte kommunizieren über entfernte Methodenaufrufe.

- *Ortstransparenz:* Für die Objekte bleibt transparent, wo sich ihr Kommunikationspartner befindet.

- *Sprachunabhängigkeit:* Die Objekte können in unterschiedlichen Programmiersprachen realisiert sein.

- *Interoperabilität:* Gefordert wird insbesondere die Interoperabilität, also die Zusammenarbeit, von CORBA-Plattformen verschiedener Hersteller.

- *Portabilität:* Anwendungen sind nicht auf die CORBA-Plattform eines Herstellers festgelegt, sondern sind zwischen Plattformen portabel.

Interoperabilität und Portabilität waren die wichtigsten Ziele der OMG. Der Einfluss offener Standards auf die Verbreitung und Akzeptanz des Internets war deutlich zu erkennen und sollte hier auf Plattform- und Anwendungsebene fortgesetzt werden.

## 8.2.1 Architektur

Die Architektur einer CORBA-Plattform setzt sich aus verschiedenen Komponenten zusammen (siehe auch *Abbildung 8.2*).

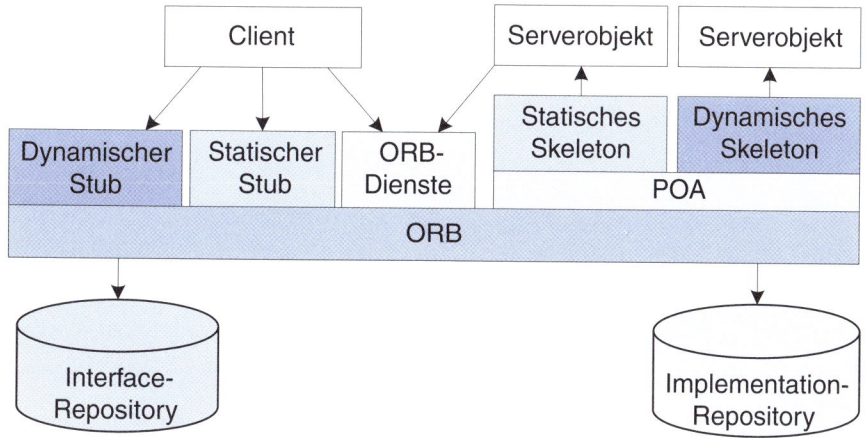

Abbildung 8.2: CORBA-Architektur

**ORB (Object Request Broker):** Der Object Request Broker repräsentiert den Kern der Architektur. Seine Aufgabe ist die Vermittlung von Aufrufen zwischen beliebigen Objekten. Ein Clientobjekt übergibt dem ORB einen Aufruf zur Vermittlung an ein Serverobjekt. Der ORB sucht transparent den Kommunikationspartner und überträgt den Aufruf. Realisiert wird ein ORB mit seinen Funktionalitäten beispielsweise über Methoden einer lokalen Laufzeitbibliothek. Dies ist jedoch Sache des Herstellers und nicht im Standard vorgegeben.

Damit der ORB Aufrufe vermitteln kann, benötigt er eindeutige Adressen der Objekte, die Objektreferenzen. Eine CORBA-Objektreferenz enthält die Netzwerkadresse des Rechners, auf dem das Objekt läuft, die Portnummer, unter der der Prozess angesprochen werden kann, sowie einen eindeutigen Objektidentifikator zum Auffinden des Empfängerobjekts in seinem Prozess.

Objektreferenzen werden beispielsweise in einem Namensdienst oder in einer Datei veröffentlicht. Ein Aufrufer lädt die Objektreferenz und erstellt mit Hilfe des ORBs ein lokales Stellvertreterobjekt, den Proxy. Der Proxy implementiert die Schnittstelle des Serverobjekts und leitet die Aufrufe transparent an den ORB weiter.

**Stubs und Skeletons:** Als Stub bzw. Skeleton bezeichnet man die Gesamtheit aller Dateien, die aus der Schnittstellenbeschreibung generiert werden. Der Stub liegt auf Seiten des Clients, das Skeleton auf Seiten des Servers.

Kernaufgabe ist das Marshalling und Unmarshalling (siehe auch Kapitel 2) von Daten sowie die Vermittlung der Aufrufe. Stubs und Skeletons setzen die Schnittstelle des Serverobjekts um und werden in den jeweiligen Sprachen der Objekte generiert. Zur Beschreibung der Schnittstelle steht die IDL (Interface Definition Language) zur Verfügung.

CORBA unterstützt dynamische und statische Aufrufe. Bei statischen Aufrufen wird zur Compilezeit festgelegt, welche Methoden auf welchem Objekt verwendet werden. Dynamische Aufrufe ermöglichen das Binden eines Objekts zur Laufzeit. Je nachdem, ob statisches oder dynamisches Binden verwendet wird, werden unterschiedliche Stubs und Skeletons benötigt.

**Interface Repository:** Die dynamische Schnittstelle wird durch das Interface Repository unterstützt. Im Repository finden Anwendungen IDL-Schnittstellen von Serverobjekten sowie Zusatzinformationen für einen Aufruf vor. Zu den Schnittstellen werden zur Laufzeit die entsprechenden Stubs generiert. Ein Interface Repository ist ein eigenständiger CORBA-Server mit einer standardisierten IDL-Schnittstelle. Es kann zentral eingerichtet und von mehreren Anwendungen unabhängig genutzt werden.

**Object Adapter:** Object Adapter verwalten Serverobjekte in ihren Lebensphasen, d.h., sie initialisieren und löschen Objekte, passivieren und aktivieren sie. Eine weitere Aufgabe des Object Adapters ist die Generierung eindeutiger Objektreferenzen. Zur Laufzeit leitet der Adapter Aufrufe an die Serverobjekte weiter.

Ursprünglicher Object Adapter des CORBA-Standards war der BOA (Basic Object Adapter). Die Spezifikation war jedoch in den Details zu ungenau, so dass Hersteller zusätzliche Erweiterungen machen mussten, die eine Portierung von Anwendungen auf CORBA-Plattformen anderer Hersteller zum Teil unmöglich machten. Mit CORBA-Version 2.2 wurde der BOA ersetzt durch seinen Nachfolger, den POA (Portable Object Adapter). Ziel war es, die Portabilität von Anwendungen zwischen Adaptern verschiedener Hersteller zu erhöhen.

**Implementation Repository:** Das Implementation Repository unterstützt den Object Adapter bei seinen Verwaltungsaufgaben. Im Repository werden zu jedem vom Object Adapter verwalteten Objekt Informationen hinterlegt, wie beispielsweise zur Lokalisierung der Implementierung, zur Initialisierung des Objekts und zu Zugriffsrechten.

**ORB-Dienste:** Über eine Schnittstelle stellt der ORB den Komponenten der Plattform verschiedene Basisdienste zur Verfügung. Zu den Basisdiensten gehören unter anderem die Initialisierung des lokalen ORBs sowie der Zugriff auf POA und Namensdienst.

## 8.2.2 Historie

Die erste stabile Version des CORBA-Standards wurde 1991 als CORBA 1.1 verabschiedet. Die Grundkonzepte waren damit definiert. Größtes Problem war jedoch die fehlende Interoperabilität zwischen den CORBA-Plattformen verschiedener Hersteller. Dies hatte verschiedene Ursachen: Ein Problem war das Fehlen eines gemeinsamen Protokolls, ein anderes Lücken in den Teilstandards, die von den Herstellern individuell ausgestaltet wurden.

Einige Jahre später kam, nach mehreren Zwischenversionen, ein größerer Versionswechsel. 1997 wurde CORBA 2.0 veröffentlicht, gefolgt von einer Reihe kleinerer Versionswechsel bis Version 2.6 im Jahr 2001. Kern der 2.x-Versionen war die Einführung eines gemeinsamen Kommunikationsprotokolls, des IIOP, sowie die Verbesserung bestehender Standards. Beispielsweise fand in diesem Zeitraum der Wechsel vom Basic zum Portabel Object Adapter statt.

Der nächste größere Versionswechsel erfolgte 2002. Mit CORBA 3.0 fand schließlich der Schritt von einer ORB-Architektur hin zur umfassenden Middleware-Plattform statt. Der CORBA-Standard wurde um das CORBA Component Model (siehe auch Kasten) erweitert – mit impliziter Unterstützung von Persistenz, Sicherheit und Transaktionsverwaltung. Hinzu kam die Unterstützung des asynchronen Kommunikationsmodells, Internetunterstützung in Form einer Firewall-Spezifikation sowie ein Dienst zur Kontrolle der Dienstgüte (Quality of Service). Aktuelle Version des CORBA-Standards war bei Erscheinen dieses Buches CORBA 3.0.3, veröffentlicht im März 2004.

**Das CORBA Component Model** Das CORBA Component Model (CCM) wurde mit Version 3.0 mit in den CORBA-Standard aufgenommen. Idee des Modells ist die Erweiterung der objektorientierten CORBA-Plattform um ein Komponentenmodell. Komponenten im CCM sind erweiterte CORBA-Objekte. Es sind Laufzeitobjekte mit Identität und Referenz. Die Schnittstelle wird mit IDL-Notation definiert. Hierzu wurde die IDL zur CIDL (Component IDL) erweitert.

Die CCM-Spezifikation wurde 2002 freigegeben, also zu einem Zeitpunkt, als Enterprise JavaBeans den Trend in der Nicht-Microsoft Welt bereits gesetzt hatten. Wohl im Hinblick auf die Vermarktung definiert der CCM-Standard zwei Komponentenmodelle: ein Basismodell, das weitgehend an den EJB-Standard angelehnt ist, und ein erweitertes Modell, das letztlich das ‚richtige' Modell mit allen Feinheiten und Raffinessen eines guten Komponentenmodells repräsentiert. Das erweiterte Modell stellte sich jedoch als zu komplex heraus und die weite Verbreitung von EJB machte die Verwendung des einfachen Modells weitgehend überflüssig.

Ergebnis ist, dass es heute zwar eine Reihe guter Open-Source-ORBs gibt, aktuell jedoch noch keine ernst zu nehmende Implementierung des CCM-Standards existiert. Ein paar Anstrengungen werden gemacht, das Modell am Leben zu erhalten. Beispielsweise arbeitet das Open Web Consortium mit OpenCCM an einer Open-Source-Implementierung des CCM. Das Mico-Projekt arbeitet an einer C++-Version, kurz MicoCCM genannt. Im Java-Bereich entwickelt das CPI (Computational Physics, Inc) eine Java-Implementierung, das Enterprise Java CCM (EJCCM).

Die Liste zeigt deutlich, dass es sich hier ausschließlich um Aktivitäten der Open-Source-Gemeinde handelt. Keiner der namhaften Hersteller im CORBA-Bereich plant, in absehbarer Zeit eine CCM-Implementierung zu liefern.

## 8.3 Grundkonzepte

Wie für einen Hammer die Welt voller Nägel ist, so ist für CORBA die Welt voller Objekte. Dabei es ist es unerheblich, ob es sich um Komponenten der Plattform selbst, um Dienste oder um Anwendungskomponenten handelt.

Zentrales Element des CORBA-Standards ist die Schnittstellensprache IDL (Interface Definition Language). Die IDL dient zum Einen dem Anwendungsentwickler als Sprache der Schnittstellendefinition seiner Serverobjekte, zum Anderen ist sie die Sprache des Standards selbst: Standards für Dienste oder CORBA-Komponenten werden ebenfalls in IDL formuliert. Im Folgenden werden die Grundkonzepte der Sprache vorgestellt.

### 8.3.1 IDL als Schnittstellensprache

Die IDL ist eine deklarative Sprache, ausschließlich zur Beschreibung von Schnittstellen gedacht. Mit ihrer Hilfe werden die Signaturen der Methoden eines Objektes sowie die dazu benötigten Datentypen definiert. Mit Hilfe von Generatoren (IDL Compiler) werden aus der IDL-Beschreibung die programmiersprachenspezifischen Implementierungen der Schnittstellen generiert: Stubs und Skeletons.

Zum besseren Verständnis werden im Folgenden die wichtigsten Regeln und Konzepte zur Definition einer IDL-Schnittstelle vorgestellt.

## Allgemeine Regeln

Eine IDL-Schnittstelle wird in einer Datei mit der Endung „.idl' in Textformat beschrieben. IDL-Dateien werden vom IDL-Compiler sequentiell von oben nach unten interpretiert. Definitionen, die an anderer Stelle verwendet werden, müssen aus diesem Grund immer weiter oben in der Datei stehen.

Aus IDL-Schnittstellen werden Stubs und Skeletons in unterschiedlichen Sprachen generiert. Einige der von CORBA unterstützten Sprachen sind case-sensitiv und unterscheiden zwischen Groß- und Kleinschreibung (z.B. Java), andere nicht (z.B. COBOL). Damit es hier nicht zu Konflikten und Fehlern kommt, sind in IDL-Dateien besondere Regeln zu beachten:

- Alle Identifikatoren (Namen von beliebigen Elementen) müssen case-sensitiv sein, also zwischen Groß- und Kleinschreibung unterscheiden.
- Innerhalb eines Namensraumes dürfen Identifikatoren nicht verwendet werden, wenn sie sich nur in der Groß- und Kleinschreibung unterscheiden.

Mit diesen Regeln wird sichergestellt, dass die Abbildung der Schnittstelle sowohl zu case-sensitiven wie auch zu nicht case-sensitiven Sprachen eindeutig ist.

Zur Syntax wird gefordert, dass jede Definition mit einem Semikolon abgeschlossen wird, auch wenn sie bereits mit einer geschweiften Klammer endet.

## Elemente einer IDL-Schnittstelle

Viele Elemente einer IDL-Schnittstelle sind durch ein Schlüsselwort gekennzeichnet. Im Folgenden werden zu jedem Element Schreibweise und Aufgabe erläutert und ein Beispiel vorgestellt. Es wird jeweils beispielhaft die Abbildung eines Elements auf Java vorgestellt.

| Module | |
| --- | --- |
| Schlüsselwort | **module** |
| Ziel | Gruppierung von verschiedenen IDL-Definitionen in logische Namensräume |
| Abbildung auf Java | **package** |

Module sind Strukturierungselemente für IDL-Dateien. Sie definieren Namensräume für die Schnittstellenelemente. Dies unterstützt zum Einen die Kapselung zusammengehöriger Elemente und verhindert zum Anderen ungewollte Namenskonflikte. Innerhalb eines Modules müssen Namen von Elementen immer eindeutig sein, über Modulgrenzen hinweg nicht.

```
module bank_a {
  typedef long Kontonummer;
};
module bank_b {
  typedef sequence < bank_a::Kontonummer >
  Kontenliste;
};
```

Listing 8.1: Zugriff auf Elemente anderer Module

Im Beispiel verwendet Modul *bank_b* das in *bank_a* definierte Element *Kontonummer*. Für den Zugriff wird der Modulname mit ‚::' vorweggestellt. Module können in beliebiger Tiefe geschachtelt werden.

| Interface | |
|---|---|
| Schlüsselwort | **interface** |
| Ziel | Ein Interface definiert die Schnittstelle eines Serverobjekts. |
| Abbildung auf Java | Die Abbildung erfolgt auf ein Java-Interface sowie Hilfsklassen für Stubs und Skeletons. |

Eine Interface-Definition beschreibt alle Dienste, die ein Objekt über seine Schnittstelle anbietet. Sie definiert alle Datentypen, die an der Schnittstelle als Parameter übergeben werden oder als Ergebnis zurückkommen.

```
interface account { ... };
```

Eine Schnittstellendefinition umfasst sowohl Attribute als auch Operationen. IDL unterstützt auch die Mehrfachvererbung von Schnittstellen.

```
interface account { ... };
interface privateAccount : account { ... };
```

Eine Schnittstelle erbt Attribute und Operationen einer anderen Schnittstelle und kann diese erweitern.

| Attribute | |
|---|---|
| Schlüsselwort | **attribute** |
| Ziel | definiert Attribute des Serverobjekts |
| Abbildung auf Java | Attribute sind private Variablen des Serverobjekts. Die Umsetzung erfolgt durch Lese- und Schreibmethoden, die vom Objekt zu implementieren sind. |

IDL unterscheidet bei Attributen die Zugriffsart. Attribute, auf die nur lesend zugegriffen werden darf, werden mit dem Schlüsselwort *readonly* gekennzeichnet. Auf alle anderen Attribute darf sowohl lesend als auch schreibend zugegriffen werden.

```
attribute string owner;
readonly attribute float balance;
```

IDL-Compiler generieren für Attribute, die mit *readonly* gekennzeichnet sind, Lese-methoden im Stub. Für alle anderen Attribute werden sowohl Lese- als auch Schreib-methoden angelegt. Die Methoden sind vom Serverobjekt zu implementieren.

| **Operationen** | |
|---|---|
| Schlüsselwort | ---- |
| Ziel | definieren Methoden der Serverobjekte. |
| Abbildung auf Java | werden auf Methoden des Serverobjekts abgebildet |

Operationen definieren die Methoden, die das Serverobjekt seiner Umgebung anbietet.

```
void deposit (in float amount, out float newBalance);
void withdraw (in float amount, out float newBalance);
```

Zur Übergabe der Parameter stehen zwei Möglichkeiten zur Verfügung. Interface-Typen werden mit Call-by-Reference-Semantik übertragen, es wird also nur eine Referenz auf das Objekt übergeben, alle anderen Parameter-Typen werden mit Call-by-Value-Seman-tik übertragen.

Für jeden Parameter einer Methode wird ein Übergabemodus (Parameter Passing Mode) angegeben. Ein Übergabemodus bestimmt die Richtung, in der die Daten fließen. Die IDL unterscheidet drei Modi:

- *in:* Die Daten werden vom Aufrufer erzeugt und zum Server übertragen.
- *out:* Die Daten werden vom Server erzeugt und an den Aufrufer übertragen.
- *inout:* Die inout-Semantik kombiniert in- und out-Semantik.

Im folgenden Beispiel wird gezeigt, wie die bisher genannten Elemente zu einer Schnittstelle zusammengestellt werden können.

```
module bank_a {
interface account {
attribute string owner;
readonly attribute float balance;
void deposit (in float amount, out float newBalance);
void withdraw (in float amount, out float newBalance);
};
};
```

Listing 8.2: Beispiel: IDL-Schnittstellendefinition

Das Beispiel modelliert die (zugegebenermaßen sehr simple) Schnittstelle einer Bank-anwendung. Das Serverobjekt unterstützt die Methoden *deposit()* (einzahlen) und *withdraw()* (abheben). Der Besitzer des Kontos darf über die Schnittstelle geändert werden. Der Kontostand darf abgefragt, aber verständlicherweise nur über die explizi-ten Methoden, nicht über das Attribut selbst geändert werden, ist also mit *readonly* markiert. Die Methoden arbeiten mit out-Parametern für die Rückgabewerte. Eine Ver-wendung des Rückgabeparameters wäre hier ebenfalls möglich.

**Basisdatentypen**  IDL unterstützt eine Reihe von Basisdatentypen, die in der Schnittstelle ohne zusätzliche Definition verwendet werden können.

| | | **Tabelle 8.1** |
|---|---|---|
| **Abbildung IDL-Typen auf Java** | | |
| **IDL-Datentyp** | **Bedeutung** | **Abbildung auf Java** |
| short | $-2^{15}$ bis $2^{15}-1$ | short |
| long | $-2^{31}$ bis $2^{31}-1$ | int |
| long long | $-2^{63}$ bis $2^{63}-1$ | long |
| unsigned short | 0 bis $2^{16}-1$ | short |
| unsigned long | 0 bis $2^{32}-1$ | int |
| unsigned long long | 0 bis $2^{64}-1$ | long |
| float | IEEE single-precision floating point number | float |
| double | IEEE double-precision floating point number | double |
| long double | IEEE double-extended-precision floating point number | double |
| char | 8-Bit Character | char |
| wchar | wide character, beliebige Anzahl | char |
| boolean | repräsentiert die Wahrheitswerte true und false | boolean |
| octet | 8-Bit Datentyp für Daten in Byteformat | byte |

Wie die Tabelle zeigt, ist die Mächtigkeit der IDL höher als die von Java. Feinheiten wie den Unterschied zwischen *short* und *unsigned short* werden in Java nicht berücksichtigt.

Basisdatentypen können direkt in einer IDL-Schnittstelle verwendet werden und Grundlage zur Definition komplexer Datentypen sein.

## Komplexe Datentypen

| **Strukturen** | |
|---|---|
| Schlüsselwort | **struct** |
| Ziel | Datenstruktur zur Zusammenfassung von Daten |
| Abbildung auf Java | Die Abbildung erfolgt auf eine Java-Klasse. |

Strukturen fassen inhaltlich zusammengehörige Werte in einem Datentyp zusammen. Sie können als Parameter oder Rückgabewerte von Operationen verwendet werden.

```
struct TimeOfDay {
 short hour;
 short minute;
 short second
};
interface TimeServer {
 TimeOfDay getTime();
};
```

Die Definition von Strukturen ähnelt sehr stark der von Interfaces. Es gibt jedoch einige grundlegende Unterschiede:

- Strukturen werden immer mit Call-by-Value-Semantik übergeben, Interface-Typen hingegen mit Call-by-Reference-Semantik.
- Strukturen unterstützen keine Vererbung. Interfaces unterstützen auch Mehrfachvererbung.
- Innerhalb von Strukturen dürfen keine weiteren Datentypen definiert werden.
- Innerhalb von Strukturen dürfen keine Methoden definiert werden.

| Unions | |
|---|---|
| Schlüsselwort | **union** |
| Ziel | Datenstruktur zur Auswahl eines Elements |
| Abbildung auf Java | Die Abbildung erfolgt auf eine Java-Klasse. |

Unions sind Strukturen, die zu einem Zeitpunkt genau ein Element aus einer Auswahl von Elementen enthalten. Dies entspricht weitgehend der Semantik des Union-Datentyps in verschiedenen Programmiersprachen.

```
union Date switch (short) {
 case 1: string stringFormat;
 case 2: long longFormat;
 default: Date structFormat;
};
interface DateServer {
 Date getDate();
};
```

In diesem Beispiel wird der Wert des Datums abhängig von einem Entscheidungswert gesendet. Vorteil ist, dass immer nur eines der Datumsformate tatsächlich übertragen werden muss. Die Entscheidung, welchem Wert die Union entspricht, kann über einen Short-Wert erfolgen, möglich sind aber auch Character, Booleans und Enumerationstypen.

| Enumerations | |
|---|---|
| Schlüsselwort | **enum** |
| Ziel | Zuordnung eines Namens zu einer Menge von Werten |
| Abbildung auf Java | Die Abbildung erfolgt auf eine Java-Klasse. |

Enumerations erlauben die Zuordnung von Identifikatoren zu den Mitgliedern einer Menge von Werten. Wie bei Unions entspricht auch die Semantik von IDL-Enumerations der Semantik in Programmiersprachen.

```
enum currency {pound, dollar, yen};
interface account {
  readonly attribute currency balanceCurrency;
};
```

In diesem Beispiel darf das Attribut *balanceCurrency* jeden Wert aus der Menge der Enumeration *currency* annehmen.

| String | |
|---|---|
| Schlüsselwort | **string** |
| Ziel | Repräsentation einer Zeichenkette von Charactern |
| Abbildung auf Java | Die Abbildung erfolgt auf einen Java String. |

IDL-String repräsentiert einen String von Charactern. Jeder Character muss vom Basistyp *char* sein. IDL unterstützt die Definition der Stringlänge. Ohne Längenangabe ist die Länge des Strings nicht beschränkt.

```
//ein String der Länge 10
attribute string Code<10>;
//ein unbeschränkter String
attribute string Name;
```

| Sequenzen | |
|---|---|
| Schlüsselwort | **sequence** |
| Ziel | generischer Container zur Sammlung von Daten |
| Abbildung auf Java | Die Abbildung erfolgt auf ein Java-Array. |

IDL-Sequenzen entsprechen eindimensionalen Arrays von Elementen. Elemente in einer Sequenz können sowohl Basistypen als auch komplexe Datentypen sein (*struct*, *enum*, *union*, *interface*). IDL-Sequenzen sind grundsätzlich in ihrer Länge unbeschränkt, eine Maximallänge kann jedoch definiert werden.

```
typedef sequence<string, 50> limitedStringList;
typedef sequence<string> unlimitedStringList;
```

Zur Definition von Sequenzen außerhalb einer *struct* oder eines Interfaces ist ein Aliasing mit *typedef* (siehe unten) notwendig.

| **Array** | |
| --- | --- |
| Schlüsselwort | --- |
| Ziel | generischer Container zur Sammlung von Daten |
| Abbildung auf Java | Die Abbildung erfolgt auf ein Java-Array. |

IDL-Arrays sind ähnlich den Sequenzen, können jedoch multidimensional aufgebaut sein und sind immer in der Länge begrenzt.

```
typedef string stringArray [3];
```

Wie bei Sequenzen ist für eine Definition von Arrays außerhalb von Strukturen ein Aliasing mit *typedef* notwendig.

**Aliasing** Unter Aliasing versteht man die Zuordnung von Namen zu Elementen (Alias). Die Zuordung erfolgt über das Schlüsselwort *typedef*. Aliasing muss in IDL-Definitionen immer zur Definition von Sequenzen und Arrays außerhalb von Strukturen und Interfaces verwendet werden. Es kann optional zur Zuordnung von sinnvollen Namen zu Datentypen eingesetzt werden.

## Von der IDL-Schnittstelle zur Anwendung

Eine CORBA-Anwendung setzt sich aus folgenden Bausteinen zusammen: einem Client, einem Server sowie einem oder mehreren Serverobjekten mit der Implementierung des Dienstes. Die Schnittstellen der Serverobjekte werden als IDL-Schnittstellen definiert. Mit Hilfe eines IDL-Compilers werden daraus Stubs und Skeletons der Serverobjekte sowie alle benötigten Hilfsklassen generiert. Anwendungsklassen und generierte Klassen werden kompiliert und auf die Knoten des verteilten Systems gelegt.

CORBA unterstützt auch innerhalb einer Anwendung unterschiedliche Programmiersprachen, d.h., ein Client kann in einer anderen Sprache geschrieben sein als das von ihm verwendete Serverobjekt. Für jede Sprache stehen spezifische IDL-Compiler zur Verfügung. Herausforderung für den Compiler ist die Abbildung einheitlicher Konzepte (IDL) auf zum Teil vollständig inkompatible Konzepte der Programmiersprachen. Insbesondere zwei Probleme sind es, die ein IDL-Compiler zu lösen hat:

**Paradigmenwechsel:** CORBA unterstützt das Programmiermodell der entfernten Methodenaufrufe, geht somit von verteilten Objekten aus. Nicht alle der unterstützten Sprachen sind jedoch objektorientiert wie die Schnittstellensprache. Aufgabe der generierten Stub-Klassen ist es, diesen Paradigmenwechsel zu ermöglichen.

**Übergabemodus:** Die Übergabemodi in, out und inout werden nicht von allen Programmiersprachen unterstützt. Zur Nachbildung der jeweiligen Semantiken generiert der IDL-Compiler für jeden komplexen Datentyp der IDL-Schnittstelle eine Holder-Klasse. Holder-Klassen werden auf Client- und Serverseite verwendet. Sie erhalten bei einem Nachrichtenaustausch die Daten vom Stub bzw. Skeleton und stellen sie den Kommunikationspartnern zur Verfügung.

Zusätzlich zu Stub, Skeleton und Holder-Klassen generiert der IDL-Compiler abhängig von der Sprache (beispielsweise bei Java) so genannte Helper-Klassen. Helper-Klassen bieten statische Hilfsmethoden zur Bearbeitung der Datentypen.

## 8.3.2 Ein Kommunikationsablauf

Im Folgenden wird beispielhaft an einer einfachen Version des Bankbeispiels gezeigt, wie ein Kommunikationsablauf zwischen einem Client und einem Serverobjekt über eine CORBA-Infrastruktur abläuft. Grundlage der Interaktion ist folgende vereinfachte Schnittstellendefinition des Bank-Serverobjekts:

```
module bank_a {
interface Account {
void deposit (in float amount, out float newBalance);
void withdraw (in float amount, out float newBalance);
};
};
```

Listing 8.3: IDL-Schnittstelle zum Bankbeispiel

### Das Serverobjekt

Das Serverobjekt ist eine Implementierung der *Account*-Schnittstelle im Bankbeispiel. Um das Serverobjekt in die CORBA-Umgebung einzubetten, ist es von der Klasse *AccountServerPOA* abgeleitet. Diese Klasse ist Teil des Standards und wird vom IDL-Compiler aus der Schnittstelle generiert. Sie erzwingt gleichzeitig, dass das Serverobjekt die IDL-Schnittstelle korrekt und vollständig realisiert. *AccountServerPOA* enthält alle Informationen, die der POA zur Verwaltung des Serverobjekts benötigt. So bleibt das Serverobjekt frei von allen technischen Belangen der CORBA-Infrastruktur.

```
package bank_a;
public class Account extends AccountServerPOA {
float deposit (float amount) { .... }
float withdraw (float amount) { .... }
}
```

Listing 8.4: Java-Implementierung Serverobjekt zum Bankbeispiel

Das Serverobjekt ist für sich genommen noch nicht lauffähig, sondern muss in einen Serverprozess eingebunden werden.

### Der Server

Die Implementierung des Serverprozesses erfolgt in der *main*-Methode der Klasse *AccountServer*. Mit Start des Serverprozesses wird der lokale ORB initialisiert. Bei Bedarf können dem ORB zusätzliche Eigenschaften mitgegeben werden. Die ORB-Klasse stellt hierzu verschiedene Initialisierungsmethoden zur Verfügung.

```
public class AccountServer {
public static void main( String[] args ){
try {
// Initialisierung eines lokalen ORBs
org.omg.CORBA.ORB orb = org.omg.CORBA.ORB.init();
// Holen des POA und aktivieren des POA-Managers
org.omg.CORBA.Object poaObject = orb.resolve_initial_references("RootPOA");
org.omg.PortableServer.POA poa = org.omg.PortableServer.POAHelper.narrow(poaObject);
poa.the_POAManager().activate();
// Initialisierung des Serverobjekts
Account account = new Account();
// Anmelden des Serverobjekts am POA und Erstellung der
// Referenz
org.omg.CORBA.Object obj = poa.servant_to_reference(account);
// Anmelden der Referenz am Namensdienst. Alternativ
// ist auch die Veröffentlichung in einer Datei möglich.
org.omg.CORBA.Object nsObject = orb.resolve_initial_references("NameService");
NamingContextExt nc = NamingContextExtHelper.narrow(nsObject);
nc.bind( nc.to_name("Account"), obj);
// Aktivierung des ORBs. Damit ist der Service bereit
// für Anfragen.
orb.run();
} catch(Exception e) {e.printStackTrace();}
}
```

Listing 8.5: Beispiel: Serverimplementierung zum Bankbeispiel

Über die Methode *resolve_initial_references()* erhält der Server eine Objektreferenz auf den lokalen POA. Die standardmäßig in Java vorgegebene Hilfsklasse *POAHelper* unterstützt die Umwandlung der Objektreferenz in ein Proxy-Objekt für den Zugriff auf den POA.

Der POA wird von einem POA-Manager verwaltet. Dieser ist für die Steuerung der ankommenden Aufrufe zuständig. Der Manager kennt vier Zustände:

- *active:* Aufrufe werden vom POA angenommen und an das Serverobjekt weitergeleitet.
- *inactive:* Aufrufe können vom POA nicht angenommen werden.
- *holding:* Aufrufe werden zwischengespeichert, bis das Serverobjekt bereit ist.
- *discarding:* Aufrufe werden vom POA aktiv zurückgewiesen.

Nur wenn der Manager aktiv ist, kann der POA Aufrufe empfangen und an das Serverobjekt weiterleiten.

Das Serverobjekt wird nach seiner Initialisierung am POA angemeldet, gleichzeitig wird eine Objektreferenz generiert. Diese wird beispielsweise über eine Datei oder einen Namensdienst veröffentlicht.

**Veröffentlichen über einen Namensdienst:** Die Objektreferenz wird in einem Namensdienst veröffentlicht (siehe auch Beispiel). Über den ORB wird eine Referenz auf den Namensdienst geholt. Die Hilfsklasse NamingContextExt unterstützt die Umwandlung der Objektreferenz in ein Proxy-Objekt für den Zugriff auf den Namensdienst. Mit der Methode *bind()* wird die Referenz am Namensdienst veröffentlicht.

**Veröffentlichen über eine Datei:** Die Objektreferenz wird serialisiert und in einer Datei veröffentlicht. Die Datei kann beispielsweise auf einen Webserver zur freien Verfügung gelegt werden.

Wie das Beispiel zeigt, ist der Zugriff auf den POA und den Namensdienst weitgehend identisch zum Zugriff auf ein Serverobjekt. Wie weiter oben erwähnt, macht CORBA keinen Unterschied beim Zugriff auf Komponenten der Plattform, Dienste und Serverobjekte.

Letzter Schritt zur Bereitstellung des Dienstes ist nun der Start eines neuen Threads für den Server. Damit steht das Serverobjekt beliebigen Anfragen von Clients zur Verfügung.

Ob die Objektreferenz über einen Namensdienst oder über eine Datei veröffentlicht wird, ist für jede Anwendung individuell zu entscheiden. Häufig steht ein Namensdienst zentral zur Verfügung und kann von verschiedenen Anwendungen zur Veröffentlichung der Referenzen genutzt werden.

## Der Client

Als Client kann jedes Objekt und jeder Prozess bezeichnet werden, der den Dienst eines Serverobjekts nutzen möchte. Es kann sich hierbei um weitere Serverobjekte handeln, es können jedoch auch explizite Clientprozesse sein. Die Abläufe zu Verbindungsaufbau und Kommunikation sind grundsätzlich immer gleich.

```
public class Client {
public static void main(String args[]) {
try {
// Initialisierung eines lokalen ORBs
org.omg.CORBA.ORB orb = org.omg.CORBA.ORB.init();
// Holen der Referenz vom Namensdienst
org.omg.CORBA.Object nsObject = orb.resolve_initial_references( "NameService" )
NamingContextExt nc = NamingContextExtHelper.narrow(nsObject);
org.omg.CORBA.Object accountObject = nc.resolve(nc.to_name("Account"));
// Umwandlung der Referenz in das Proxy-Objekt
Account account = AccountHelper.narrow(accountObject);
// Entfernte Aufrufe der Dienste des Serverobjekts
account.withdraw(..);
account.deposit(..);
// Beenden des lokalen ORBs
orb.shutdown(false);
} catch(Exception e) {e.printStackTrace();}
}
```

Listing 8.6: Beispiel: Clientimplementierung zum Bankbeispiel

Der Parameter der Methode *shutdown()* bestimmt, ob die Methode wartet, bis der ORB vollständig heruntergefahren ist (*true*), oder nicht (*false*).

## 8.4 CORBAservices

Die CORBAservices sind eine Sammlung von Standards zu Diensten, die Lösungen zu unterschiedlichen Problemstellungen anbieten. Zu jedem Standard liefert die OMG eine informelle Beschreibung sowie eine IDL-Schnittstellendefinition. Eine aktuelle Liste der Dienste findet sich auf den Webseiten der OMG. Im Folgenden werden beispielhaft zwei Dienste vorgestellt, der Namens- und der Transaktionsdienst.

### 8.4.1 Interoperable Naming Service

Der Interoperable Naming Service (INS) erfüllt in seiner Konzeption weitgehend die allgemeinen Anforderungen an einen Namensdienst (siehe auch Kapitel 3). Ziel ist Verwaltung und Veröffentlichung von Objektreferenzen innerhalb einer verteilten CORBA-Plattform. Kern des Namensdienstes ist die Zuordnung von Namen zu Objektreferenzen sowie die Organisation der Namen in einem Verzeichnisbaum.

### Der Verzeichnisbaum

Objektreferenzen werden zu ihrer eindeutigen Identifizierung an Namen gebunden. Zur Organisation werden die Name-Referenz-Paare in einer baumartigen Verzeichnisstruktur abgelegt. Knoten des Baumes sind Namenskontexte, Blätter sind die Objektreferenzen.

Um eine Objektreferenz im Verzeichnisbaum zu finden, muss sowohl der Namenskontext als auch der Name der Objektreferenz bekannt sein. Zu diesem Zweck wird den Namenskontexten ein eindeutiger Name zugeordnet. Dementsprechend verwaltet der CORBA Naming Service zwei Arten von Zuordnungen (Bindings):

- *Kontextzuordnung (Context Binding):* Namen werden an Namenskontexte gebunden.
- *Objektzuordnung (Object Binding):* Namen werden an Objektreferenzen gebunden.

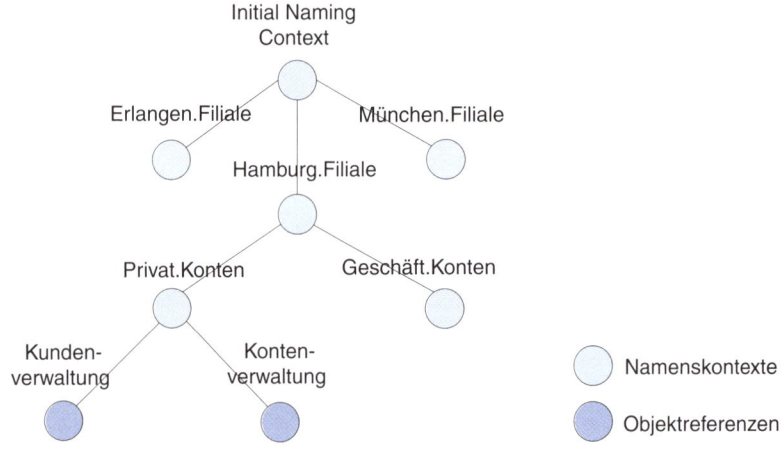

Abbildung 8.3: Beispiel einer Verzeichnisstruktur im INS

*Abbildung 8.3* beschreibt am Beispiel einer Bank mit mehreren Filialen eine mögliche Verzeichnisstruktur des unternehmensweiten Namensdienstes. Objektreferenzen von Anwendungen werden jeweils unter dem entsprechenden Knoten im Verzeichnisbaum eingehängt. Im Beispiel arbeitet die Hamburger Filiale der Bank zur Verwaltung der Privatkonten mit einer Anwendung, die aus zwei Objekten besteht, einer Kundenverwaltung und einer Kontenverwaltung. Ein Client, der die Dienste der Objekte nutzen möchte, muss jeweils den vollständigen Pfad angeben.

### Die Namensstruktur

Namen für Objektreferenzen folgen einem vom Standard vorgegebenen Schema. Der Name wird unterteilt in Komponenten. Jede Komponente repräsentiert einen Knoten bzw. einen Blatt im Verzeichnisbaum. Komponenten werden jeweils getrennt durch ‚/'. Eine Komponente setzt sich zusammen aus den Feldern *id* und *kind*. Die Werte sind durch ‚.' getrennt. Wird das *kind*-Feld weggelassen, wird es implizit als leer angenommen. *Abbildung 8.4* beschreibt am Beispiel der Objektreferenz zur Kundenverwaltung den Aufbau eines Referenznamens.

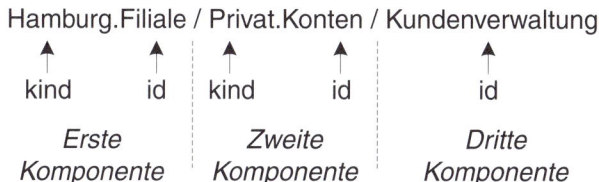

Abbildung 8.4: Namensstruktur

### Interoperabilität

Der Interoperable Naming Service ist eine Erweiterung des ursprünglichen CORBA Naming Service. Hauptunterschied zwischen den Versionen ist die Einführung einer neuen Schnittstelle NamingContextExt, eine Erweiterung der ursprünglichen NamingContext-Schnittstelle. Hintergrund ist die Formatierung der Namen. Der aktuelle CORBA-Standard unterscheidet zwei Namensformate:

- Das *String-Namensformat* ist lesbar, kann in Dateien zur Zwischenspeicherung oder zur Veröffentlichung abgelegt werden und ist einfach zwischen Anwendungen (auch Nicht-CORBA-Anwendungen) auszutauschen. Das String-Format wurde explizit zur Unterstützung der Interoperabilität im neuen Namensdienst eingeführt.

- Das *Raw-Namensformat* ist das Format des ursprünglichen Standards. Die Formatierung erfolgte nach einem in einer IDL-Schnittstelle definiertem Format, das von den Anwendungen beim Zugriff auf den Namensdienst unterstützt werden musste. Es wird heute nur noch als internes Format im Naming Service verwendet.

Die Schnittstelle NamingContextExt wurde eingeführt, um die Konvertierung zwischen String- und Raw-Format der Namen zu unterstützen.

## 8.4.2 Object Transaction Service

Der Object Transaction Service (OTS) ist eine objektorientierte Variante des verteilten Transaktionsmodells der Open Group (siehe Kapitel 3). Er unterstützt verteilte Transaktionen in objektorientierten Systemen. Das Transaktionsmodell des OTS setzt auf folgenden Elementen auf:

**Transaktionaler Client:** Ein transaktionaler Client ist ein beliebiges Programm, das verschiedene transaktionale Objekte innerhalb einer Transaktion aufrufen kann. Clients, die eine Transaktion beginnen, werden auch als Transaction Originator bezeichnet.

**Transaktionale Objekte:** Ein transaktionales Objekt ist ein beliebiges Objekt, das innerhalb einer Transaktion aufgerufen werden kann und dessen Verhalten durch die Transaktion bestimmt wird. Nicht jedes CORBA-Objekt muss Transaktionen unterstützen. Anhand einer Schnittstelle wird für jedes Objekt einer transaktionalen Anwendung festgelegt, ob es transaktional oder nicht transaktional agiert. Die entsprechenden Schnittstellen sind nicht im OTS-Standard festgelegt, sondern sind von den Dienstanbietern zu liefern.

**Wiederherstellbare (recoverable) Objekte:** Transaktionale Objekte haben keinen eigenen persistenten Speicher. Hierzu stehen wiederherstellbare Objekte zur Verfügung. Diese interagieren direkt mit dem Transaktionsdienst. Bei einem Ausfall sind sie in der Lage, anhand eines Wiederherstellungsprotokolls den letzten gültigen Zustand zu rekonstruieren.

**Ressourcen-Objekte**: Wiederherstellbare Objekte verwenden Ressourcen-Objekte um sich am Transaktionsdienst registrieren zu lassen. Mit einer Registrierung teilen sie dem Dienst mit, dass sie an der Transaktion beteiligt sein wollen.

**Transaktionaler Server:** Ein transaktionaler Server verwaltet transaktionale Objekte.

**Wiederherstellbarer Server:** Ein wiederherstellbarer Server verwaltet wiederherstellbare Objekte und Ressourcen-Objekte.

**Transaktionsdienst:** Der Transaktionsdienst ist der Verwalter der verteilten Transaktionen. Er koordiniert die Zusammenarbeit zwischen den Objekten und bestimmt die Abläufe der Transaktionen.

**Transaktionskontext:** Mit Eröffnung einer neuen Transaktion legt der Transaktionsdienst einen Transaktionskontext an. Der Kontext enthält alle relevanten Daten zur Transaktion. Er wird an den Thread gebunden, in dem der Aufruf läuft, und transparent bei den Aufrufen weitergereicht.

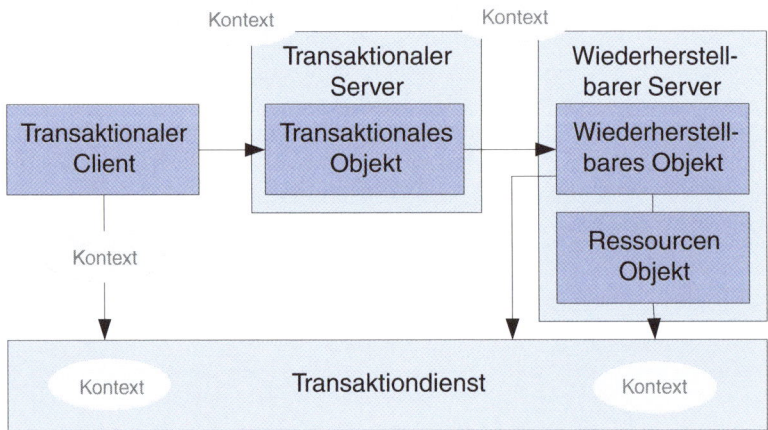

Abbildung 8.5: Object Transaction Service-Modell

*Abbildung 8.5* beschreibt das Zusammenspiel der Elemente im Modell. Ein transaktionaler Client fordert am Transaktionsdienst eine neue Transaktion an. Der Dienst legt ein Kontextobjekt für diese Transaktion an und übergibt den Kontext an den Client.

Damit kann der Client Aufrufe auf transaktionalen Objekten machen. Diese nutzen die wiederherstellbaren Objekte, um ihre Daten dauerhaft und transaktionsgeschützt zu speichern. Indem die wiederherstellbaren Objekte dem Transaktionsdienst ihre Ressourcen-Objekte übergeben, teilen sie ihm mit, dass sie an der Transaktion beteiligt sein wollen. Zum Festschreiben der Transaktion bezieht der Transaktionsdienst alle wiederherstellbaren Objekte ein, deren Ressourcen-Objekte er erhalten hat.

Die Parallelen des OTS-Modells zum Modell der Open Group sind deutlich zu sehen. Client, transaktionale Objekte und transaktionaler Server repräsentieren die Anwendung des Open-Group-Modells. Die Objekte des wiederherstellbaren Servers entsprechen den Ressourcenverwaltern, die für die persistente Speicherung der Änderungen verantwortlich sind. Transaktionsverwalter und Transaktionsdienst sind in beiden Modellen weitgehend identisch. *Tabelle 8.2* fasst die Zusammenhänge zusammen.

**Tabelle 8.2**

**Vergleich - und Open-Group-Modell**

| Open-Group-Modell | OTS-Modell |
| --- | --- |
| Anwendung | Transaktionaler Client, Transaktionale Objekte, Transaktionaler Server |
| Transaktionsverwalter | Transaktionsdienst |
| Ressourcenverwalter | wiederherstellbare Objekte, wiederherstellbarer Server, Ressourcen-Objekte |

Der OTS unterstützt sowohl verteilte als auch verschachtelte Transaktionen. Zu den verteilten Transaktionen zählen horizontal verteilte und vertikal verteilte Transaktionen. Bei verschachtelten Transaktionen wird eine Haupttransaktion in Teiltransaktionen aufgeteilt. Ist eine der Teiltransaktionen nicht erfolgreich, so kann die Haupttransaktion dennoch fortgesetzt werden. Verschachtelte Transaktionen finden in der Praxis eher selten Verwendung.

## 8.5 Einsatz

Auch wenn der Hype vorüber ist, CORBA hat immer noch eine große Anzahl Anhänger. Entscheidende Vorteile sind die Ausgereiftheit des Standards (CORBA ist im Verhältnis zu vergleichbaren Technologien eine graue Eminenz) sowie die Sprachunabhängigkeit.

Ursprünglich wurde CORBA als vollständige Plattform konzipiert. Was sich letztlich durchsetzte, war die reine Broker-Architektur zur objektorientierten Kommunikation. Heute findet man eigenständige CORBA-Implementierungen vor allem im Open-Source Bereich. Im kommerziellen Bereich werden sie in der Regel in komplexe Middleware-Plattformen integriert. Insbesondere die verschiedenen Java-Plattformen (J2SE, J2EE) nutzen als Kommunikationsinfrastruktur RMI/IIOP (sprich ‚RMI über IIOP') – eine Integration von Java RMI mit dem IIOP-Protokoll.

Namhafte Hersteller von CORBA-Produkten, wie beispielsweise IONA, setzten zwischenzeitlich auf die Integration von CORBA mit J2EE und EAI-Technologien. Ergebnis dieser Bemühungen waren komplexe Middleware- und Integrations-Plattformen, geeignet für jeden denkbaren Einsatz im Bereich der verteilten Anwendungen und Anwendungsintegration, jedoch zum Teil unhandlich und für viele Probleme überdimensioniert.

Auch einige Open-Source-Communities sind noch im Bereich CORBA aktiv. Der C++-ORB TAO sowie der Java-ORB JacORB werden beide noch weiterentwickelt. Insgesamt kann beobachtet werden, dass CORBA nicht so sehr als vollständige Plattform für verteilte Anwendungen genutzt wird als vielmehr als ausgereifte Kommunikationsinfrastruktur.

### Z U S A M M E N F A S S U N G

Die Common Object Request Broker Architecture CORBA ist ein Standard für eine verteilte Middleware-Plattform, die das Programmiermodell des entfernten Methodenaufrufs unterstützt.

Entwickelt wurde der Standard von der Object Management Group, einem nichtkommerziellem Standardisierungsgremium. Ziel war die Entwicklung einer umfassenden Object Management Architecture OMA, das Konzept einer Plattformarchitektur für verteilte Anwendungen. CORBA ist Teil der Object Management Architecture und beschreibt die Kommunikationsinfrastruktur.

Weitere Elemente der OMA sind CORBAservices und CORBAfacilities. Zu den CORBAservices zählen eine Vielzahl an technischen Dienststandards wie Transaktionsdienst, Namensdienst und Ereignisdienst. CORBAfacilities bieten Unterstützung bei Problemen der Anwendungsdomäne, beispielsweise für den Bereich Gesundheitswesen oder Telekommunikation. CORBAfacilities finden bisher keine weite Verbreitung in Anwendungen.

Komponenten der CORBA-Architektur sind der ORB als Vermittler von Aufrufen zwischen verteilten Objekten, der Object Adapter zur Verwaltung von Serverobjekten, Stubs und Skeletons zur Realisierung der Schnittstelle sowie zwei Repositories zur Speicherung von Verwaltungsinformationen und Schnittstellen.

Schnittstellensprache von CORBA ist die Interface Definition Language IDL, eine rein deskriptive Sprache. Sie unterstützt alle notwendigen Konzepte zur Schnittstellenspezifikation. Insbesondere stellt die IDL ihren eigenen Datentypkatalog zur Verfügung und bietet die sprachlichen Mittel zur Definition komplexer Datentypen. Aus der Schnittstellenbeschreibung eines Serverobjekts werden mit Hilfe von IDL-Compilern Stubs und Skeletons sowie eine Reihe von Hilfsklassen generiert.

Der Interoperable Naming Service verwaltet Objektreferenzen zu Serverobjekten. Die Verwaltung erfolgt in einer Baumstruktur. Knoten des Baumes sind Namenskontexte, die Blätter sind die Objektreferenzen. Die Identifikation einer Referenz erfolgt anhand ihres Namens. Der Name setzt sich zusammen aus den Namen der Knoten sowie dem Namen der Referenz. Der Object Transaction Service ist eine objektorientierte Variante des Transaktionsmodells der Open Group.

CORBA-Implementierungen finden heute eher selten als vollständige Middleware-Plattform Verwendung. Die ORB-Infrastruktur hat sich jedoch als tragfähig erwiesen und wird in vielen Fällen als Kommunikationsinfrastruktur eingesetzt.

### Z U S A M M E N F A S S U N G

## Übungen

**1.** CORBA unterstützt neben objektorientierten auch prozedurale Sprachen wie C oder COBOL. Warum spricht man dennoch von einer objektorientierten Middleware-Technologie?

**2.** Erweitern Sie die IDL-Schnittstelle des Bankbeispiels um ein weiteres Objekt *Customer.* Überlegen Sie sich geeignete Dienste, die das Objekt anbieten könnte. Ergänzen Sie geeignet die Implementierungen von Client, Serverobjekt und Server.

**3.** Beschreiben Sie die Architektur von CORBA, nennen Sie die Aufgaben der einzelnen Komponenten und erläutern Sie die vier Kerneigenschaften.

**4.** CORBA unterstützt statisches und dynamisches Binden des Clients an das Serverobjekt. In der Regel wird statisches Binden eingesetzt. Überlegen Sie sich Szenarien, in denen auch ein dynamisches Binden sinnvoll sein könnte.

**5.** Erläutern Sie, welche Vorteile die Einführung des Interoperable Naming Service gegenüber dem ursprünglichen mit sich brachte. Auf welchen Aspekt bezieht sich die Interoperabilität?

# Literatur

## ■ Standards

Alle OMG-Spezifikationen finden sich unter:
http://www.omg.org/technology/documents/spec_catalog.htm

## ■ CORBA Allgemein

Fintan Bolton: Pure CORBA – A Code-intensive Premium Reference; SAM Publishing, 2001.

Andreas Vogel, Keith Duddy: Java Programming with CORBA; John Wiley & Sons, Third Edition, 2001.

Jon Siegel: CORBA 3 Fundamentals and Programming; OMG Press, Second Edition, 2001.

Michi Henning, Steve Vinoski: Advanced CORBA Programming with C++; Addison-Wesley, 1999

Robert Orfali, Dan Harkey: Client/Server Programming with Java and CORBA; John Wiley & Sons, Second Edition, 1998.

Robert Orfali, Dan Harkey, Jeri Edwards: Instant CORBA. John Wiley & Sons, 1999.

## ■ Weitere Links

Die OMG: http://www.omg.org/

JacORB Webseite: http://www.jacorb.org

TAO Webseite: http://www.cs.wustl.edu/~schmidt/TAO.html

MicoCCM Webseite: http://www.fpx.de/MicoCCM/

OpenCCM Webseite: http://openccm.objectweb.org/

EJCCM Webseite: http://www.cpi.com/ejccm/

# J2EE

**9**

ÜBERBLICK

Die Java 2 Platform Enterprise Edition (J2EE) ist ein offener Standard für eine verteilte Java-basierte Middleware-Plattform. Veröffentlicht wurde der Standard 1998 von Sun Microsystems. Ziel war die Erweiterung der ursprünglichen Java-Plattform zu einer verteilten Plattform für Enterprise-Anwendungen. Zu diesem Zeitpunkt waren bei CORBA bereits einige Defizite offensichtlich geworden, für die J2EE Lösungen anbot.

Ein Großteil der Komplexität von CORBA-Anwendungen resultierte aus der Eigenschaft der Sprachunabhängigkeit. Unabhängig davon, ob die verteilten Objekte tatsächlich in verschiedenen Sprachen geschrieben wurden, mussten bei CORBA die Konzepte zur Sprachabbildung immer eingesetzt werden. Hier ging J2EE seinen eigenen Weg: Java als gemeinsame Sprache wird grundsätzlich vorausgesetzt. Unterstützt wird dieses Konzept durch die Java-Laufzeitumgebung (Java Runtime), die als Teil der Middleware-Plattform auf jedem Knoten im verteilten System liegt.

CORBA setzte auf dem objektorientierten Paradigma auf. Dies war 1998 jedoch nicht mehr ‚State of the Art'. Nicht zuletzt durch den COM/DCOM-Ansatz von Microsoft (siehe Kapitel 10) hatte sich zu diesem Zeitpunkt bereits der Trend hin zu Komponenten entwickelt. Hier bot die J2EE-Plattform mit ihrem Komponentenmodell Enterprise JavaBeans (EJB) eine praktikable Lösung.

CORBA unterstützte lediglich den expliziten Zugriff auf Dienste. Ein Objekt musste aktiv Verbindung zu einem Dienst aufnehmen um ihn zu nutzen. Das EJB-Komponentenmodell unterstützt hingegen ein Konzept, das Anwendungen implizit die Dienste der Plattform zur Verfügung stellt. Eine explizite Implementierung der Zugriffe ist nicht mehr notwendig.

Generell ist es Ziel der J2EE-Plattform, die Entwicklung komplexer Anwendungen zu erleichtern. Erreicht wird dies durch die weitgehende Trennung von technischen Aspekten und Anwendungslogik.

## 9.1   Der Java Community Process (JCP)

Die Entwicklung des J2EE-Standards lag ursprünglich ausschließlich in der Verantwortung von Sun Microsystems. Um jedoch eine zu starke Konzentration auf ein Unternehmen zu vermeiden und um eine breitere Öffentlichkeit an der Weiterentwicklung zu beteiligen, wurde ein definierter Prozess, der Java Community Process (JCP) aufgesetzt. Über den JCP hat die Java-Community und somit jeder, der Interesse und die nötigen Kenntnisse mitbringt, die Möglichkeit an der Weiterentwicklung der Standards im Java-Umfeld mitzuwirken.

Der JCP steht unter der Schirmherrschaft von Sun, der Prozess stellt jedoch weitgehend sicher, dass die Entwicklung der Java-Standards vor allem durch die Community und nicht durch Sun gesteuert wird. Für die Durchführung der Standardisierungsaktivitäten sind verschiedene Gruppen verantwortlich:

**Das Program Management Office (PMO):** Das PMO wird von Sun gestellt und verwaltet den Prozess. Es entscheidet, ob der Prozess zur Entwicklung einer Spezifikation initialisiert wird.

**Die Executive Committees (EC):** Sie sind die Hauptverantwortlichen im Prozess. Es gibt zwei ECs, eines für Standards im Bereich Desktop und Server, eines für Standards im Bereich eingebettete Systeme. Jede der ECs benennt eine Expert Group (EG) für eine Spezifikation, überwacht den Standardisierungsprozess und stellt die Konsistenz der Standards untereinander sicher.

**Die Expert Group (EG):** Die EG ist für die Entwicklung einer konkreten Spezifikation vom Early Draft bis hin zum Final Release zuständig. Sie erstellt Zwischenstände (Drafts) und arbeitet Anmerkungen aus Reviews ein.

**Die Java Community:** Jede Firma, aber auch jede Einzelperson kann als Mitglied des JCP agieren und an der Entwicklung der Spezifikationen mitarbeiten. Voraussetzung ist eine offizielle Vereinbarung, wobei die Mitgliedschaft für Unternehmen kostenpflichtig, für den Einzelnen jedoch frei ist.

Eine Spezifikation auf ihrem Weg zum Final Release bzw. Standard, durchläuft im JCP mehrere Stufen:

**JSR Review:** Mitglieder der Java-Community erarbeiten einen Java Specification Request (JSR) als Vorschlag für einen neuen Standard bzw. die Überarbeitung eines existierenden Standards. Das zuständige EC prüft den JSR und stimmt darüber ab, ob ein Standard erstellt wird.

**Early Draft Review:** Eine EG wird gebildet. Diese arbeitet den Vorschlag zu einem Early Draft aus. Der Draft wird zum Review freigegeben. Berechtigt zum Review sind sowohl Mitglieder der Java-Community als auch die Öffentlichkeit.

**Public Draft Review:** Aufgabe der EG ist es, die Review-Anmerkungen einzuarbeiten. Der überarbeitete Draft wird erneut zum Review freigegeben. Wieder sind die Community und die Öffentlichkeit zum Review gefragt.

**Proposed Final Draft Review:** Die EG arbeitet die Anmerkungen aus dem öffentlichen Review ein und erstellt einen Public Draft.

**Final Release Review:** Die zuständige EG entscheidet, ob die Spezifikation weiterentwickelt wird. Falls ja, werden eine Referenzimplementierung sowie die Werkzeuge zur Prüfung der Kompatibilität (Compatibility Kit) entwickelt. Das EC entscheidet nun, ob der Draft als Standard freigegeben wird. Die EG wird mit der Freigabe aufgelöst.

**Maintenance Review:** Fertige Spezifikationen werden weiterentwickelt oder überarbeitet. Auch dies erfolgt im Rahmen des Prozesses. Anstoß hierzu gibt wieder ein JSR. Das verantwortliche EC prüft die Änderungsanforderung und entscheidet, ob die Anforderungen direkt übernommen, ob sie verworfen bzw. verschoben oder ob sie eingearbeitet werden. In diesem Fall wird erneut eine Expert Group einberufen und der Prozess gestartet.

*Abbildung 9.1* beschreibt im Überblick den Weg eines neuen Standards vom JSR bis hin zum Final Release. Aktuell werden vom JCP knapp 100 Spezifikationen in verschiedenen Stadien des Prozesses verwaltet. Auf der Webseite kann der Zustand der Spezifikationen verfolgt werden.

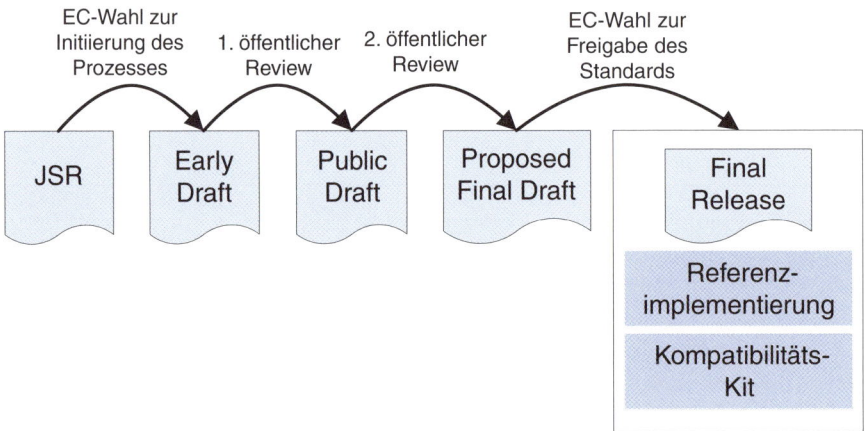

Abbildung 9.1: Stufen im Java Community Process

## 9.2   Der J2EE-Standard

Der J2EE-Standard definiert das Architekturmodell einer J2EE-Middleware-Plattform. Zum Standard gehören neben der eigentlichen Spezifikation eine Referenzimplementierung sowie ein Kompatibilitätstest. Kern des Standards sind mehrere Komponentenmodelle, wobei dem EJB-Komponentenmodell die entscheidende Rolle zukommt. EJB ermöglichen es dem Entwickler, Anwendungslogik in Form von Komponenten (Beans) einfach in den Anwendungsserver auf der Middle-Tier zu integrieren.

### 9.2.1   Architektur

Die J2EE-Plattform überträgt das objektorientierte Konzept der entfernten Methodenaufrufe zwischen verteilten Objekten auf entfernte Methodenaufrufe zwischen verteilten Komponenten. Grundlage der Kommunikation ist Java RMI mit dem CORBA-Protokoll IIOP.

Zentral für den J2EE-Standard sind die Konzepte des Komponentenmodells und des Containers. Ein Container ist eine Laufzeitumgebung für Komponenten. Er ist zuständig für die Verwaltung der Komponenteninstanzen sowie für die Überwachung der Zugriffe. Komponenten in einem Container interagieren niemals direkt miteinander. Sie nutzen ausschließlich Kommunikationsmechanismen, Dienste und Protokolle des Containers. Wie in *Abbildung 9.2* zu sehen, definiert der J2EE-Standard vier unterschiedliche Container mit ihren Komponententypen:

**EJB-Container mit Enterprise JavaBeans:** Der EJB-Container läuft auf der Middle-Tier im Application Server, also im Zentrum der Anwendung und stellt die Anwendungslogik in Form von Enterprise Beans zur Verfügung.

**Web-Container mit Servlets:** Der Web-Container läuft in einem Webserver und unterstützt Webanwendungen.

**Application-Client-Container mit Application Clients:** Ein Application-Client-Container läuft auf der Client-Tier und unterstützt Java-Clients, die mit der EJB-Anwendung kommunizieren wollen.

**Applet-Container mit Applets:** Der Applet-Container entspricht dem Java-Plug-In eines Browsers und läuft auf der Client-Tier einer Webanwendung.

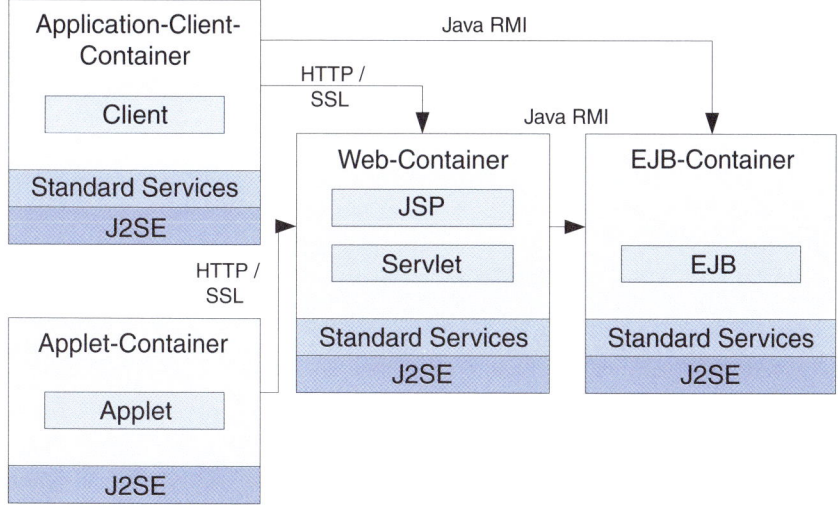

Abbildung 9.2: J2EE-Containerarchitektur

Auf Clientseite dient die Java 2 Platform Standard Edition (J2SE) sowohl am Desktop als auch im Browser als Basislaufzeitumgebung. Auf Serverseite wird zwischen Webserver (für Webanwendungen) und Anwendungsserver (Application Server) unterschieden. Auf jedem der Server liegt jeweils eine J2SE-Plattform, die um einen Web-Container bzw. einen EJB-Container erweitert wird. Die J2EE-Plattform ist letztlich die Integration von J2SE mit Containertechnologien und Diensten, den Standard-Services.

Der Vorteil einer Containerarchitektur ist die vollständige Kontrolle aller Interaktionen und damit die Überwachung der Korrektheit von Abläufen. Beispielsweise kann ein Container über Sicherheitsregeln den Zugriff auf bestimmte Komponenteninstanzen verhindern oder explizit gewähren.

## 9.2.2  Historie

J2EE ist eine Weiterentwicklung der J2SE (ursprünglich das Java Development Kit jdk). Der erste J2EE-Standard 1998 konzentrierte sich vor allem auf den Anwendungsserver auf der Middle-Tier. Einziges Komponentenmodell war EJB. Nicht zuletzt aus diesem Grund spricht man bis heute von J2EE Application Servern, auch wenn J2EE inzwischen wesentlich mehr Bereiche abdeckt.

### J2EE 1.2/EJB 1.1

Die erste stabile Version des Standards war 1999 J2EE 1.2 mit EJB 1.1. Im Gegensatz zur Vorgängerversion EJB 1.0 unterstützte EJB 1.1 bereits XML Deployment Deskriptoren. Hauptproblem des Standards war jedoch die unvollständig spezifizierte Persistenz. Dies führte dazu, dass Hersteller von J2EE-Plattformen eigene Lösungen präsentierten, die eine Migration von J2EE-Anwendungen zwischen Produkten verschiedener Hersteller unmöglich machten. Ein weiteres Problem war die fehlende Unterstützung lokaler

Aufrufe zwischen Beans. Jeder Aufruf zwischen Beans wurde als entfernter Aufruf realisiert, unabhängig davon, ob die Beans im gleichen Container liefen oder nicht. Da entfernte Aufrufe aufwändiger sind als lokale, führte dies zu Performance-Problemen. Mit EJB 1.1 unterstützte die J2EE-Plattform drei Bean-Typen: Stateful Session Beans, Stateless Session Beans und Entity Beans.

### J2EE 1.3/EJB 2.0

Das Problem der Persistenz wurde 2001 mit der neuen Version EJB 2.0 in Angriff genommen. Das gesamte Persistenzmodell des Containers wurde überarbeitet und die Konzepte verbessert. Neben einer deutlich vollständigeren Spezifikation wurden nun auch Beziehungen zwischen Beans unterstützt. Neu hinzu kamen Message Driven Beans, die den EJB-Standard um das asynchrone Kommunikationsmodell erweiterten. Zur Steigerung der Performance wurden lokale Aufrufe zwischen Beans eingeführt.

### J2EE 1.4/EJB 2.1

Der Standard selbst änderte sich ab diesem Zeitpunkt nur noch marginal. Die Haupterweiterung mit J2EE 1.4 betraf die Unterstützung von Webservices, die zu diesem Zeitpunkt gerade populär wurden. Es kamen eine Reihe neuer Komponenten zur Bearbeitung von XML-Dokumenten hinzu. Zusätzlich wurde eine Implementierung des JAX-RPC-Protokolls (siehe Kapitel 7) in die Plattform integriert. J2EE 1.4 ist seit November 2003 die aktuelle Version des Standards und Grundlage dieses Kapitels.

Die verschiedenen Versionen zeigen, wie sich aus einer anfänglich mit Mängeln und Fehlern kämpfenden Spezifikation mit der Zeit ein ernst zu nehmender Standard einer umfassenden Middleware-Plattform für verteilte Anwendungen entwickelte.

## 9.3    Enterprise JavaBeans (EJB)

Der EJB-Standard ist Teil des J2EE-Standards und definiert das Komponentenmodell am Anwendungsserver der Plattform. Der Standard definiert Art und Struktur der Beans, die zur Entwicklung durchzuführenden Aufgaben mit ihren verantwortlichen Rollen sowie die Aufgaben des EJB-Containers.

Enterprise Beans sind serverseitige verteilte Komponenten. Als Programmiermodell unterstützen sie den entfernten Methodenaufruf. Sprache von Enterprise Beans ist Java. Der Standard unterstützt vier verschiedene Bean-Typen:

**Stateless Session Beans:** Stateless Session Beans sind zustandslos. Ihre Aufgabe ist die Verwaltung von Client-Sitzungen für die Dauer eines Methodenaufrufs.

**Stateful Session Beans:** Stateful Session Beans können einen Zustand haben. Ihre Aufgabe ist die Verwaltung von Client-Sitzungen über mehrere Methodenaufrufe hinweg.

**Message Driven Beans:** Message Driven Beans sind ebenfalls zustandslos. Ihre Aufgabe ist die Bearbeitung asynchron empfangener Nachrichten.

**Entity Beans:** Entity Beans repräsentieren fachliche Entitäten einer Anwendung. Ihre Aufgabe ist die Persistierung der Attribute.

In einer EJB-Anwendung werden die verschiedenen Bean-Typen in Kombination eingesetzt. Session Beans und Message Driven Beans bilden die Schnittstelle zur Umgebung und empfangen synchrone bzw. asynchrone Aufrufe. Entity Beans bilden den Datenkern der Anwendung. *Abbildung 9.3* zeigt die vom Standard vorgeschlagene Anordnung der Beans im Container.

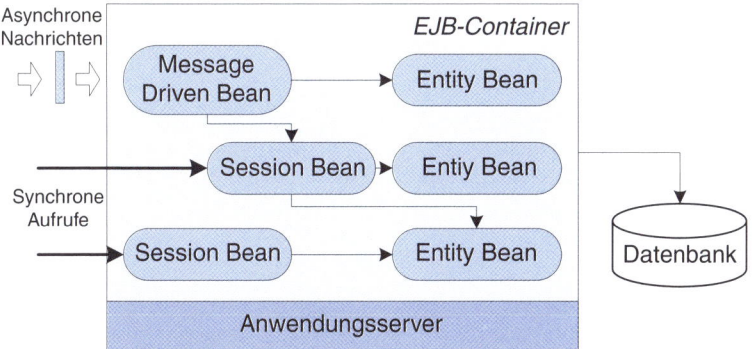

Abbildung 9.3: Bean-Typen im Container

## Aufbau einer Bean

Eine Bean setzt sich zusammen aus verschiedenen Klassen und Schnittstellen. Teile der Klassen sind vom Entwickler zu erstellen, Teile werden generiert. Der generelle Aufbau einer Bean ist weitgehend identisch für alle Bean-Typen. Folgende Klassen und Schnittstellen bilden die Struktur einer Bean:

- das (Local) Home Interface als Verwaltungsschnittstelle für Bean Instanzen,
- das Remote/Local Interface als fachliche Schnittstelle der Bean,
- die Bean-Implementierung als Implementierung aller Schnittstellen,
- verschiedene Klassen wie Stub und Skeleton sowie technische Klassen zur Einbettung der Bean in den Container,
- ein Deployment Descriptor für die deklarative Beschreibung der Schnittstelle zum Container.

Die Angaben Local und Remote kennzeichnen, wie auf die jeweilige Schnittstelle zugegriffen wird. Local-Schnittstellen unterstützen ausschließlich lokale Methodenaufrufe, Remote-Schnittstellen unterstützen entfernte Methodenaufrufe.

Die Schnittstellen und die Bean-Implementierung werden vom Entwickler erstellt. Alle weiteren Klassen sowie der Deployment Descriptor werden generiert. Der Entwickler hat die Möglichkeit, den Deployment Descriptor geeignet anzupassen.

## Der Deployment Descriptor

Der Deployment Descriptor definiert die Schnittstelle der Bean zum Container. In ihm wird festgelegt, unter welchem Namen die Bean im Namensdienst veröffentlicht wird, um welchen Bean-Typ es sich handelt und unter welchem Namen die ausführbaren Dateien vorliegen. Zusätzlich werden die Dienste angegeben, die Bean-Instanzen vom Container erwarten. Beispielsweise werden das Transaktionsverhalten der Bean sowie die Abbildung der Bean-Attribute auf Felder der Datenbank definiert. Ressourcen, die eine Bean nutzen möchte, wie beispielsweise andere Beans oder eine Datenbankverbindung, werden festgelegt.

Die Angaben werden in XML definiert und zur Laufzeit vom Container ausgelesen. Vorteil dieser Methode ist es, dass Änderungen, beispielsweise die Verwendung einer neuen Datenbank, verhältnismäßig einfach durch Anpassen des Deployment Descriptors durchgeführt werden können.

## Standardmethoden

Eine Bean-Klasse implementiert eine Reihe von Standardmethoden. Diese dienen dem Container zur Verwaltung der Bean-Instanzen. Sie werden vom Container zu definierten Zeitpunkten, beispielsweise bei Zustandswechseln, aufgerufen.

Die Methoden bieten dem Entwickler die Möglichkeit, zusätzliche Aktivitäten zu implementieren. Sind keine Aktivitäten erforderlich, bleiben die Methoden leer. Welche Standardmethoden erforderlich sind, ist von Bean-Typ zu Bean-Typ unterschiedlich.

### 9.3.1  Session Beans

Session Beans realisieren Abläufe in Anwendung. Ein Ablauf ist dabei immer an eine Sitzung (Session) im Server gebunden. Eine Sitzung wird durch Attribute und ihre Werte repräsentiert. Im Laufe einer Sitzung können sich die Attribute ändern. Der Wert der Attribute zu einem bestimmten Zeitpunkt entspricht dem Zustand der Sitzung. Am Ende eines Ablaufs werden die Sitzungsdaten verworfen oder persistent gespeichert. Eine Sitzung kann von unterschiedlicher Dauer sein: Stateless Session Beans unterstützen Sitzungen, die genau einen Methodenaufruf lang dauern, Stateful Session Beans unterstützen Sitzungen, die über mehrere Methodenaufrufe (und damit einen längeren Zeitraum) erhalten bleiben.

Stateless und Stateful Session Beans unterscheiden sich nicht in ihrem Aufbau. Lediglich im Deployment Descriptor wird dem Container bei der Anmeldung der Bean mitgeteilt, um welchen der beiden Bean-Typen es sich handelt.

### Das Home-Interface

Das Home-Interface dient zur Verwaltung der Instanzen einer Session Bean zur Laufzeit. Ein Client fordert über das Home-Interface Bean-Instanzen am Container an.

Das Home-Interface einer Session Bean unterstützt zwei Methodenarten zur Instanzverwaltung: *create()*-Methoden zum Erzeugen von Bean-Instanzen und *remove()*-Methoden zum Löschen von Instanzen. Es sind je nach Bedarf unterschiedliche *create()*- und *remove()*-Methoden zugelassen, sie müssen sich lediglich in den Parametern unterscheiden.

Rückgabewert einer *create()*-Methode ist das Remote-Interface einer Bean-Instanz bzw. eine Liste von Remote-Interfaces. Eine *create()*-Methode definiert zwei Ausnahmen, eine RemoteException bei Übertragungsfehlern sowie eine CreateException bei Erzeugungsfehlern.

*remove()*-Methoden erhalten als Parameter einen eindeutigen Identifikator der Bean-Instanz, die gelöscht werden soll. Zwei *remove()*-Methoden sind standardmäßig in der Schnittstelle *EJBHome* vorgegeben, so dass eine *remove()*-Methode in der Schnittstelle nicht explizit erforderlich ist.

```
public interface
BeispielSessionHome extends javax.ejb.EJBHome
  BeispielSession create() throws
  java.rmi.RemoteException,
  javax.ejb.CreateException;
}
```

Listing 9.1: Beispiel: Home-Interface

Die Schnittstelle *EJBHome* ist Teil des EJB-Standards und definiert grundlegende Methoden, die der Container zur Verwaltung von Bean-Instanzen benötigt.

## Das Remote-Interface

Das Remote-Interface einer Session Bean definiert die fachliche Schnittstelle für entfernte Zugriffe auf die Bean. Die Implementierung der Methoden erfolgt in der Bean-Klasse selbst. Jede Methode des Remote-Interface kann eine RemoteException werfen.

```
public interface
BeispielSession extends javax.ejb.EJBObject {
  public String helloWorld () throws
  java.rmi.RemoteException;
}
```

Listing 9.2: Beispiel: Remote-Interface

Das Remote-Interface wird von der Standardschnittstelle *EJBObject* abgeleitet. Wie *EJB-Home* liefert auch *EJBObject* einige Basismethoden zum Zugriff auf Bean-Instanzen. Beispielsweise definiert *EJBObject* die Methode *isIdentical()*, mit der geprüft werden kann, ob zwei Bean-Instanzen identisch sind.

## Die Bean-Implementierung

Die Bean-Klasse einer Session Bean liefert die Implementierungen zu den Methoden der beiden Schnittstellen. Um die Implementierung besser gegen die Umwelt abzuschirmen, handelt es sich jedoch nicht um eine explizite Implementierungsbeziehung zwischen Bean-Klasse und Schnittstellen. Die direkte Implementierung übernehmen generierte technische Klassen. Diese leiten die Aufrufe zur Laufzeit an die Bean-Instanz weiter.

Um die indirekte Abhängigkeit deutlich zu machen, wird jeder Implementierung einer Schnittstellenmethode, mit Ausnahme der Methoden des Remote-Interface, das Präfix ejb vorangestellt.

```
import javax.ejb.*;
public class BeispielSessionBean implements SessionBean {
  // Kontextklasse der Bean-Instanz
  private SessionContext context;
  // Implementierung der create()-Methode
  public void ejbCreate() throws CreateException {..}
  // Implementierung der fachlichen Methode
  public String helloWorld() {
    return „Hello World";
  }
  // Konstruktor der Bean für den Container
  public BeispielBean() {}
  // Standardmethoden der SessionBean-Schnittstelle
  public void ejbRemove() {}
  public void ejbActivate() {}
  public void ejbPassivate() {}
  public void setSessionContext
  (SessionContext context) {
    this.context = context;
  }
}
```

Listing 9.3: Beispiel: Session-Bean-Implementierung

Das Beispiel zeigt die Minimalversion der Implementierung einer Bean. Der Konstruktor dient ausschließlich dem Container zur Erzeugung von Bean-Instanzen. Neben den Methoden von Home- und Remote-Interface gibt die Standardschnittstelle Session-Bean mehrere Standardmethoden vor, die ebenfalls in der Bean-Klasse zu implementieren sind.

### Standardmethoden einer Session Bean

**setSessionContext():** Jede Instanz einer Session Bean erhält nach der Initialisierung vom Container ihren persönlichen Kontext (*SessionContext*). Im Kontext werden Metainformationen über die Instanz hinterlegt, die von der Bean, aber auch vom Container zur Laufzeit abgefragt werden können. Der Kontext kennt beispielsweise die Objektreferenz der Bean. Auch können Informationen zu Transaktionen, an denen die Instanz beteiligt ist, im Kontext abgelegt werden.

**ejbCreate()/ejbRemove():** Die Methode *ejbCreate()* ist die Implementierung der *create()*-Methode im Home-Interface. Zu jeder *create()*-Methode im Home-Interface wird eine entsprechende *ejbCreate()*-Methode in der Bean-Klasse implementiert.

Bei Aufruf der Methode *ejbRemove()* wird die Bean zum Löschen freigegeben. Auch diese Methode ist die Implementierung einer *remove()*-Methode im Home-Interface.

**ejbActivate()/ejbPassivate():** Eine aktive Bean-Instanz im Hauptspeicher kann, falls sie vorübergehend nicht benötigt wird, mit *ejbPassivate()* passiviert werden. Passivieren bedeutet: Die Bean-Instanz wird mit ihrem Zustand auf einen Bytestrom oder String abgebildet (serialisiert) und auf einem Speichermedium abgelegt. Bei Bedarf kann eine passivierte Bean über *ejbActivate()* wieder aktiviert werden.

**Zustandsdiagramm**  Stateless Session Beans werden vom Container zu einem beliebigen Zeitpunkt, beispielsweise mit Start des Containers, instanziiert. Ruft ein Client die Methode *create()* auf dem Home-Interface auf, wird ihm lediglich eine existierende Instanz zugewiesen (siehe *Abbildung 9.4 a*).

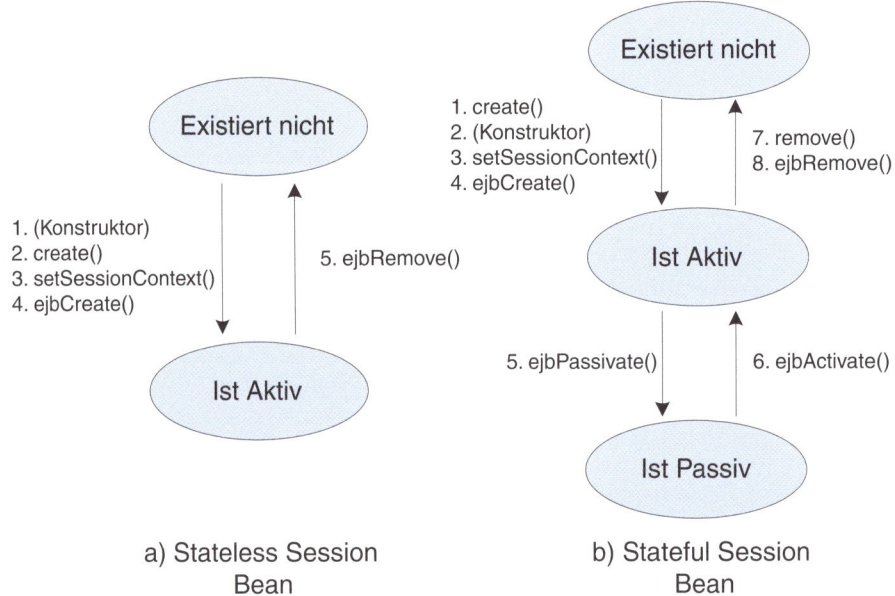

a) Stateless Session Bean

b) Stateful Session Bean

Abbildung 9.4: Zustandsdiagramme von Session Beans

Stateful Session Beans sind hingegen immer genau einem Client zugeordnet und werden explizit mit dem Aufruf der *create()*-Methode erstellt. Stateful Session Beans kennen zusätzlich den Zustand „Ist Passiv" zur Zwischenspeicherung einer Sitzung (siehe *Abbildung 9.4 b*).

## 9.3.2 Message Driven Beans

Eine Message Driven Bean agiert innerhalb der Middleware-Plattform als Empfänger von asynchronen Nachrichten. Nachrichten, die von der Plattform asynchron empfangen werden, werden zur Bearbeitung an Message Driven Beans weitergeleitet. Clients kommunizieren niemals direkt mit einer Message Driven Bean, so dass diese im Gegensatz zu anderen Bean-Typen kein Home- oder Remote-Interface definieren.

Message Driven Beans kamen mit Version 2.0 in den EJB-Standard. Die Nachrichten, die sie empfangen, können aus unterschiedlichen Quellen stammen. Sie können beispielsweise von lokalen Komponenten stammen oder auch von einer externen Quelle gesendet worden sein. Aktuell unterstützt der Standard ausschließlich das JMS-Format für Nachrichten (siehe auch Kapitel 6). Message Driven Beans sind wie Stateless Session Beans zustandslos.

### Die Bean-Implementierung

Die Implementierung einer Message Driven Bean verdeutlicht ihre Aufgabe als Nachrichtenempfänger. Neben der Schnittstelle *MessageDrivenBean*, die ihren Bean-Typ festlegt, implementiert eine Message Driven Bean zusätzlich die Schnittstelle *MessageListener* des JMS-Standards. Alle weiteren Methoden entsprechen denen einer Session-Bean.

```
import javax.ejb.*;
import javax.jms.*;
public class BeispielMessageDrivenBean implements
MessageDrivenBean, MessageListener {
  // Kontext der Bean-Instanz
  private MessageDrivenContext context;
  // Implementierung einer ejbCreate()-Methode
  public void ejbCreate() throws CreateException {..}
  // Implementierung der Listener-Methode aus der
  // Schnittstelle MessageListener.
  public void onMessage() {..}
  // Konstruktor der Bean für den Container
  public BeispielBean() {}
  // Standardmethoden
  public void ejbRemove() {}
  public void setMessageDrivenContext
  (MessageDrivenContext context) {
     this.context = context;
  }
}
```

Listing 9.4: Beispiel: Message-Driven-Bean-Implementierung

### Standardmethoden einer Message Driven Bean

**ejbCreate()/ejbRemove():** Die Methode *ejbCreate()* einer Message Driven Bean ist nicht an eine *create()*-Methode in einem Interface gebunden. Die Methode wird ausschließlich vom Container zur Initialisierung der Bean-Instanzen genutzt. Die Methode liefert keinen Rückgabewert, die Parameterliste ist leer. Mit der Methode *ejbRemove()* wird angezeigt, dass die Bean zum Löschen freigegeben wird. Auch diese Methode liefert keinen Rückgabewert, die Parameterliste ist leer.

**setMessageDrivenContext():** Jede Instanz einer Message Driven Bean erhält nach ihrer Initialisierung vom Container ihren persönlichen Kontext (*MessageDrivenContext*). Die Aufgaben des Kontextes entsprechen weitgehend denen eines Session-Bean-Kontextes.

**onMessage():** Die *onMessage()*-Methode ist Teil der *MessageListener*-Schnittstelle. Sie repräsentiert den Empfänger der Bean. Nachrichten, die der Server empfängt, übergibt er mit dieser Methode an die Bean. Dort wird die Nachricht weiterbearbeitet.

**Zustandsdiagramm**  Message Driven Beans kennen wie Stateless Session Beans keinen Zustand. Sie werden initialisiert und stehen ab diesem Zeitpunkt für den Empfang von Nachrichten zur Verfügung (siehe *Abbildung 9.5*).

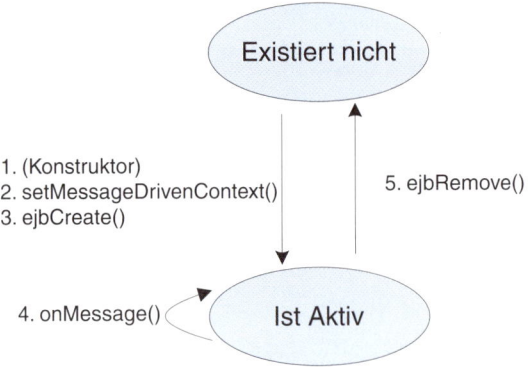

Abbildung 9.5: Zustandsdiagramm einer Message Driven Bean

## 9.3.3  Entity Beans

Während Session Beans Abläufe realisieren, repräsentieren Entity Beans die Entitäten, auf denen die Abläufe arbeiten. Entitäten könnten beispielsweise ein Flug, ein Kunde oder ein Konto sein. Ein Ablauf wäre dementsprechend z.B. eine Flugbuchung, eine Kundensuchabfrage oder eine Geldtransaktion auf ein Konto.

Entity-Bean-Instanzen repräsentieren konkrete Ausprägungen der Entitäten zur Laufzeit. Die Bean-Instanz einer Entität Kunde könnte beispielsweise der Kunde Erwin Müller sein, die Bean-Instanz eines Fluges der konkrete Flug 7708 der Alaska Air. Die Instanzdaten liegen als Datensätze in Datenbanktabellen und werden bei der Initialisierung einer Bean aus der Datenbank gelesen. Die Werte werden den Attributen der Instanz zugewiesen. Über den Container werden die Daten in der Datenbank mit den Daten der Bean im Hauptspeicher konsistent gehalten (siehe *Abbildung 9.6*).

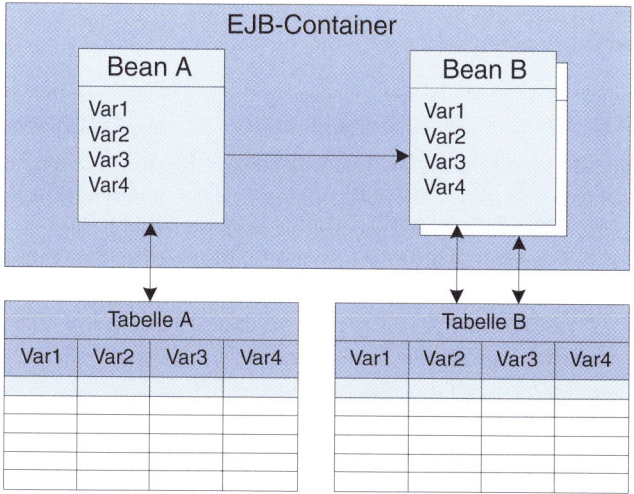

Abbildung 9.6: Abbildung zwischen Entity Bean und Datenbank

Die Beziehungen zwischen Datenbank und Bean werden im Deployment Descriptor der Bean definiert. Dort wird festgelegt, welche Tabelle durch die Bean repräsentiert wird und wie die Felder der Datenbanktabelle auf Attribute der Bean abgebildet werden.

Mit Version 2.0 wurde der EJB-Standard um lokale Schnittstellen erweitert. Lokale Schnittstellen werden eingesetzt, wenn Aufrufe auf einer Bean lokal im gleichen Prozessraum erfolgen. Lokale Schnittstellen können für Session Beans wie auch für Entity Beans verwendet werden. Da aus Designgründen Entity Beans jedoch generell lokal aufgerufen werden sollten, finden lokale Schnittstellen vor allem hier Verwendung.

### Local-Home-Interface

Das Local-Home-Interface entspricht in seinem Aufbau weitgehend dem Home-Interface. Es wird von der Schnittstelle *EJBLocalHome* des EJB-Standards abgeleitet.

```
public interface
BeispielEntityHome extends javax.ejb.EJBLocalHome {
  BeispielEntity create(..) throws
  javax.ejb.CreateException;
  BeispielEntity findByPrimaryKey(..) throws
  FinderException;
  Collection findByName(..) throws FinderException;
}
```

Listing 9.5: Beispiel: Local-Home-Interface einer Entity Bean

Das Home-Interface einer Entity Bean unterstützt neben *create()-* und *remove()*-Methoden einen weiteren Methodentyp, die Finder-Methoden. Finder-Methoden definieren Suchabfrage auf der Datenbank. Ergebnisse sind Bean-Instanzen mit den Werten der Datensätze. Während create() Methoden neue Instanzen erzeugen, stellen Finder-

Methoden bereits persisierte Instanzen wieder her. Das Format einer Finder-Methode ist im EJB-Standard festgelegt:

```
findBy<Suchkriterium>(<Werte des Suchkriteriums>) throws FinderExcep-
tion;
```

Eine Finder-Methode, die jede Entity Bean standardmäßig unterstützt, ist die Methode *findByPrimaryKey()*. Über den Primärschlüssel wird ein Datensatz in der Tabelle gesucht und genau eine entsprechende Bean-Instanz erzeugt.

Rückgabewert einer Finder-Methode ist das Local- bzw. Remote-Interface einer Bean-Instanz oder einer Liste von Bean-Instanzen, die alle das gleiche Interface implementieren. Die Abfragelogik der Finder-Methoden wird mit der an SQL angelehnten Abfragesprache EJB QL im Deployment Descriptor definiert.

### Local-Interface

Das Local-Interface ist die lokale Variante des Remote-Interfaces. Local-Interface und Local-Home-Interface werden immer gemeinsam verwendet.

```
public interface
BeispielEntity extends javax.ejb.EJBLocalObject {
  public void tuEtwas ();
}
```

Listing 9.6: Beispiel: Local Interface einer Entity Bean

### Persistenz bei Entity Beans

Zur Erhaltung der Datenkonsistenz zwischen Bean-Instanzen und Datenbank sieht der EJB-Standard zwei Konzepte vor:

**Container-managed Persistence (CMP):** Bei CMP übernimmt der Container als Persistenzframework die Verantwortung für den Abgleich der Daten sowie für die Erhaltung der Datenkonsistenz. Er kontrolliert, für die Anwendung vollständig transparent, die Zugriffe auf die Datenbank.

**Bean-managed Persistence (BMP):** BMP überlässt die Verantwortung für den Datenabgleich dem Entwickler. Dieser kann auf Konzepte des Containers zurückgreifen.

Der BMP-Ansatz ist flexibler in der Anwendung, jedoch aufwändiger und fehleranfälliger. In der Anwendungsentwicklung werden die beiden Ansätze häufig gemischt eingesetzt. Die Implementierungen der Bean-Klasse einer Entity Bean unterscheiden sich je nach dem verwendeten Ansatz.

> *CMP oder BMP?* Wie vieles in der J2EE-Plattform ist auch dieser zweigleisige Ansatz zum Teil historisch bedingt. Der CMP-Ansatz des EJB-Containers war in frühen Versionen des Standards noch nicht ausgereift genug, um allen Anforderungen einer datenzentrierten Anwendung gerecht zu werden. Defizite wurden mit BMP ausgeglichen. Mit Version 2.0 wurde die Persistenz komplett erneuert und die CMP-Funktionalität erweitert, so dass der Anteil an BMP in Anwendungen immer geringer wird.

## CMP-Bean-Implementierung

Bei CMP übernimmt der Container vollständig die Aufgaben eines Persistenzframeworks. Die notwendigen Informationen erhält er über ein abstraktes Schema im Deployment Descriptor der Bean. Das abstrakte Schema ist eine XML-Beschreibung des physikalischen Schemas in der Datenbank. Mit einer speziellen Sprache, der EJB QL (EJB Query Language) hat der Entwickler die Möglichkeit, Abfragen auf dem abstrakten Schema zu formulieren. Der Container übersetzt die Abfragen in SQL-Aufrufe.

Eine CMP Bean wird vom Entwickler als abstrakte Klasse implementiert. Ein ejb-Compiler generiert eine konkrete Klasse, die Attribute und Methoden der abstrakten Klasse erbt, jedoch ausschließlich unter der Verwaltung des Containers steht. Kern einer CMP Bean sind ihre Attribute. Folgende Attributtypen werden unterschieden:

**Persistente Attribute:** Persistente Attribute sind Attribute der Bean, die direkt auf Felder einer Datenbank abgebildet werden. In der abstrakten Bean-Klasse werden die Zugriffsmethoden als abstrakte Methoden definiert. Die konkrete Bean-Klasse im Container verwaltet die Attribute.

**Beziehungsfelder:** Beans haben wie Tabellen Beziehungen untereinander. Diese können von unterschiedlicher Multiplizität sein:

- 1:1: Die 1:1-Beziehung besteht immer zwischen genau zwei Instanzen. Beispiel: Ein Mann ist mit genau einer Frau verheiratet.

- 1:n: Die 1:n-Beziehung besteht zwischen einer Instanz und einer Menge von Instanzen. Sie ist gerichtet. Beispiel: Eine Frau hat mehrere Kinder.

- n:m: Diese Beziehung besteht zwischen Mengen von Instanzen. Beispiel: Kinder sind mit Kindern befreundet.

Beziehungen werden, ähnlich den persistenten Attributen, in der abstrakten Bean-Klasse über Zugriffsmethoden realisiert. Multiplizität und Richtung von Beziehungen werden im abstrakten Schema definiert und vom Container entsprechend umgesetzt.

**Primärschlüssel:** Zur Vermeidung von Inkonsistenzen in den Daten müssen Datensätze in der Datenbank sowie Bean-Instanzen im Hauptspeicher jederzeit eindeutig identifizierbar sein. Sichergestellt wird dies durch die Verwendung von Primärschlüsseln.

Der Primärschlüssel einer Bean entspricht dem Primärschlüssel ihrer zugehörigen Datenbanktabelle. Er setzt sich aus einem oder mehreren persistenten Attributen zusammen. Bei einfachen Schlüsseln wird das entsprechende Attribut im Deployment Descriptor als Schlüssel markiert. Bei zusammengesetzten Primärschlüsseln wird eine eigene Schlüsselklasse eingeführt. Diese enthält alle zum Primärschlüssel gehörigen Attribute mit Zugriffsmethoden.

```
public class
BeispielPrimKeyClass implements java.io.Serializable {
 // Variablen des Primärschlüssels
 public String PrimKeyAttribut_1;
 public String PrimKeyAttribut_2;
 // Konstruktor der Schlüsselklasse
 public BeispielPrimKeyClass() { }
 // Zugriffsmethoden auf Schlüsselattribute
 public String get PrimKeyAttribut_1 () {
   return PrimKeyAttribut_1;
 }
```

```
public String get PrimKeyAttribut_2 () {
  return PrimKeyAttribut_2;
}
// Hilfemethoden
public boolean equals (Object andererPrimKey) {..}
public int hashCode () {..}
}
```

Listing 9.7: Beispiel: Primärschlüsselklasse

Zur Prüfung der Eindeutigkeit eines Schlüssels wird ein Mechanismus der Java-Plattform verwendet. Die Schlüsselklasse erhält einer Implementierung der zwei Hilfsmethoden *equals()* und *hashCode()*. Die Methode *equals()* prüft, ob die beim Aufruf übergebene Primärschlüsselinstanz identisch ist zur aktuellen Primärschlüsselinstanz. Die Methode *hashCode()* generiert aus den Werten einen eindeutigen Hashcode der Primärschlüsselinstanz. Die Implementierung der Methoden muss jeweils vom Entwickler geliefert werden.

Die abstrakten Anteile einer CMP Bean umfassen die Bereiche, die mit Zugriffen auf die Datenbank verbunden sind: persistente Attribute und Beziehungsattribute. Dies ist notwenig, um dem Container die volle Zugriffsverantwortung auf die Datenbank zu überlassen.

```
public abstract class BeispielCMPEntityBean implements EntityBean {
// Kontext der Bean-Instanz
private EntityContext context;
// Zugriffsmethoden für Primärschlüsselattribute
public abstract String getPrimKeyAttribut_1();
public abstract void
setPrimKeyAttribut_1 (String value);
public abstract String getPrimKeyAttribut_2();
public abstract
void setPrimKeyAttribut_2 (String value);
// Zugriffsmethoden für weitere persistente Attribute
public abstract String getPersAttribut_1();
public abstract void setPersAttribut_1 (String value);
// Zugriffsmethoden auf 1:n-Beziehungsattribut
public abstract getAndereBean();
public abstract void setAndereBean(Beantyp andereBean);
// Standardmethoden
public void setEntityContext(EntityContext ctx) {
  context = ctx;
}
public void unsetEntityContext() {
  context = null;
}
public String ejbCreate(..) throws CreateException {}
public void ejbPostCreate(..) throws CreateException {}
public void ejbRemove() {}
public void ejbLoad() {}
public void ejbStore() {}
public void ejbPassivate() {}
public void ejbActivate() {}
}
```

Listing 9.8: Beispiel: CMP-Bean-Implementierung

Die abstrakte Klasse ist Grundlage für die konkrete Bean-Klasse im Container. Dem Entwickler ist es freigestellt, die abstrakte Bean um eigene Methoden zu erweitern. Diese werden an die konkrete Klasse weitervererbt.

### Standardmethoden einer CMP Entity Bean

**Select-Methoden:** Select-Methoden sind eng mit Finder-Methoden verwandt. Sie definieren ebenfalls Abfragen auf der Datenbank. Im Gegensatz zu Finder-Methoden werden Select-Methoden jedoch nicht in der Schnittstelle definiert und stehen somit auch nicht für den Zugriff von außen zur Verfügung. Select-Methoden sind ausschließlich für den Gebrauch durch andere Methoden innerhalb der Bean vorgesehen. Select-Methoden werden als abstrakte Methoden in der Bean-Klasse definiert. Die Abfragelogik wird mit EJB QL im Deployment Descriptor festgelegt.

**setEntityContext()/unsetEntityContext():** Mit der Methode *setEntityContext()* wird der Bean-Instanz ihr Kontext zugeordnet. Der Kontext einer Entity Bean verwaltet neben den üblichen Aufgaben zusätzlich den Primärschlüssel der Bean-Instanz. Die Methode *unsetEntityContext()* löscht den Kontext. Damit wird die Bean-Instanz explizit zum Löschen freigegeben.

**ejbCreate()/ejbRemove:** Mit der *ejbCreate()*-Methode wird der Bean-Instanz ein Datensatz zugeordnet, sie erhält ihre Identität. Mit der Methode *ejbRemove()* wird die Bean in einen neutralen Zustand versetzt. Bei CMP bleiben beide Methoden häufig leer. Der Container übernimmt transparent Zuordnung und Freigabe.

**ejbPostCreate():** Die *ejbPostCreate()*-Methode wird ausschließlich von Entity Beans unterstützt. Zu jeder *ejbCreate()*-Methode der Bean wird eine *ejbPostCreate()*-Methode angelegt. Diese wird unmittelbar nach Ausführung der *ejbCreate()*-Methode vom Container aufgerufen. Im Gegensatz zur *ejbCreate()*-Methode hat die *ejbPostCreate()*-Methode Zugriff auf den *EntityContext* und kann dort bei Bedarf ihren Primärschlüssel erfragen.

**ejbLoad()/ejbStore():** Die Methoden *ejbLoad()* und *ejbStore()* dienen zur Synchronisation der Bean-Instanz mit der Datenbank. Da eine Entity Bean über einen längeren Zeitraum im Hauptspeicher aktiv ist, muss bei jedem Zugriff sichergestellt sein, dass die Daten in der Bean mit den Daten in der Datenbank übereinstimmen. Bei reinen CMP Beans bleiben diese Methoden üblicherweise leer, da der Container die Synchronisation selbständig durchführt. Sie können genutzt werden, um BMP-Anteile innerhalb einer CMP Bean zu realisieren.

**Zustandsdiagramm** Instanzen einer Entity Bean werden vom Container auf Vorrat angelegt und in einen Pool gestellt. Ruft ein Client die Methode *create()* über das Home-Interface auf, wird der Bean-Instanz ein Datensatz und somit eine Identität zugewiesen. Die Instanz kann bei Bedarf zwischengespeichert oder, falls die Daten nicht mehr benötigt werden, neutralisiert und wieder in den Pool zurückgestellt werden.

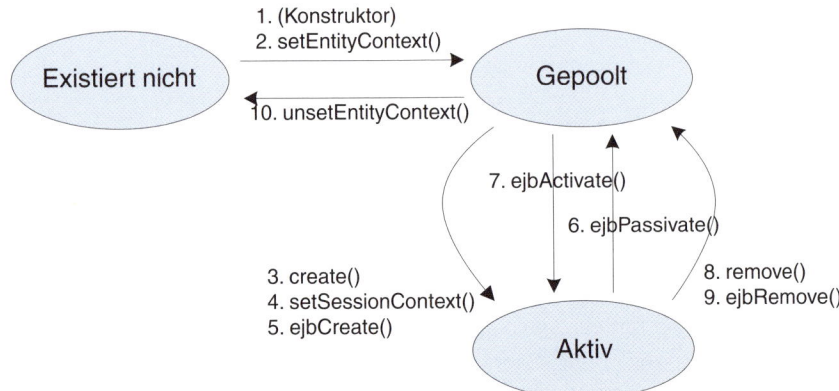

Abbildung 9.7: Zustandsdiagramm einer Entity Bean

## BMP-Bean-Implementierung

Bei BMP Beans ist die Erhaltung der Datenkonsistenz Aufgabe des Entwicklers. Er kann dabei auf Konzepte des Containers zurückgreifen. Die Struktur von Remote/Local-Interface und Implementierung einer BMP Bean entsprechen der Struktur einer CMP Bean. Das Home-Interface unterstützt zusätzlich Methoden (Home-Methoden), die auf allen Instanzen und damit auf allen zugehörigen Datensätzen einer Bean durchgeführt werden können.

```
public interface
BeispielEntityHome extends EJBLocalHome {
...
  public void berechneFuerAlle (...)
  throws RemoteException;
}
```

Listing 9.9: Beispiel instanzübergreifende Methoden im Home-Interface

Um dem Container anzuzeigen, dass es sich um eine instanzübergreifende Methode handelt, erhält die Methodenimplementierung in der Bean das Präfix *ejbHome*.

```
public class
BeispielEntityBean implements EntityBean {
...
  public void ejbHomeBerechneFuerAlle (...)
  { ... }
}
```

Listing 9.10: Beispiel: Implementierung der instanzübergreifenden Methode

BMP Beans werden im Gegensatz zu CMP Beans direkt als konkrete Klassen implementiert. Persistente Attribute und Beziehungen werden in einer BMP Bean als private Attribute mit Zugriffsmethoden definiert.

### Standardmethoden

**Select-Methoden/Finder-Methoden:** Anfragen in Select- und Finder-Methoden werden in der Bean-Klasse implementiert. Für die Formulierung der Abfragen und den Datenbankzugriff steht das JDBC-API (Java Database Connectivity) zur Verfügung.

**ejbCreate()/ejbRemove:** Alle *ejbCreate()*- und *ejbRemove()*-Methoden sind explizit zu implementieren. Ein automatisches Setzen der Werte wie bei CMP erfolgt hier nicht.

**ejbLoad()/ejbStore():** Beide Methoden spielen für BMP eine entscheidende Rolle. Sie geben dem Entwickler ein Mittel an die Hand, den Datenbankabgleich zu definierten Zeitpunkten zu erzwingen. Mit *ejbLoad()* wird der Datensatz der Bean-Instanz aus der Datenbank geladen, mit *ejbStore()* werden die Attributwerte in die Datenbank zurückgeschrieben. Standardmäßig werden sie immer zu Beginn und am Ende einer Transaktion vom Container aufgerufen. Sie können jedoch auch explizit in anderen Methoden genutzt werden. Die Implementierung erfolgt durch den Entwickler.

## 9.3.4  Deployment

Mit dem Begriff Deployment werden der Fertigstellungsprozess einer Enterprise Bean und ihre Anmeldung am Container bezeichnet. Der gesamte Deployment-Prozess setzt sich aus einer Reihe von Einzelschritten zusammen:

**1.** Ausgehend von Schnittstellen, Bean-Implementierung und Deployment Descriptor werden mit Hilfe eines speziellen ejb-Compilers verschiedene Hilfsklassen wie Stubs und Skeleton sowie technische Klassen zur Einbettung in den Container generiert. Der Compiler prüft zusätzlich die Konformität der Bean zum Standard.

**2.** Alle generierten und implementierten Klassen sowie die Schnittstellen werden kompiliert und in einem Jar-Archiv verpackt. Die Bean ist damit fertig zur Auslieferung. Die Java-Plattform stellt hierfür das Archivierungswerkzeug Jar zur Verfügung.

**3.** Das Jar-Archiv wird auf die Zielplattform kopiert und am EJB-Container angemeldet. Der Container meldet die Bean am JNDI-Namensdienst an. Ab diesem Zeitpunkt steht die Bean für Anfragen von Clients oder anderen Beans zur Verfügung.

Häufig werden Beans nicht einzeln am Container angemeldet, sondern sind Bestandteil eines Ear-Archivs, welches am Container angemeldet wird. Ear-Archive fassen alle J2EE Bestandteile einer Anwendung zusammen.

## 9.4  Kommunikationsablauf

Mit dem Deployment am Container stehen Beans zur Nutzung durch beliebige Clients zur Verfügung. Die explizite Implementierung eines Serverprozesses ist nicht mehr notwendig. Zur Beschreibung eines Kommunikationsablaufs ist daher lediglich die Clientseite von Interesse. Zu Clients gehören alle Client-Typen der J2EE-Plattform wie Anwendungsclient, Applet oder Servlet. Es kann jedoch auch jede beliebige Bean Client einer anderen Bean sein.

Zur Kommunikation mit Enterprise Beans wird auf Java RMI zurückgegriffen. Als Namensdienst wird der JNDI verwendet. Ein Client holt sich über den JNDI eine Referenz auf das Home-Interface der Bean. Durch Aufruf einer *create()*- oder Finder-

Methode erhält der Client eine Referenz auf das Remote-Interface und kann die Dienste der Bean nutzen.

```
public static void main(String[] args) {
try {
  // Hole Referenz vom Namensdienst. Der JNDI-Kontext
  // repräsentiert den Einstieg in den JNDI-Baum
  javax.naming.Context context = new
  javax.naming.InitialContext();
  javax.naming.Context myEnv = (javax.naming.Context)
  context.lookup("java:comp/env");
  // Hole Referenz auf Home-Interface
  Object objref = myEnv.lookup("ejb/HelloWorld");
  HelloWorldHome home = (HelloWorldHome)
  javax.rmi.PortableRemoteObject.narrow(objref, HelloWorldHome.class);
  // Hole Referenz auf Remote-Interface
  HelloWorld hello = home.create();
  // Rufe Bean-Methode auf
  hello.helloWorld();
} catch (Exception e)
  {e.printStackTrace();)
}
```

Listing 9.11: Beispiel: Bean Client

Um Aufrufe auf dem Namensdienst zu minimieren, können bei Bedarf Referenzen auf Home- oder Remote-Interface in Handles umgewandelt und am Client zwischengespeichert werden. Handles sind serialisierbar und können bei Bedarf auch persistent zwischengespeichert werden.

## 9.5 J2EE-Dienste

Die J2EE-Plattform bietet eine Reihe von Standarddiensten. Im Folgenden werden drei der Dienste vorgestellt, eine vollständige Liste findet sich in der Spezifikation.

### 9.5.1 JTA/JTS

Das Java Transaction API (JTA) definiert eine Standardschnittstelle zur Transaktionsverwaltung. Kern des JTA sind drei Schnittstellen: Transaction, Transaction-Manager und User-Transaction.

■ Der Transaction-Manager bietet die üblichen Methoden zur Transaktionsverwaltung, wie *begin*, *commit* und *rollback*.

■ Die Transaction-Schnittstelle ermöglicht Methodenaufrufe auf einer konkreten Transaktion.

■ Eine User-Transaction bietet die Möglichkeit, die Grenzen einer Transaktion individuell zu bestimmen.

Ein EJB-Container unterstützt (ähnlich der Persistenz-Transaktionen), die vom Container verwaltet werden (Container-managed Transactions) sowie Transaktionen, die der Entwickler explizit festlegen kann (Bean-managed Transactions).

## Container-managed Transactions (CMT)

Die Festlegung des Transaktionsverhaltens einer Bean erfolgt über die Zuordnung von Transaktionsattributen. Der Standard unterstützt sechs Transaktionsattribute (siehe *Tabelle 9.1*).

| Tabelle 9.1 | |
|---|---|
| **Transaktionsattribute** | |
| Required | Läuft der Client bei einem Aufruf innerhalb einer Transaktion, wird diese übernommen, andernfalls wird eine neue Transaktion gestartet. |
| RequiresNew | Die Transaktion des Clients wird zurückgestellt und es wird eine neue Transaktion für die Bean-Methode gestartet. Nach Beendigung der Methode wird die Transaktion des Clients wieder aktiviert. |
| Mandatory | Die Bean-Methode erwartet, dass der Client in einer Transaktion läuft, die übernommen wird. Ist dies nicht der Fall, wird eine Ausnahme geworfen. |
| NotSupported | Die Bean-Methode unterstützt keine Transaktion. Wenn der Client in einer Transaktion läuft, wird diese zurückgestellt. Nach Ausführung der Methode wird die Transaktion des Clients wieder aktiviert. |
| Supports | Die Bean-Methode übernimmt das Verhalten des Clients. Läuft der Client in einer Transaktion, wird diese übernommen. Andernfalls wird die Methode ohne Transaktion ausgeführt. |
| Never | Transaktionen vom Aufrufer werden nicht akzeptiert. Läuft der Client in einer Transaktion, wird eine Ausnahme geworfen. |

Transaktionsattribute werden der gesamten Bean oder auch einzelnen Bean-Methoden zugeordnet. Der Entwickler setzt die entsprechenden Attribute im Deployment Descriptor.

## Bean-managed Transactions (BMT)

Bean-managed Transactions bieten die Möglichkeit einer individuellen Transaktionsverwaltung. Transaktionen werden unabhängig von Bean- und Methodengrenzen durch die Anwendung gesetzt. Zum Setzen der Transaktionsgrenzen steht dem Entwickler die User-Transaction-Schnittstelle zur Verfügung.

```
public void BMT_Methode() {
  // Anlegen einer User-Transaction
  UserTransaction ut = context.getUserTransaction();
  try {
    // Starten der Transaktion
    ut.begin();
    // Durchführung transaktionsgeschützter Aktionen
    ...
    ut.commit();
  } catch (Exception e) {
    // Im Fall einer Ausnahme muss die Transaktion
    // sicher zurückgesetzt werden.
```

```
   try {
     ut.rollback();
   } catch (SystemException e) {
// Reaktion im Fehlerfall
   }
 }
 // Durchführung nicht transaktionsgeschützter
 // Aktionen
 ...
}
```

Listing 9.12: Beispiel: Bean-managed Transaction

### Der Java Transaction Service (JTS)

Während der JTA das API zum Transaktionsdienst repräsentiert, definiert der Java Transaction Service (JTS) die Schnittstelle des Transaktionsdienstes selbst. Insbesondere zwei Schnittstellen sind relevant: die Schnittstelle, die der JTS dem JTA anbietet, sowie die Schnittstelle zu den Ressourcenverwaltern. JTS ist ausschließlich für Entwickler einer J2EE-Plattform relevant.

## 9.5.2   JCA

Die J2EE Connector Architecture (JCA) wurde mit Version 1.3 in den J2EE-Standard aufgenommen. JCA definiert eine Standardarchitektur zur Integration beliebiger Informationssysteme mit einer J2EE-Plattform. Mit JCA macht J2EE den Schritt von einer Middleware-Plattform hin zu einer Middleware- und Integrations-Plattform.

Hersteller standardisierter Informationssysteme wie SAP entwickeln auf Basis der JCA spezialisierte Adapter, diese werden dann in eine J2EE-Plattform eingesetzt. Die Kommunikation zum Informationssystem übernimmt der Adapter. Die JCA-Architektur konzentriert sich vor allem auf die Definition von Kontrakten zwischen den integrierten Anwendungen.

### Systemkontrakte (System Level Contracts)

JCA definiert drei Systemkontrakte, die von der J2EE-Plattform sowie von der Plattform des ‚fremden' Informationssystems unterstützt werden müssen:

**Kontrakt zur Verbindungsverwaltung:** Der Kontrakt ermöglicht es der J2EE-Plattform, Verbindungen zum Fremdsystem auf Vorrat anzulegen. Dies ist vor allem für die Skalierbarkeit der Anwendungen wichtig.

**Kontrakt zur Transaktionsverwaltung:** Der Kontrakt definiert die Schnittstelle zwischen dem Transaktionsdienst der J2EE-Plattform und dem Ressourcenverwalter des Fremdsystems.

**Sicherheitskontrakt:** Der Kontrakt garantiert den geschützten Zugriff auf das Fremdsystem.

Die Einhaltung der Systemkontrakte ist stark von den Fähigkeiten der zu integrierenden Systeme abhängig. In manchen Fällen ist beispielsweise ein plattformübergreifendes Transaktionsmanagement aus technischer Sicht nicht möglich, teilweise aus fachlicher Sicht nicht sinnvoll. Die Spezifikation erlaubt eine geeignete Anpassung der Adapter.

## Anwendungskontrakte (Application Contracts)

Anwendungskontrakte definieren die Schnittstelle zwischen Bean und Adapter. Entscheidend ist die Definition einer Schnittstelle, die es dem Entwickler erlaubt, beliebige fachliche Anfragen an das Informationssystem zu formulieren.

Der JCA-Standard definiert ein allgemeines API, das Common Client Interface (CCI). Dieses wird jeweils an die Belange des zu integrierenden Systems angepasst. Bekanntes Beispiel einer CCI-Implementierung ist die Java Database Connectivity (JDBC), die den Zugriff auf relationale Datenbanken unterstützt.

### 9.5.3 JMX

Der JMX-Standard (Java Management Extension) definiert eine Architektur zur Verwaltung und Überwachung von Ressourcen wie Objekten, Treibern, Diensten oder vollständigen Anwendungen. Die Architektur umfasst drei Level, wobei nur zu zwei der Level, Instrumentation Level und Agent Level, eine Spezifikation existiert. *Abbildung 9.8* beschreibt die JMX-Architektur.

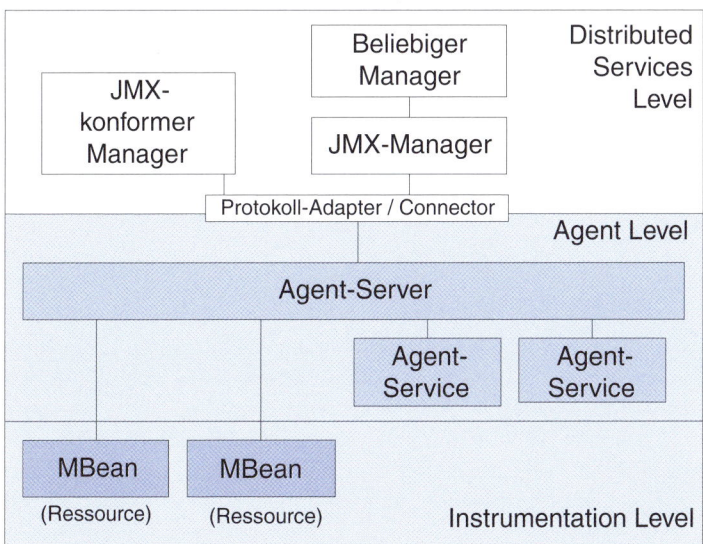

Abbildung 9.8: JMX-Architektur

Die Spezifikation des Instrumentation Level beschreibt, wie Ressourcen zu JMX-Verwaltungseinheiten (JMX Managable Resources) werden. Die Instrumentierung erfolgt durch Erweiterung der Ressourcen zu MBeans (Managed Beans). Eine MBean ist ein Java-Objekt, das eine vorgegebene Schnittstelle implementiert und zu einem im Standard vorgegebenen Entwurfsmuster konform ist. Die Schnittstelle dient dem Agent Server zur Überwachung.

Um eine Ressource in eine MBean umzuwandeln, muss sie entweder selbst die Vorgaben einer MBean implementieren oder ein MBean-Objekt als Kapsel nutzen. MBeans werden am Agent Server registriert.

MBeans werden vom Agent Level aus überwacht. Zum Agent Level gehört ein Agent Server sowie eine Reihe von Agent Services, die ebenfalls als MBeans realisiert sind. Im Standard sind vier Agent Services vordefiniert:

- Ein Dynamic-Loading-Service erlaubt das dynamische Instanziieren von MBeans zur Laufzeit.
- Ein Monitoring-Service dient der Überwachung von Attributwerten. Bei Auftreten bestimmter Bedingungen wird eine Meldung verschickt.
- Ein Timer-Service versendet Nachrichten in vorgegebenen Intervallen.
- Ein Relation-Service dient zur Definition und Überwachung von Beziehungen zwischen MBeans.

Bei Bedarf kann ein Agent Server um individuell entwickelte Dienste erweitert werden. Die Überwachungsinformationen werden an ein Management-System, den JMX-Manager, weitergeleitet und dienen als Grundlage der Systemüberwachung. Die Schnittstelle zwischen Agent Server und JMX-Manager ist aktuell noch nicht im Standard enthalten.

## 9.6  J2EE-Architekturkonzepte

Für den Entwickler einer J2EE-Anwendung stellt sich nun die Frage, wie Bean-Typen und Dienste geeignet in der Praxis eingesetzt werden, um tragfähige und performante Anwendungen zu entwickeln. Als Leitfaden für den Anwendungsentwickler bietet Sun zwei Architekturkonzepte: einen Musterkatalog mit 21 speziell für J2EE-Anwendungen angepassten Mustern sowie eine J2EE-Musterarchitektur, den Sun BluePrint.

### 9.6.1  Der J2EE-Musterkatalog

J2EE-Muster können von der Granularität her zwischen Entwurfs- und Architekturmustern eingeordnet werden. Sie beschreiben Lösungen für Entwurfsprobleme auf der Ebene von Beans und Klassen.

Zur Klassifikation der J2EE-Muster greift Sun auf das Konzept der Tier zurück. Jedes Muster wird einer Tier und damit einer Klasse zugeordnet. Das Sun-Tier-Modell kennt fünf Tiers. Für den Musterkatalog spielen Client- und Ressourcen-Tier jedoch keine Rolle.

**Presentation-Tier-Muster:** Presentation-Tier-Muster konzentrieren sich auf Entwurfslösungen für alle Teile einer J2EE-Webanwendung, die auf dem Webserver liegen, wie Servlets, Java Server Pages und Java-Klassen. Zu den Aufgaben der Presentation-Tier-Muster gehört die Entgegennahme und Überwachung von HTTP-Aufrufen, die Prüfung und Aufbereitung der übertragenen Daten, die Weiterleitung der Aufrufe an Beans sowie die Dialogverwaltung.

**Business-Tier-Muster:** Business-Tier-Muster sind der Kern des Musterkatalogs. Sie geben Richtlinien für den Entwurf des Anwendungskerns auf der Basis von Enterprise Beans und Klassen. Im Zentrum der Business-Tier-Muster liegt die Verteilung der Anwendungslogik auf Schichten mit unterschiedlichen Aufgaben. Die Prozessschicht realisiert Abläufe und schützt den Zugriff auf die Daten, die Datenschicht ist für die Umsetzung der Persistenz mit Unterstützung des Containers zuständig.

**Integration-Tier-Muster:** Integration-Tier-Muster fokussieren auf die Anbindung der Anwendungslogik an die Umgebung; sei dies eine Datenbank, ein Fremdsystem, eine nachrichtenorientierte Middleware oder ein Webservice. Ziel der Integration-Tier-Muster ist eine möglichst homogene und für die Anwendung transparente Einbindung der Interaktionen zur Außenwelt.

## 9.6.2 Der J2EE BluePrint

Die J2EE BluePrint Design Guidelines von Sun, auch kurz J2EE BluePrint genannt, definieren eine Musterarchitektur für J2EE-Anwendungen. Der BluePrint kann als eine Ergänzung des J2EE-Musterkatalogs gesehen werden.

Ausgehend von einer Beispielanwendung definiert der BluePrint einen umfassenden Architekturrahmen für verteilte J2EE-Anwendungen. Er gibt an, wie die Muster sinnvoll im Zusammenhang einzusetzen sind, und beschreibt Richtlinien für Entwurfsprobleme, die der Musterkatalog nicht abdeckt, wie beispielsweise die Integration von Transaktionen und Sicherheitsaspekten im Entwurf. Im Folgenden werden einige der Richtlinien vorgestellt.

### Tier-spezifische Entwurfsrichtlinien

Tier-spezifische Entwurfsrichtlinien betreffen den internen Aufbau einer Anwendung. Wie der Musterkatalog orientiert sich auch der BluePrint an einem (leicht abgewandelten) Tier-Modell. Für jede Tier werden Muster aus dem J2EE-Musterkatalog sowie zusätzliche Entwurfsrichtlinien festgelegt.

**Entwurfsrichtlinien für die Client-Tier** Der J2EE-BluePrint geht generell von Thin-Client-Architekturen aus (siehe auch Kapitel 1). Für den Entwurf sind Lösungen für folgende Fragestellungen zu finden:

- die graphische Darstellung der Benutzerschnittstelle,
- die Prüfung der Anwendereingaben,
- die Weiterleitung der Anwenderanfragen zum Webserver oder zum Anwendungsserver,
- die Zustandsverwaltung (Cookies, URL Rewriting).

Der BluePrint unterscheidet zwischen Java-Clients und Browser-Clients. Anhand der Beispielanwendung beschreibt er Entwurfsrichtlinien für die genannten Fragestellungen. J2EE-Muster existieren auf dieser Tier nicht, so dass es sich hauptsächlich um Lösungen der technischen Basisinfrastruktur oder Lösungen basierend auf den Technologien der Java-Plattform (z.B. Java Swing) handelt.

**Entwurfsrichtlinien für die Web-Tier** Die Entwurfsrichtlinien für die Web-Tier konzentrieren sich auf den Entwurf der Anwendungskomponenten auf dem Webserver. Entwurfsfragestellungen für die Web-Tier sind beispielsweise:

- die Trennung von HTML und Java-Code,
- die Weiterleitung von Anwenderanfragen zum Anwendungsserver,
- die Dialogverwaltung,
- die Zustandsverwaltung (HTTP-Session).

Der BluePrint gibt Richtlinien für den Einsatz von Servlets bzw. Java Server Pages. Es wird diskutiert, wann und wie Custom Tags einzusetzen sind und wie die Behandlung von XML-Dokumenten geeignet in die Architektur integriert werden kann – eine Fragestellung, die vor allem für Webservices interessant ist. Als grundlegendes Architekturmuster einer J2EE-Webanwendung schlägt der BluePrint das Model-View-Controller-Muster vor. Der BluePrint setzt auf den Presentation-Tier-Mustern des Musterkatalogs auf.

**Entwurfsrichtlinien für die EJB-Tier**  Für den Entwurf der EJB-Tier orientiert sich der BluePrint an folgenden Vorgaben:

- Die Anwendung auf der EJB-Tier sollte client-neutral sein. D.h., jeder Client, unabhängig davon, ob es sich um einen Webclient oder Java-Client handelt, kann auf gleiche Art und Weise mit der Anwendung kommunizieren.

- Die Anwendungslogik sollte vollständig auf der EJB-Tier liegen. Diese Anforderung spiegelt die Philosophie der Thin-Client-Architektur wider, die wesentliche Voraussetzung für die Skalierbarkeit einer Anwendung ist.

- Die Zustandsverwaltung sollte, soweit möglich und sinnvoll, auf der EJB-Tier angesiedelt sein, auch wenn grundsätzlich eine Zustandsverwaltung auf Web-Tier bzw. Client-Tier möglich ist.

Der BluePrint setzt auf den Business-Tier-Mustern des Musterkatalogs auf. Zusätzlich werden Fragestellungen zur Verwendung von Local- und Remote-Interfaces, zur Verwaltung von Bean-Referenzen, zur Granularität von Beans sowie zu Beziehungsmustern zwischen Beans geklärt.

**Entwurfsrichtlinien für die Integration-Tier**  Es werden Möglichkeiten zur Realisierung synchroner und asynchroner Integration vorgestellt sowie Richtlinien für eine geeignete Verbindungsverwaltung gegeben.

Die Vorgaben des BluePrints für den Entwurf der Integration-Tier setzen auf den Integration-Tier-Mustern des Musterkatalogs auf.

## Richtlinien zur Transaktionsverwaltung

Transaktionen können auf unterschiedlichen Ebenen einer Anwendung eingesetzt werden. Der J2EE-Standard bietet mit CMT und BMT die Beschreibung der technischen Infrastruktur. Er sagt jedoch nichts darüber aus, wie diese Techniken geeignet einzusetzen sind.

Der BluePrint diskutiert, auf welchen Tiers Transaktionen grundsätzlich eingesetzt werden können und anhand welcher Richtlinien der Softwarearchitekt seinen Transaktionsentwurf machen sollte.

## Richtlinien zur Internationalisierung

Unter Internationalisierung versteht man die Anpassung einer Anwendung auf länderspezifische Eigenheiten. Diesem Thema kommt in Zeiten der Globalisierung eine wachsende Bedeutung zu.

Internetanwendungen werden häufig länderübergreifend, wenn nicht sogar weltweit genutzt. Auch innerhalb eines Landes kann es regionale Eigenheiten geben. (Anwendungen für die Schweiz werden üblicherweise in den drei Landessprachen

Deutsch, Französisch und Italienisch entwickelt.) Typische Probleme und Fragestellungen der Internationalisierung sind:

- Label der graphischen Benutzeroberflächen müssen in der länderspezifischen Sprache angezeigt werden.

- Länderspezifische Eigenheiten bei der Darstellung müssen berücksichtigt werden, wie beispielsweise Datumsformate oder Zahlenformate.

- Währungen müssen mit ihren richtigen Währungszeichen dargestellt und korrekt umgerechnet werden. Die Umrechnung kann nach Tageskurs oder mit konstantem Faktor erfolgen.

- Länderspezifische Vorgaben, wie beispielsweise ein unterschiedlicher Prozentsatz der Mehrwertsteuer, müssen zuverlässig berücksichtigt werden.

Die Lösungen des BluePrints zur Internationalisierung basieren weitgehend auf den Funktionalitäten der Java-Plattform zur Internationalisierung.

## 9.7 Einsatz

Der J2EE-Standard konzentriert sich vor allem auf die Unterstützung komplexer Informationssysteme, die ihre Funktionalität im Web anbieten. Dies zeigt sich beispielsweise schon darin, dass alle J2EE-Plattformen ihren eigenen Webserver mitbringen. Auch bei Musterkatalog und BluePrint ist diese Tendenz deutlich. Generell kann J2EE jedoch auch unabhängig von Web und Webtechnologien eingesetzt werden.

Seit Einführung der JCA in den Standard finden J2EE-Plattformen verstärkt im Bereich der Anwendungsintegration Verwendung. Insbesondere wird auf ein Szenario fokussiert: Eine komplexe Webanwendung nutzt zur Bearbeitung einer Anfrage Funktionalität von Altanwendungen im Unternehmen, der Zugriff erfolgt über JCA.

Die Java 2 Plattform Enterprise Edition (J2EE) ist die Erweiterung der Java 2 Plattform Standard Edition (J2SE) zur Middleware-Plattform für verteilte Java-basierte Enterprise-Anwendungen. Zur Kommunikation setzt J2EE auf Java RMI auf.

Kernkonzept der Plattform ist das Komponentenmodell mit Komponentenbegriff und Container. Der Standard unterscheidet vier Typen von Komponenten und Containern: Applets und Applet-Container, Clients und Client-Container, Servlets und Web-Container, EJB und EJB-Container.

Der EJB-Standard definiert das Komponentenmodell auf der Middle-Tier. Die J2EE-Plattform bietet dem EJB-Container einen Anwendungsserver als Laufzeitumgebung. Komponenten des Containers sind Enterprise Beans. Der EJB-Standard unterscheidet vier Bean-Typen: Stateful Session Beans, Stateless Session Beans, Entity Beans und Message Driven Beans. Session Beans werden zur Abbildung von Prozessen verwendet, Entity Beans repräsentieren und bearbeiten Daten. Message Driven Beans bearbeiten asynchron empfangene Nachrichten.

Der Aufbau einer Bean ist für alle Bean-Typen weitgehend identisch. Eine Bean umfasst zwei Schnittstellen, eine Bean-Implementierung, Stub und Skeleton für entfernte Methodenaufrufe, technische Klassen zur Einbettung in den Container und einen Deployment Descriptor. Beans werden zum Teil entwickelt, zum Teil generiert. Im Rahmen des Deployments werden Beans am Container angemeldet und werden von ihm allgemein verfügbar gemacht. Die notwendigen Informationen erhält der Container aus dem Deployment Descriptor der Bean.

Der Standard unterstützt zwei Arten der Persistierung, Container-managed Persistence (CMP) und Bean-managed Persistence (BMP). Bei CMP liegt die Verantwortung der Persistierung vollständig beim Container. BMP ermöglicht es dem Entwickler, die Persistierung individuell zu steuern.

Ein ähnliches Konzept bietet der Container zur Transaktionsverwaltung – hier wird zwischen Container-managed Transactions und Bean-managed Transactions unterschieden.

Zur Unterstützung der Anwendungsentwicklung stellt Sun mehrere Architekturkonzepte zur Verfügung: den J2EE-Musterkatalog mit 21 Mustern sowie den Sun BluePrint, eine Standardarchitektur für Webanwendungen.

J2EE-Plattformen werden insbesondere im Webbereich eingesetzt. Mit Einführung der J2EE Connector Architecture kam jedoch verstärkt die Nutzung im Bereich der Anwendungsintegration.

Z U S A M M E N F A S S U N G

## Übungen

1. J2EE unterstützt die Interoperabilität mit CORBA. Welche Mechanismen sowohl auf J2EE-Seite wie auch auf CORBA-Seite machen dies möglich?

2. Worin besteht der Unterschied zwischen Local- und Remote-Schnittstellen? Wann werden die Schnittstellen jeweils eingesetzt?

3. Was sind die Aufgaben einer Message Driven Bean? Warum benötigt sie keine expliziten Schnittstellen?

4. Erläutern Sie, welche Rolle die Methoden *ejbStore()* und *ejbLoad()* für die Transaktionsüberwachung der Datenbankzugriffe spielen.

5. Welche Möglichkeiten zur Sitzungsverwaltung sehen Sie für Webanwendungen, die auf einer J2EE-Plattform ablaufen?

6. Skizzieren sie die typische Struktur einer Anwendung auf der Basis von Enterprise Beans. Wie verteilt sich die Bearbeitung eines Aufrufs auf die Bean-Typen?

# Literatur

## ■ Standards

Alle Java-Standards finden sich unter: http://java.sun.com/

## ■ J2EE allgemein

Stephanie Bodoff, Eric Armstrong, Jennifer Ball: The J2EE Tutorial; Addison-Wesley, 2004.

Ed Roman, Rima Ratel Sriganesh, Gerald Brose: Mastering Enterprise JavaBeans; John Wiley, 2004.

Solveig Haugland, Mark Cade, Anthony Orapallo: J2EE 1.4; Prentice Hall 2004.

Subrahmanyam Allamaraju, Cedric Buest, John Davies: Professional Java Server Programming J2EE 1.3 Edition; Wrox Press, 2001.

## ■ J2EE Musterkatalog

Deepak Alur, John Crupi, Dan Malks: Core J2EE Patterns- Best Practices and Design Strategies; Sun Microsystems Press, Upper Saddle River, NJ, Prentice Hall, Second Edition 2003.

Floyd Marinescu: EJB Design Patterns, John Wiley & Sons, 2002.

## ■ Weitere Links

J2EE Musterkatalog und BluePrint:
http://java.sun.com/blueprints/enterprise/
http://blueprints.dev.java.net/

JCP Webseite: http://www.jcp.org/en/home/index

Aktuelle Informationen und Diskussionsforen zu J2EE-Standard und -Plattformen finden sich unter: http://www.theserverside.com/

Application Server Comparison Matrix: Liste aller aktuell verfügbaren J2EE-Plattformen: http://www.theserverside.com/reviews/matrix.tss

# .Net

**10**

ÜBERBLICK

.Net ist eine speziell auf Microsoft-Umgebungen zugeschnittene Middleware-Plattform für verteilte Anwendungen. Im Gegensatz zu CORBA und J2EE basiert .Net nur zum Teil auf offenen Standards, die Plattformentwicklung liegt ausschließlich in den Händen von Microsoft.

Mit .Net vollzog Microsoft einen Strategiewechsel von der produktorientierten Desktopwelt hin zur dienstorientierten Komponentenwelt. Es fand auch ein bis dahin ungewöhnlicher Aspekt Einzug in die Microsoft-Welt: die Öffnung hin zu anderen Technologien. Durch Unterstützung offener Webservice-Standards wie HTTP, SOAP und WSDL wurde mit der .Net-Plattform erstmals eine direkte Interoperabilität mit anderen Plattformen möglich.

Die .Net-Plattform ist geprägt durch eine historisch gewachsene Sammlung von Technologien, die sich in ihrer Gesamtheit als Plattform präsentieren. Ein Großteil der bestehenden Microsoft-Technologien wurde überarbeitet und erweitert und in die .Net-Plattform integriert. Neu hinzugekommen sind das .Net Framework mit Laufzeitumgebung (Runtime) und Klassenbibliothek.

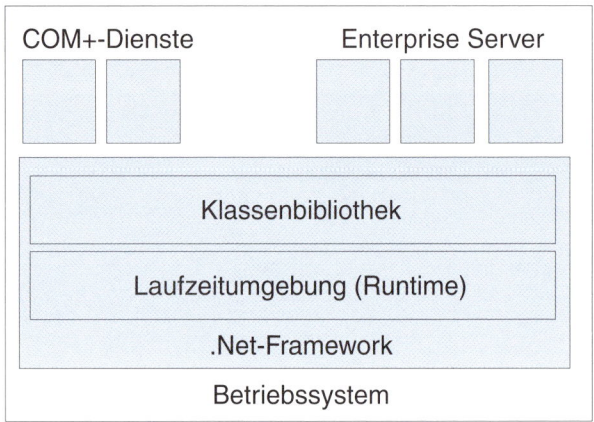

Abbildung 10.1: .Net-Plattform

Das .Net Framework, Dienste und Server setzen auf dem jeweiligen Betriebssystem auf und stellen in ihrer Gesamtheit die .Net-Plattform dar (siehe *Abbildung 10.1*). In den meisten Fällen handelt es sich bei dem Betriebssystem um Windows, möglich ist inzwischen jedoch auch die Portierung des .Net Frameworks auf Linux (siehe Kasten zum Mono-Projekt). Das Framework als Kern der Plattform liefert den Anwendungen Laufzeitumgebung und Funktionalität und nutzt hierzu auch die Dienste der Enterprise Server sowie der COM+-Technologie.

## 10.1 Historie

Als 2001 die erste Beta-Version von .Net herauskam, war die Spannung groß. Der Markt für Middleware-Plattformen wurde von J2EE dominiert, CORBA hatte sich überlebt und dümpelte vor sich hin. Alles war gespannt, welche Antwort der Software-Riese aus Redmond auf die Kampfansage von Sun liefern würde.

Microsoft, bis zu diesem Zeitpunkt eher als Spezialist für Desktop-Software bekannt, zog aus, den Servermarkt zu erobern, ein bis dahin eher unterentwickeltes Feld in der

Firmenstrategie. Die ersten Versionen der .Net-Plattform wurden daher vor allem in der Java-Community noch skeptisch beäugt. Mit der Zeit entwickelte sich jedoch ein ernst zu nehmender Konkurrent zu J2EE.

Auf dem Weg hin zum Anbieter von Servertechnologien ging Microsoft einige Umwege. Erster Schritt in Richtung Serverplattform war die Entwicklung des speziell auf Windows-Betriebssysteme angepassten Transaktionsdienstes MTS (Microsoft Transaction Server), der mit dem erweiterten COM-Komponentenmodell DCOM (Distributed Component Object Model) eine Umgebung für verteilte serverseitige Komponenten lieferte. MTS und DCOM wurden später in der COM+ Technologie zusammengefasst. COM+ und .Net sind weitgehend unabhängige Technologien, wobei auf lange Sicht COM+ nicht mehr unterstützt wird. Aktuell nutzen Anwendungen der .Net-Plattform vor allem den Transaktionsdienst von COM+. DCOM und COM+ werden in Abschnitt 10.3 vorgestellt.

Ende der 90er startete Microsoft den ersten Versuch zur Entwicklung einer umfassenden Serverplattform. Alle Microsoft-Technologien zur Entwicklung verteilter Anwendungen wurden zusammengefasst und unter dem Oberbegriff DNA (Distributed iNternet Architecture) vermarktet. Bei der DNA handelte es sich im Wesentlichen um eine inhomogene Technologienlandschaft mit etwas konzeptueller Unterstützung zur Anwendungsentwicklung. Die Lösung erwies sich jedoch als nicht praktikabel. DNA war letztlich eine Verlegenheitslösung auf dem Weg hin zur .Net-Plattform.

## 10.2  Das .Net Framework

Das .Net Framework umfasst zwei Kernelemente: eine Laufzeitumgebung und eine Klassenbibliothek. In der Klassenbibliothek werden alte und neue Technologien der .Net-Plattform in einer einheitlichen Klassenstruktur zusammengefasst. Ehemalige Subsysteme wie ASP oder ADO sind ebenso Teil der Klassenbibliothek wie eine Bibliothek zur Entwicklung von Webservices.

### 10.2.1 Die Common Language Runtime (CLR)

Kern des .Net Frameworks ist die Common Language Runtime (CLR), eine Laufzeitumgebung für Anwendungen in beliebigen Sprachen. Neben den Standard-Microsoft-Sprachen wie C#, Visual C++, Visual Basic und der Microsoft-Variante von Java werden Sprachen wie Smalltalk, COBOL, Tcl/Tk, Perl oder Phyton unterstützt.

Für jede Sprache existiert eine Abbildung auf eine gemeinsame Zwischensprache, die Microsoft Intermediate Language (MSIL). Ein gemeinsames Typsystem, das Common Type System stellt sicher, dass Datenstrukturen auf Ebene der MSIL einheitlich interpretiert werden. Die CLR erfüllt eine Vielzahl an Aufgaben:

- Sie ist verantwortlich für eine effiziente Speicherverwaltung. Dazu gehört zum Einen die Zuordnung geschützter Speicherbereiche zu Anwendungen, zum Anderen die Freigabe von Speicherbereichen mit Hilfe eines Garbage Collectors.

- Sie bietet Funktionalität zur Threadverwaltung, die auf den Diensten des Betriebssystems aufsetzt und von Anwendungen genutzt werden kann.

- Sie bietet Anwendungen bei Bedarf eine sichere Ablaufumgebung. Die CLR setzt – ähnlich dem Java-Sicherheitsmodell – auf dem Konzept von vertrauenswürdigem bzw. nicht vertrauenswürdigem Code auf. Vertrauenswürdiger Code kann immer ausgeführt werden, für nicht vertrauenswürdigen Code stehen geschützte Speicherbereiche zur Verfügung.

- Sie unterstützt ein einheitliches Modell zur Behandlung von Ausnahmen (Exceptions), das für alle Sprachen verbindlich ist.

- Sie kapselt den Zugriff auf Betriebssystemfunktionalitäten über die Klassenbibliothek und überwacht so den Zugriff auf System-Ressourcen.

- Durch die MSIL bietet sie Anwendungen in unterschiedlichen Sprachen einheitlichen Zugriff auf die umfangreiche Klassenbibliothek der .Net-Plattform.

- Durch das gemeinsame Typsystem unterstützt sie die Interoperabilität der Sprachen untereinander.

Die Vielfalt der Aufgaben erklärt die zentrale Rolle die CLR für die .Net-Plattform. Auch wenn das Konzept einer abstrakten Laufzeitumgebung nicht neu ist und von vielen Sprachen unterstützt wird (beispielsweise erfüllt die Java-Runtime diese Aufgabe innerhalb der Java-Plattform), so handelt es sich bei der CLR auf Grund ihrer Sprachunabhängigkeit um eine echte Neuheit.

### Die MS Intermediate Language (MSIL)

Programme in Hochsprachen wie C++ oder Visual Basic werden mit Hilfe eines Compilers in MSIL-Programme umgewandelt. MSIL-Programme werden auch unter dem Begriff Managed Code zusammengefasst. Managed Code kennzeichnet alle ausführbaren Programme, die unter der Verwaltung der CLR ablaufen. Für Anwendungen in C++ besteht zusätzlich die Möglichkeit, das Programm auch als Unmanaged Code laufen zu lassen. In diesem Fall stellt das Betriebssystem die Laufzeitumgebung.

Die MSIL selbst ist keine lauffähige Sprache. Sie muss vor ihrer Ausführung in die Maschinensprache der jeweiligen Zielumgebung übersetzt werden. Dies kann zu unterschiedlichen Zeitpunkten erfolgen:

**Just In Time (JIT):** Der MSIL-Code wird zur Laufzeit in Maschinencode übersetzt. Die CLR unterstützt hierzu JIT-Kompilation auf der Ebene einzelner Methoden.

**Zur Installationszeit:** Der MSIL-Code liegt zur Installationszeit vollständig in Maschinencode übersetzt vor.

Die Intermediate Language ist keine Hochsprache, sie kann jedoch auch nicht mit einer Maschinensprache verglichen werden. Sie ist zwar binär, gleichzeitig aber auch objektorientiert und kennt Datentypen. Die MSIL wird aus diesem Grund auch als Zwischensprache bezeichnet.

### Das Common Type System (CTS)

Das Common Type System ist ein für alle .Net Sprachen verbindliches Typsystem, das alle Typen der CLR-Sprachen umfasst. Ziel der CLR war jedoch nicht nur die Unterstützung verschiedener Sprachen, sondern auch die Interoperabilität zwischen den Sprachen. Hierzu ist eine Einschränkung des Typsystems auf die Typen notwendig, die von allen gemeinsam Sprachen unterstützt werden. Die Einschränkung des Typsystems erfolgt durch die Common Language Specification (CLS). Die CLS definiert ein Regelwerk zur Abbildung der CLR-Sprachen auf die IL und konzentriert sich insbesondere auf das CTS.

Durch ausschließliche Verwendung von Typen des eingeschränkten Typsystems erhält man zwei Vorteile:

**Interoperabilität zur Compilezeit:** Die Interoperabilität zwischen Klassen in verschiedenen Sprachen wird bereits zur Compilezeit möglich. Jede Klasse wird auf die IL abgebildet, so dass die ursprüngliche Sprache keine Rolle mehr spielt. Die Interoperabiltät erfolgt dann ausschließlich auf Ebene der IL. Wie *Abbildung 10.2* zeigt, kann dann innerhalb der CLR beispielsweise eine C#-Klasse von einer C++-Klasse erben, die Aufrufe auf einer VB-Klasse macht. Zur Compilierung müssen lediglich die IL-Compilate der jeweiligen Klasse verfügbar sein.

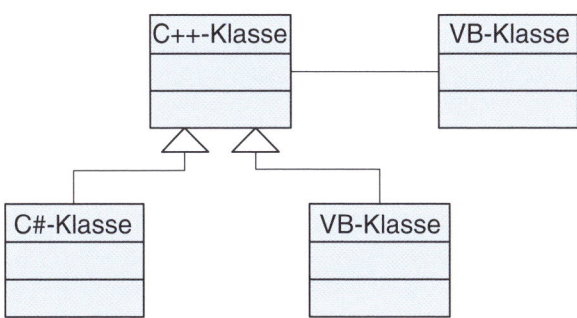

Abbildung 10.2: Interoperabilität zur Compile-Zeit

**Interoperabilität über Rechnergrenzen:** Die Interoperabilität zwischen Klassen in verschiedenen Sprachen, auch über Rechnergrenzen hinweg, ist zur Laufzeit möglich. Voraussetzung ist jeweils eine CLR als Laufzeitumgebung des Kommunikationspartners.

Durch die Unterstützung eines gemeinsamen Typsystems werden die Vorteile von Java und CORBA bezüglich Sprachunterstützung elegant verbunden und die jeweiligen Probleme vermieden. Wie CORBA unterstützt das .Net Framework eine Vielzahl an Sprachen, vermeidet jedoch durch die Verwendung eines einheitlichen Typsystems wie Java die Komplexität von CORBA. Wie später noch zu sehen ist, wirkt sich dieser Aspekt insbesondere auf die Leichtgewichtigkeit der Remoting-Technologie aus.

## 10.2.2 Die Klassenbibliothek

Neben der CLR stellt die Klassenbibliothek (Framework Class Library) das zweite Kernkonzept des .Net Frameworks dar. In der Klassenbibliothek wurden alte und neue Windows-Technologien zusammengefasst und vereinheitlicht und stehen allen Anwendungen der CLR als objektorientierte Bibliothek zur Verfügung.

### Namensräume

Zur Organisation ihrer Klassen setzt die Klassenbibliothek auf dem Konzept der Namensräume auf. Ein Namensraum enthält Klassen, die logisch und funktional zusammengehören. Namensräume sind hierarchisch in Bäumen organisiert. Die .Net-Klassenbibliothek umfasst zwei Baumhierarchien. Wurzelelemente sind die Namensräume System und Microsoft (siehe *Abbildung 10.3*).

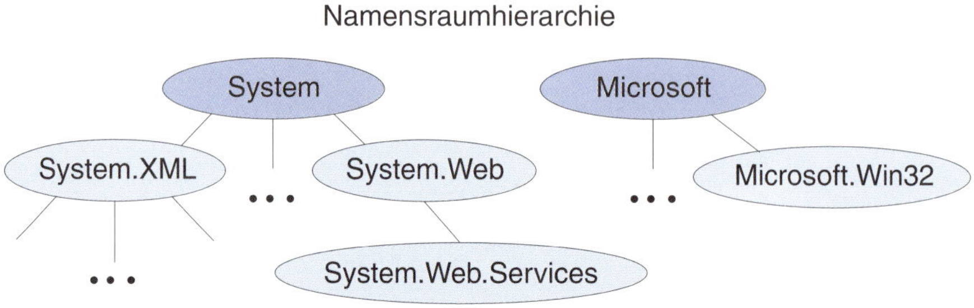

Namensraumhierarchie

Abbildung 10.3: Organisation der Klassenbibliothek

Der System-Baum umfasst Dienste, die unabhängig von der Microsoft-Umgebung sind. Im Namensraum System liegen beispielsweise Klassen mit Basisfunktionalität zur Ereignis- und Ausnahmebehandlung sowie einfache und komplexe Datentypen. Unter *System.Web* stehen Webtechnologien zur Verfügung. Der Namensraum *System.Xml* bietet Funktionalität zur Bearbeitung von XML-Dokumenten. Der Microsoft-Baum bietet vor allem Microsoft-spezifische Dienste wie beispielsweise Zugriff auf die Windows-Registry. Eine vollständige Übersicht findet sich auf den Webseiten von Microsoft.

Die Trennung der System- und Microsoft-Bereiche liegt unter anderem darin begründet, dass der System-Bereich portierbar auf andere Plattformen bleiben sollte.

---

***Das Mono-Projekt*** Wenn bisher davon die Rede war, dass die .Net-Plattform ausschließlich für Microsoft-Umgebungen bestimmt ist, so ist das nur die halbe Wahrheit. Teile der Plattform, insbesondere das Framework, wurden so konzipiert, dass sie auch für andere Plattformen angepasst werden können.

So geschehen im Rahmen des Open-Source-Projekts Mono. Das Projekt wird von Novell geleitet und hat sich zum Ziel gesetzt, das .Net Framework auf Linux zu portieren. Aktuell gibt es mit Version 1.0.1 bereits eine .Net-basierte Entwicklungs- und Laufzeitumgebung. Die Funktionalität der Framework-Bibliothek wurde an die Linux-Gegebenheiten angepasst und beispielsweise um eine GNOME-Bibliothek (Gtk#) erweitert. Die Arbeiten am Projekt gehen weiter.

---

### Klassenhierarchie

Die Klassenhierarchie liegt orthogonal zur Namensraumhierarchie. Die Bibliothek ist vollständig objektorientiert aufgebaut. Wurzel der Hierarchie ist die Klasse *System.Object*. *System.Object* ist Basis aller Klassen der Bibliothek sowie aller Anwendungsklassen. Sie bietet grundlegende Methoden zur Bearbeitung von Objekten zur Laufzeit wie:

- *Equals():* dient zum Vergleich zweier Objektinstanzen,
- *GetType():* dient zum Erfragen des Objekttyps,
- *ToString():* dient zur Umwandlung eines Objekts in eine Zeichenkette.

Jede Klasse im Framework ist implizit von *System.Object* abgeleitet und erbt alle ihre Methoden. Die Verwendung einer gemeinsamen Oberklasse war Voraussetzung für die Vereinheitlichung der Windows-Technologien. *System.Object* stellt in gewisser Weise den kleinsten gemeinsamen Nenner der Klassenbibliothek dar.

**Wertetypen und Referenztypen**

Die Vorteile einer gemeinsamen Oberklasse zeigen sich beispielsweise bei der Verwendung von Datentypen. Alle Datentypen der CLR sind ebenfalls Objekte und – dem einheitlichen Schema von .Net folgend – von der Klasse *System.Object* abgeleitet.

Die .Net Framework-Bibliothek unterscheidet zwei Arten von Datentypen: Referenztypen und Wertetypen. Damit wird gekennzeichnet, auf welchem Speicher ein Datentyp abgelegt wird: Wertetypen liegen generell auf dem Stack, wohingegen Referenztypen auf dem dynamisch verwalteten Heap abgelegt werden. Daten auf dem Stack erhalten einen festen Speicherbereich zugewiesen, auf dem Heap kann jedoch bei Bedarf dynamisch neuer Speicher nachgefordert werden. Durch diese Unterscheidung wird eine effizientere Speicherverwaltung möglich. Basisdatentypen wie Integer sind generell Wertetypen und werden auf dem Stack verwaltet. Komplexe Datentypen mit variablem Speicherbedarf werden hingegen als Referenztypen realisiert und kommen auf den Heap. Wertetypen sind von der Klasse *System.ValueType* abgeleitet.

# 10.3 Component Object Model (COM)

Das COM-Komponentenmodell entstand bereits Jahre vor der .Net-Plattform und kann daher eher als integrierte Technologie denn als integraler Bestandteil der Plattform bezeichnet werden.

Ursprünglich wurde COM zur Unterstützung des dokumentzentrierten Arbeitens entwickelt. Dokumente unterschiedlichen Typs werden in einem Gesamtdokument zu einem Verbunddokument zusammengestellt. Die Bearbeitung erfolgt ausschließlich über das Verbunddokument. Die erste Technologie, die Verbunddokumente unterstützte, war Object Linking and Embedding (OLE). OLE setzte auf dem komplexen und nicht sehr performanten Dynamic Data Exchange-Mechanismus (DDE) auf. COM wurde 1993 als Interaktionsmechanismus für lokale Softwarekomponenten eingeführt und löste DDE als Basistechnologie von OLE ab. Es zeigte sich, dass die COM-Technologie sich nicht nur für den Dokumentbereich eignete. Bis heute spielt COM eine zentrale Rolle innerhalb der Windows-Betriebssysteme und ist Grundlage verschiedenster Windows-Technologien wie ActiveX oder ODBC.

## 10.3.1 Die COM-Spezifikation

COM basiert auf einer Spezifikation, die Regeln zu Struktur und Entwicklung von COM-Komponenten festlegt. Mit der Entwicklung von COM wurden verschiedene Ziele verfolgt: Komponenten sollten interoperabel, wiederverwendbar und sprachunabhängig sein und sie sollten dynamisch zur Laufzeit austauschbar sein.

Als Vorgaben definiert der Standard eine Reihe von Schnittstellen, die eine COM-Komponente zu implementieren hat, sowie ein allen Komponenteninstanzen gemeinsames Binärformat. Die Kommunikation zwischen den Instanzen erfolgt ausschließlich über ihre Schnittstellen. Entwicklern steht es frei, zu den Standardschnittstellen beliebige weitere Schnittstellen zu definieren.

Eine COM-Library bietet dem Entwickler von COM-Komponenten zusätzliche Hilfsfunktionen an.

## Schnittstellen

Schnittstellen spielen eine zentrale Rolle im COM-Komponentenmodell. Eine Komponente kann beliebig viele Schnittstellen implementieren. Jede Schnittstelle ist durch einen eindeutigen Identifikator gekennzeichnet, die IID (Interface ID). Wichtigste Standardschnittstelle der COM-Spezifikation ist die *IUnknown*-Schnittstelle. Sie definiert drei Operationen:

- *QueryInterface():* Über die Methode *QueryInterface()* wird eine Komponenteninstanz zur Laufzeit gefragt, ob sie eine bestimmte Schnittstelle unterstützt. Der Methodenaufruf liefert bei positivem Ergebnis einen Zeiger auf die entsprechende Schnittstelle.

- *AddRef()/Release():* Diese Methoden dienen zur Verwaltung von Referenzen auf Komponenteninstanzen. Wird eine Referenz vergeben, wird der Referenzzähler mit *AddRef()* hochgezählt. Bei Freigabe einer Referenz wird der Zähler mit *Release()* heruntergezählt. Steht der Zähler auf Null, wird die Komponenteninstanz gelöscht.

Die Spezifikation fordert, dass jede COM-Schnittstelle direkt oder indirekt von *IUnknown* erbt. Die Definition der Komponentenschnittstellen erfolgt über die Schnittstellensprache MIDL (Microsoft Interface Definition Language). Die MIDL hat große Ähnlichkeit zur CORBA-IDL, orientiert sich jedoch in ihrer Syntax (speziell bei Datentypen) auch an der Sprache C.

```
interface IUnknown {
HRESULT QueryInterface(
  [in] REFIID riid,
  [out] iid_is(riid)] void** ppvObject);
ULONG AddRef();
ULONG Release();
}
```

Listing 10.1: Beispiel: MIDL-Definition der Schnittstelle IUnknown

COM-Schnittstellen dürfen nach ihrer Veröffentlichung nicht mehr geändert werden. Änderungen an der Schnittstelle bewirken immer die Generierung einer neuen IID und damit einer neuen Schnittstellenversion.

Neben der *IUnknown*-Schnittstelle definiert die COM-Spezifikation eine zweite Schnittstelle, die *IClassFactory*. Jeder Entwickler einer Komponente ist verpflichtet, eine Fabrik zur Erzeugung von Instanzen zur Verfügung zu stellen. Eine Fabrik ist ebenfalls eine COM-Komponente, die zusätzlich die Schnittstelle *IClassFactory* implementiert. *IClassFactory* definiert zwei Methoden, *CreateInstance()* und *LockServer()*.

- *CreateInstance():* Mit Aufruf der Methode erhält der Aufrufer eine Referenz auf eine Komponenteninstanz.

- *LockServer():* Mit Aufruf der Methode kann der Aufrufer explizit angeben, ob die Fabrik über einen längeren Zeitraum im Speicher verbleibt oder nicht, unabhängig davon, ob Instanzen existieren.

Ein Client erhält über die Methode *CoGetClassObject()* der COM-Bibliothek Zugriff auf eine Fabrik. Der Methode wird ein eindeutiger Identifikator, der GUID (Globally Unique Identifier) der Komponente, mitgegeben. Rückgabewert ist eine Referenz auf die Fabrik der Komponente. Eine Fabrik darf zusätzliche Schnittstellen implementieren. Der Standard unterstützt darüber hinaus eine Erweiterung der ursprünglichen Schnittstelle, die *IClassFactory2*-Schnittstelle; diese unterstützt die Lizenzierung von Komponenten.

```
interface IClassFactory : IUnknown {
HRESULT CreateInstance (
 [in] IUnknown* pUnkOuter,
 [in] REFIID riid,
 [out] void **ppvObject);
HRESULT LockServer([in] Bool flock);
}
```

Listing 10.2: Beispiel: MIDL-Definition der Schnittstelle IClassFactory

Über eine weitere Bibliotheksmethode, die Methode *CoCreateInstance()*, kann der Weg über die Fabrik abgekürzt werden. Der Aufrufer erhält als Ergebnis direkt einen Schnittstellenzeiger auf die *IUnknown*-Schnittstelle der Komponenteninstanz. Die Instanziierung über die Fabrik erfolgt im Hintergrund.

## Globally Unique Identifier (GUID)

Der GUID ist, wie der Name impliziert, ein weltweit eindeutiger Identifikator. Im Rahmen der Microsoft-Technologien findet der GUID an verschiedenen Stellen Einsatz: Schnittstellen erhalten eine Interface ID (IID), COM-Komponenten erhalten einen Class Identifier (CLSID). Bei beiden handelt es sich um konkrete Instanzen einer GUID.

Ein GUID wird über einen lokalen Algorithmus unter Berücksichtigung der aktuellen Zeit als eindeutiger Wert generiert. Der Algorithmus stammt von der OSF und wird innerhalb der DCE-RPC-Plattform zur Generierung von Universal Unique Identifiers (UUID) eingesetzt. Ein GUID ist folgendermaßen aufgebaut:

- 48 Bits kennzeichnen den Rechner,
- 60 Bits enthalten den Zeitstempel,
- 4 Bit repräsentieren die Versionsnummer,
- 16 Bit werden anhand der Systemzeit errechnet.

Komponenten werden nach ihrer Erstellung unter ihrer CLSID in der Registry angemeldet und sind damit für interessierte Anwendungen auffindbar.

## Komponentenserver

Komponentenserver sind die Verpackungseinheit von COM-Komponenten. Sie beinhalten eine oder mehrere COM-Komponenten, die jeweiligen Fabriken sowie zusätzliche Registrierungs- und Verwaltungsfunktionen. Komponentenserver werden in zwei Formen zur Verfügung gestellt, als Dynamic Link Library (DLL) oder als ausführbare exe-Datei. Ein Komponentenserver in einer DLL wird auch als In-Process-Server bezeichnet, ein Komponentenserver in einer exe-Datei als Out-of-Process-Server. Die Unterscheidung wirkt sich vor allem auf den Instanziierungsprozess der Komponenteninstanzen aus. Zusätzlich benötigt ein Out-of-Process-Server Mechanismen zur Interprozesskommunikation.

Die Instanziierung von COM-Komponenten erfolgt, wie weiter oben bereits erwähnt, durch Aufruf der Bibliotheksmethode *CoCreateInstance()*. Die Methode greift im Hintergrund auf einen Service Control Manager (SCM) zu. Dieser führt die Instanziierung entsprechend den Informationen in der Registry durch:

**In-Process:** Bei einem In-Process-Server wird die DLL in einen existierenden Prozess geladen. Zugriffe auf die Komponenten erfolgen lokal.

**Out-of-Process:** Bei einem Out-of-Process-Server wird die exe-Datei in einem neuen Prozess gestartet, der Zugriff auf COM-Komponenten des Servers erfolgt entfernt.

Für Komponenten in einem Out-of-Process-Server werden die üblichen Mechanismen zur Durchführung eines entfernten Prozeduraufrufs benötigt. Insbesondere sind Techniken zu Marshalling und Unmarshalling der Daten notwendig. Die COM-Umgebung bietet hierzu verschiedene Mechanismen:

**Automation-Marshalling (Type-Library-Marshalling):** Diese Technik bietet eine automatisierte Lösung für Marshalling und Unmarshalling der Daten. Proxy- und Stub-DLL werden in diesem Fall nicht mehr explizit benötigt. Erfüllen die Komponenten bestimmte Anforderungen, führt ein universeller Marshaller automatisiert das Ver- und Entpacken der Daten durch. Die notwendigen Informationen erhält er aus einem Type-Library-File, in dem die Signatur aller Methoden definiert ist, die von der Komponente angeboten werden.

**Standard-Marshalling:** Standard-Marshalling repräsentiert die übliche Form des Marshallings. Diese Technik wird eingesetzt, wenn die Automatisierungsanforderungen nicht erfüllt werden können. In diesem Fall werden Proxy- und Stub-DLL aus der Schnittstellenbeschreibung der Komponente generiert und an Client und Server angemeldet. Standard-Marshalling unterstützt ausschließlich ein DCOM-spezifisches RPC-Protokoll.

**Custom-Marshalling:** Custom-Marshalling arbeitet vom Prinzip her ähnlich zum Standard-Marshalling, unterstützt jedoch die Verwendung weiterer Protokolle wie TCP, UDP oder HTTP.

## 10.3.2 Distributed COM (DCOM)

COM-Komponenten wurden ausschließlich zur lokalen Nutzung entwickelt. Auch wenn sie bereits Interprozesskommunikation unterstützen, so sind sie nicht zur Kommunikation über Rechnergrenzen hinweg geeignet. Mit der Einführung von DCOM 1996 sollte sich dies ändern. DCOM ist eine Erweiterung von COM zu einem Komponentenmodell für verteilte Komponenten. Mit DCOM kamen folgende Aspekte zu COM hinzu:

- Komponenten auf verschiedenen Rechnern können über entfernte Prozeduraufrufe kommunizieren.

- Die Verwaltung von Komponenten sowie der Zugriff werden über Sicherheitsmechanismen geschützt.

- Komponentenserver können seit Windows NT als Dienste angemeldet werden.

COM bietet bereits die Basismechanismen zur Interprozesskommunikation. Für den Sprung von COM zu DCOM mussten diese Mechanismen lediglich so erweitert werden, dass Prozesse auf unterschiedlichen Rechnern laufen durften. Allen Bibliotheksmethoden, die zur Instanziierung von Komponenten dienen, kann nun mitgeteilt werden, wo die gewünschte Komponente zu finden ist. Die SCM der beteiligten Rechner sind zuständig für die Bereitstellung der angefragten Komponenteninstanzen. *Abbildung 10.4* zeigt im Überblick den Ablauf einer Instanziierung bei entfernten Komponenten.

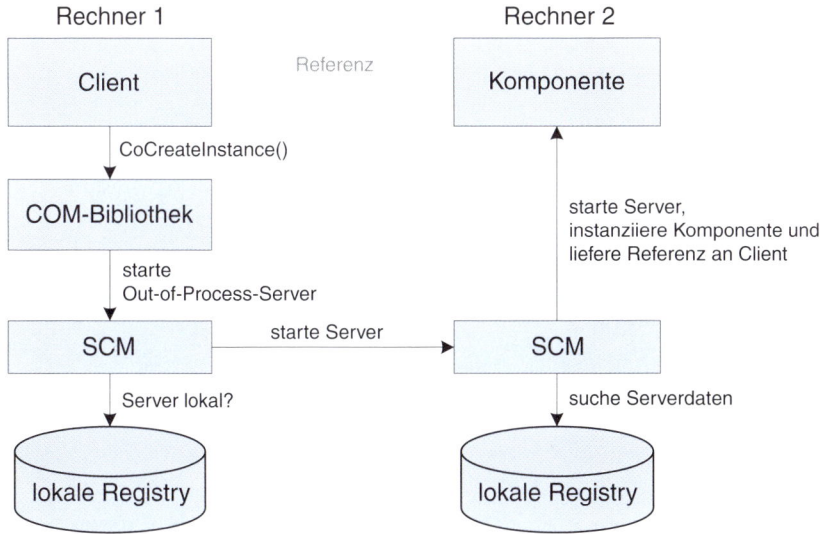

Abbildung 10.4: Instanziierung entfernter Komponenteninstanzen

Der Sicherheitsmechanismus von DCOM unterstützt zwei Arten von Zugriffsschutz auf Komponenteninstanzen:

**Activation Security:** Es wird festgelegt, wer das Recht zur Instanzverwaltung hat. Zur Steuerung verwendet DCOM Access Control Lists (ACL). Diese legen die Aktivierungsrechte für eine Komponenteninstanz fest. Zum Schutz vor unberechtigten Änderungen liegen die Listen verschlüsselt in der Registry. Bei entfernt gestarteten Komponenteninstanzen werden, falls nicht anders festgelegt, die Zugriffsrechte des Aufrufers übernommen.

**Call Security:** Es wird festgelegt, wer Zugriffsrechte auf eine Instanz hat. Die Steuerung der Zugriffsrechte auf eine Komponenteninstanz erfolgt über Sicherheitsattribute. Diese werden für einen gesamten Prozess oder auch pro Schnittstelle vergeben.

### 10.3.3 COM+

DCOM alleine war nicht ausreichend, um transaktional verteilte Anwendungen zu unterstützen. Aus diesem Grund kündigte Microsoft bereits 1997 Pläne zur Erweiterung des COM-Komponentenmodells zu COM+ an. COM+ selbst kam schließlich drei Jahre später zusammen mit Windows 2000. COM+ ist nicht wirklich eine neue Technologie, sondern fasst altbewährte Technologien zusammen. COM+ ist der Oberbegriff für einen transaktionalen Anwendungsserver mit DCOM als verteiltem Komponentenmodell, dem Microsoft Transaction Server MTS als transaktionaler Laufzeitumgebung und dem Microsoft Message Queue Server (MSMQ) als nachrichtenorientierte Middleware. COM+ ist integraler Bestandteil der Windows-Betriebssysteme.

### 10.3.4 COM+ und .Net

Mit der Einführung von .Net war die Rolle, die COM+ im Rahmen der Plattform spielen sollte, nicht eindeutig zu erkennen. Das eher schwerfällige Komponentenmodell ließ sich nicht direkt in die .Net-Philosophie integrieren.

COM+ spielt daher heute eine eher untergeordnete Rolle in der .Net-Plattform. Viele der Microsoft-Technologien basieren zwar intern noch auf COM-Technologie, im .Net Framework ist dies jedoch in der Regel nicht erkennbar. Zur Interoperabilität zwischen COM und .Net sind Hilfsklassen notwendig. Anwendungen, die mit dem .Net Framework entwickelt wurden, laufen als Managed Code in der CLR. COM-Komponenten sind hingegen Unmanaged Code. Zur Interoperabilität zwischen COM-Komponenten und CLR-Klassen stehen zwei verschiedene Wrapper-Klassen zur Verfügung:

- COM-callable Wrapper kapseln CLR-Klassen, so dass sie von COM-Komponenten aufgerufen werden können.

- Runtime-callable Wrapper kapseln COM-Komponenten, so dass sie von CLR-Klassen aufgerufen werden können.

## 10.4 Kommunikationsmechanismen

Die .Net-Plattform unterstützt, zum Teil historisch bedingt, vier teilweise inkompatible Kommunikationstechnologien.

- *ASP.Net:* eine Technologie für Webanwendungen, die auch als Webservice Umgebung zur Verfügung steht;

- *.Net-Remoting:* eine Technologie für TCP-basierte entfernte Methodenaufrufe, die ähnlich der Java RMI die Kommunikationsinfrastruktur des .Net Frameworks bildet;

- *DCOM:* eine Technologie für entfernte Prozeduraufrufe, die nicht auf Mechanismen der CLR aufsetzt;

- *MS Message Queue:* ein nachrichtenorientierter Middleware-Server. Message Queue ist unter anderem Teil von COM+ und zählt zu den Enterprise Servern.

Die Technologien fokussieren jeweils auf ein bestimmtes Anwendungsgebiet und werden weitgehend unabhängig voneinander eingesetzt. Die Entwicklung in diesem Bereich der .Net-Plattform ist jedoch noch nicht abgeschlossen (siehe Kasten).

Im Folgenden werden zwei Kommunikationstechnologien näher vorgestellt: ASP.Net als zentrale Webservice-Technologie sowie .Net-Remoting als leichtgewichtiger Kommunikationsmechanismus der .Net-Plattform.

*Indigo* Zur Vereinheitlichung der verschiedenen Kommunikationstechnologien der Plattform plant Microsoft die Entwicklung einer einheitlichen Dienstarchitektur, Arbeitsname „Indigo". Indigo basiert auf der Idee der dienstorientierten Architektur. Anwendungen werden als Dienste betrachtet. Die Kommunikation zwischen Diensten erfolgt über einen Connector. Der Connector ist das Herz der Indigo-Architektur. Er umfasst vier Konzepte: Ports, Channels, Nachrichten und Dienste.

Zur Formatierung der Nachrichten wird SOAP verwendet. Ports sind Kommunikationsendpunkte für Dienste. Channels repräsentieren die verschiedenen Kommunikationskanäle durch Ports. Jedem Kanal kann ein Typ zugeordnet werden. Unterstützt wird synchrone und asynchrone Kommunikation. Ziel ist, die vorhandenen Kommunikationstechnologien weitgehend in einer einheitlichen Indigo-Infrastruktur zusammenzufassen.

Die aktuelle Planung von Microsoft sieht vor, dass Indigo ca. 2006 auf den Markt kommen wird.

## 10.4.1 ASP.Net

ASP.Net ist eine Technologie zur Entwicklung von Webanwendungen im Microsoft-Bereich. Vorläufer von ASP.Net sind die so genannten Active Server Pages (ASP), eine Technologie zur Entwicklung dynamischer Webseiten, die noch stark auf der COM-Technologie aufsetzte. Webseiten mit statischem HTML wurden um dynamische Anweisungen in einer Skriptsprache (VB Script, JScript) ergänzt, die Anweisungen wurden zur Laufzeit interpretiert. Anhand der Ergebnisse wurde eine neue HTML-Seite erstellt. Der ASP-Ansatz war unter anderem Vorbild für die Entwicklung der Java Server Pages (JSP) im Java-Bereich.

### Von ASP zu ASP.Net

Mit der Einführung von .Net wurde der ursprüngliche ASP-Ansatz vollständig überarbeitet und als ASP.Net in die Framework-Bibliothek eingebunden. Mit der Überarbeitung wurden einige grundsätzliche Probleme der alten ASP-Technologie behoben:

**Schlechte Performance:** Durch die direkte Interpretation des Skript-Codes dauerte ein ASP-Aufruf verhältnismäßig lange. Mit ASP.Net wurde die Vorkompilation des Skript-Codes eingeführt.

**Fehlende Typisierung:** Die verwendeten Skriptsprachen sind untypisierte bzw. nicht streng typisierte Sprachen – eine Eigenschaft, die Fehlersuche und Fehlerbehebung stark einschränkt. Mit ASP.Net steht der Webanwendung das gesamte .Net Framework mit Laufzeitumgebung, Typsystem und Sprachen zur Verfügung.

**Ungenügende Sitzungsverwaltung:** Die Sitzungsverwaltung von ASP war im Wesentlichen auf die Unterstützung kleiner Webanwendungen ausgerichtet. ASP.Net bietet hier ausgereifte Mechanismen wie beispielsweise die Unterstützung der Replikation von Statusinformationen innerhalb eines Clusters oder einer Serverfarm.

ASP.Net ist somit mehr als eine reine Weiterentwicklung von ASP. Mit ASP.Net wurde der Schritt hin zur Entwicklung komplexer Internetanwendungen auf der .Net-Plattform möglich.

### Die ASP.Net Runtime

Die ASP.Net Runtime dient als Laufzeitumgebung für Webanwendungen. ASP unterscheidet zwei Arten von Webanwendungen:

- ASP.Net-Anwendungen (Browser – Webserver-Kommunikation)
- ASP.Net XML Webservices (Webserver – Webserver-Kommunikation)

Die Bearbeitung von Aufrufen erfolgt in der ASP.Net Runtime für beide Anwendungsarten weitgehend identisch.

Kern der ASP.Net Runtime ist eine Kette aus HTTP-Modulen (siehe *Abbildung 10.5*). Ein Aufruf wird von Modul zu Modul weitergereicht, wobei jedes Modul eine spezifische Aufgabe erfüllt. HTTP-Module können beispielsweise zur Authentifizierung oder zu Formatumwandlungen eingesetzt werden. Es steht dem Entwickler frei, die Modulkette beliebig anzupassen und zu erweitern. Am Ende der Modulkette nimmt ein HTTP-Handler den Aufruf entgegen, identifiziert die entsprechende Anwendung und übergibt den Aufruf zur Bearbeitung. Bei der Anwendung kann es sich um einen Webservice oder eine ASP.Net Anwendung handeln.

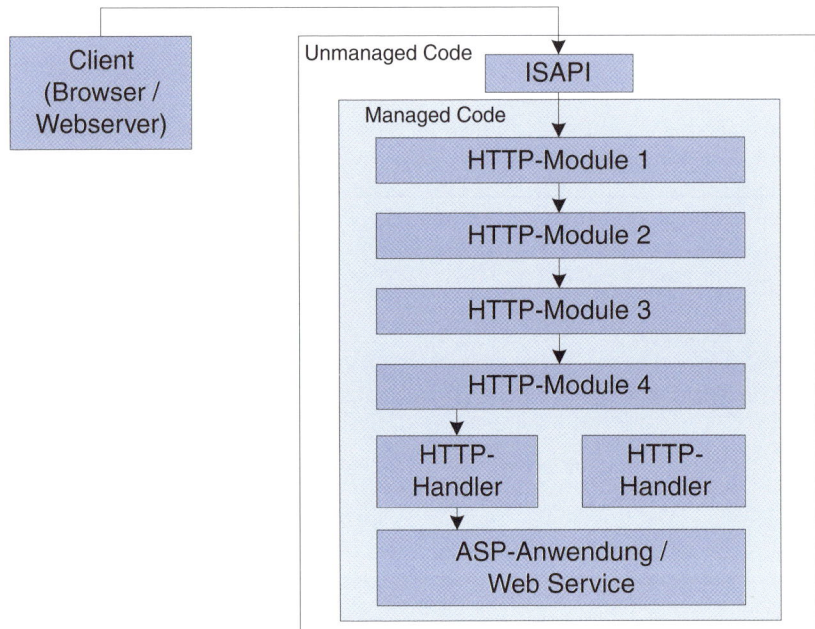

Abbildung 10.5: Bearbeitung eines Aufrufs in der ASP.Net Runtime

Auch innerhalb der ASP.Net Runtime wird zwischen Managed Code-Bereichen und Unmanaged Code-Bereichen unterschieden. Eingangskomponente in den Webserver ist eine ISAPI-Komponente. Diese ist Teil der ursprünglichen ASP-Technologie und repräsentiert den nicht verwalteten Teil der Runtime. HTTP-Module und HTTP-Handler sind .Net-Komponenten und liegen in der CLR.

Die Konfiguration der Modulkette erfolgt über eine Datei. Dort werden neue Module angemeldet sowie Informationen zur Sitzungsverwaltung hinterlegt. Die Datei wird vom Webserver zur Laufzeit ausgelesen. Die Entwicklung eines Webservices entspricht weitgehend der Entwicklung einer normalen Anwendungsklasse. Die Einbindung in die ASP.Net Runtime erfolgt werkzeugunterstützt und weitgehend transparent für den Entwickler.

## 10.4.2 .Net-Remoting

.Net-Remoting ist eine Technologie für entfernte Methodenaufrufe, die vollständig in das Objektmodell der Framework-Bibliothek integriert ist. Die zur Remoting-Technologie gehörigen Klassen liegen im Namensraum *System.Runtime.Remoting*.

Die .Net-Remoting-Architektur wird auch als Channel-Architektur bezeichnet. Kernkonzept sind Kanäle (Channels) für Protokolle mit spezifischen Formatierern (Formatter) zur Umwandlung der Daten in das entsprechende Protokollformat. Die Architektur wurde so konzipiert, dass sie einfach an unterschiedliche Transportprotokolle angepasst werden kann (siehe *Abbildung 10.6*).

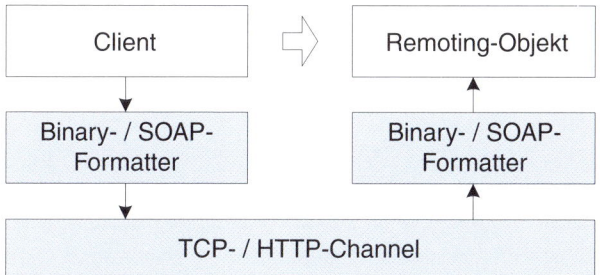

Abbildung 10.6: Remoting-Channel-Architektur

Aktuell unterstützt das .Net Framework zwei Transportprotokolle: TCP und HTTP. In der Framework-Bibliothek finden sich dementsprechend ein TCP-Kanal mit einem Binärformatierer (BinaryFormatter) sowie ein HTTP-Kanal mit einem SOAP-Formatierer (SOAPFormatter). Hier zeigen sich bereits die Einsatzmöglichkeiten der Technologie: Für entfernte Prozeduraufrufe stellt die Architektur den TCP-Kanal zur Verfügung, zur Unterstützung von Webservice den HTTP-Kanal.

Die Remoting-Technologie ist ein einfacher, leichtgewichtiger Kommunikationsmechanismus. Beispielsweise ist die Implementierung des Serverprozesses Aufgabe des Entwicklers, was die Verwendung der Remoting-Technologie aufwändig macht. Es wird auch keine Ortstransparenz unterstützt. Ein Client muss immer Serveradresse und Portnummer kennen, unter der ein Objekt erreichbar ist. Die Adresse wird direkt in den Code implementiert oder steht in einer Konfigurationsdatei zur Verfügung.

## Aktivierung von entfernten Objekten

Für entfernte Objekte werden in der Remoting-Technologie unterschiedliche Arten der Aktivierung unterstützt:

**Server Activated Object (SAO):** Der Server übernimmt transparent für den Client die Instanziierung und Verwaltung des entfernten Objekts. Zur Aktivierung werden zwei Modi unterschieden:

- *SingleCall:* Das entfernte Objekt lebt genau für die Dauer eines Methodenaufrufs, danach wird es für den Garbage Collector freigegeben.

- *Singleton:* Das entfernte Objekt existiert genau einmal und bearbeitet Aufrufe innerhalb von (parallelen) Threads.

**Client Activated Object (CAO):** Das entfernte Objekt existiert für die Dauer einer Sitzung, also so lange, wie ein Client eine Referenz darauf hält. Der Client bestimmt, wann das Objekt nicht mehr benötigt wird.

## Ein Beispiel

Im Folgenden werden anhand eines einfachen „Hello World"-Dienstes die Schritte zur Initialisierung eines entfernten Objekts als Dienst sowie die Nutzung durch einen Client vorgestellt.

```
using System;
using System.Runtime.Remoting;
using System.Runtime.Remoting.Channels;
using System.Runtime.Remoting.Channels.Tcp;
```

```
public class HelloWorldService : MarshalByRefObject {
  public void HelloWorld (string text) {
    Console.WriteLine (text);
  }
}
```

Listing 10.3: Beispiel-Implementierung des Dienstes

Der Server hat nun die Aufgabe, den Dienst allgemein zur Verfügung zu stellen. Hierzu wird ein neuer TCP-Kanal, im Beispiel an Port 10950 angelegt. Der Kanal wird registriert und der Dienst unter dem Namen „HelloWorldService" angemeldet. Zur Aktivierung wird der Typ SingleCall gewählt, der Dienst steht somit für genau einen Aufruf zur Verfügung.

```
using System;
using System.Runtime.Remoting;
using System.Runtime.Remoting.Channels;
using System.Runtime.Remoting.Channels.Tcp;
using HelloWorldLib;

public class ServerClass {
public static void Main (string[] args) {
  TcpServerChannel sc = new TcpServerChannel (10950);
  ChannelServices.RegisterChannel(sc);
  RemotingConfiguration.RegisterWellKnownServiceType(
      typeof(HelloWorldService),
      "HelloWorldService.rem",
        WellKnownObjectMode.SingleCall);
   Console.WriteLine ("Server bereit");
   Console.ReadLine();
}
```

Listing 10.4: Beispiel-Implementierung des Servers

Der Client startet ebenfalls mit der Initialisierung eines TCP-Kanals. Über die Klasse Activator erhält der Client eine Referenz auf das Serverobjekt, der Zugriff auf den entfernten „Hello World"-Dienst kann nun erfolgen.

```
using System;
using System.Runtime.Remoting;
using System.Runtime.Remoting.Channels;
using System.Runtime.Remoting.Channels.Tcp;

public class HelloWorldClient {
public static void Main (string[] args) {
  TcpClientChannel cc = new TcpClientChannel ();
  ChannelServices.RegisterChannel (cc);
  HelloWorldClass hwc =
      (HelloworldClass)Activator.GetObject (
      typeof (HelloWorldService),
      "tcp://localhost:10950/HelloWorldService.rem");
  hwc.HelloWorld ("Hello World");
}
}
```

Listing 10.5: Beispiel-Implementierung des Clients

## Application Domains und Kontexte

.Net-Remoting wurde nicht vorrangig zur Kommunikation über Rechnergrenzen, nicht einmal über Prozessgrenzen hinweg konzipiert. Es dient vor allem als Ergänzung der Prozess- und Speicherverwaltung innerhalb der CLR. Die CLR kennt verschiedene Möglichkeiten zur Begrenzung von Anwendungsbereichen:

**Application Domains:** Application Domains sind von der CLR verwaltete logische Bereiche für Anwendungen. Sie definieren zusammengehörige, geschützte Adressräume innerhalb eines Prozesses und bieten Code-basierte Sicherheit nach dem Sandbox-Modell (siehe auch Java RMI, Kapitel 5).

**Kontexte:** Innerhalb einer Application Domain können Objekte zu einem Context zusammengefasst werden. Ein Context ist definiert durch eine Menge von Attributen, die bei den Context-Objekten übereinstimmen. Der Context überwacht die korrekte Beachtung der Attribute zur Laufzeit.

Sowohl Application Domains als auch Contexts definieren Grenzen im Speicher, über die ausschließlich mit entfernten Aufrufen kommuniziert werden darf.

# 10.5 Dienste

Die Dienste, auf denen die .Net-Plattform aufsetzt sind, wie die Kommunikationsmechanismen, über die Jahre entstanden. Somit lässt sich schwer ein einheitlicher Dienstbegriff definieren. Dienste können in unterschiedlicher Form auftreten:

**Enterprise Server:** Unter dem Begriff Enterprise Server wurden viele der bekannten Microsoft-Server zusammengefasst. Zu den Enterprise Servern zählt beispielsweise der Exchange Server, der SQL Server oder auch der BizTalk Server.

**COM-Dienste:** Die Dienste der COM-Technologie stehen auch den Komponenten der .Net-Plattform zur Verfügung. Hier wären als Beispiele der Microsoft Transaction Server (MTS) und der Message Queue Server zu nennen.

**Subsysteme:** Bei Subsystemen handelt es sich in der Regel um ehemalige Microsoft-Technologien, deren Funktionalität in die Framework-Klassenbibliothek integriert wurde. Zu den Subsystemen gehören beispielsweise ASP.Net und ADO.Net. Im Folgenden wird ADO.Net als ein bekanntes Beispiel eines Subsystems vorgestellt.

## 10.5.1 ADO.Net

Im Zuge der Überarbeitung existierender Windows-Technologien zur Integration in die Plattform wurde auch die ActiveX Data Object-Technologie (ADO) konzeptionell überarbeitet. Ergebnis ist das wesentlich verbesserte ADO.Net. Um zu verstehen, wie groß der Evolutionsschritt war, ist es notwendig, einen Einblick in die Defizite der alten ADO-Technologie zu bekommen. Wie ADO.Net, so ist auch der Vorgänger ADO im Wesentlichen eine Bibliothek zur Unterstützung der Persistierung von Daten. Kernelement ist das *RecordSet*. Ein *RecordSet* entspricht immer genau einer Datenbanktabelle. ADO ist verbindungsorientiert, das heißt, es unterstützt eine permanente Anbindung der Anwendung an die Datenbank. Dies hat den Vorteil, dass Datenbankzugriffe performant durchgeführt werden können, bei Anwendungen mit hoher Nebenläufigkeit stößt man jedoch bald an Grenzen. Dauerhafte Verbindungen bei hunderten bis tausenden von parallelen Anwendern sind nicht mehr sinnvoll zu realisieren.

## Von ADO zu ADO.Net

Mit ADO.Net wurde die ADO-Technologie im Wesentlichen um drei Konzepte erweitert:

**Dynamische Verbindungsverwaltung:** Die dynamische Verbindungsverwaltung stellt der Anwendung eine Verbindung immer nur für den Zeitraum eines Datenbankzugriffs zur Verfügung. Mit Ende des Zugriffs wird die Verbindung wieder freigegeben und kann von anderen Anwendungen genutzt werden.

**Einführung des DataSet:** Mit ADO.Net wurde das *RecordSet* durch ein *DataSet* mit erweiterter Funktionalität ersetzt. Das *DataSet* kann mehrere Tabellen mit ihren Beziehungen darstellen. Mit dem *DataSet* hat der Entwickler die Möglichkeit, ein logisches Datenschema im Speicher zu entwerfen, das nicht unbedingt dem Datenschema in der Datenbank entspricht. Dies wird durch eine zweite Neuerung möglich: Das *DataSet* hat keine direkte Verbindung mehr zur Datenbank, sondern nutzt Adapter zum Zugriff auf die Datenbank.

**Unterstützung von XML:** Eine weitere Neuerung von ADO.Net ist die Unterstützung von XML. XML findet an vielen Stellen im .Net Framework Verwendung, so auch hier. Das *DataSet* hat beispielsweise die Fähigkeit, ein Datenschema aus einer XML-Datei zu lesen und daraus das logische Datenschema im Speicher aufzubauen. Ebenfalls hinzugekommen ist die Möglichkeit, neue Datentypen in XML zu definieren.

## Das logische Datenschema – DataSet

Im *System.Data*-Namensraum der Framework-Klassenbibliothek finden sich alle ADO.Net-Basisklassen zur Definition eines logischen Datenschemas:

- Das *DataSet* definiert das vollständige, logische Datenschema.
- Die Klasse *DataTable* definiert eine Tabelle des Datenschemas.
- Die Klasse *DataColumn* definiert eine Spalte in der Tabelle des Datenschemas.
- Die Klasse *DataRelation* definiert eine Beziehung zwischen Tabellen des Datenschemas.
- Mit der Klasse *DataRow* werden schließlich konkrete Datensätze in die Tabelle eingefügt.

Das folgende Beispiel zeigt, wie mit C# ein logisches Datenschema aufgebaut wird. Die Mechanismen zur Anbindung des *DataSet* an eine konkrete Datenbank werden im folgenden Abschnitt vorgestellt.

Im Beispiel werden die Attribute (Properties) *DataSet.Tables* sowie *DataTable.Columns* verwendet. Hinter den beiden Attributen verbergen sich Kollektionen, in denen alle Tabellen des *DataSet* bzw. alle Spalten einer Tabelle verwaltet werden.

```
public void ErstelleDataSet {
  // Lege ein leeres DataSet an
  DataSet dataSet = new DataSet();
  // Definiere eine neue Tabelle für das Schema
  DataTable dataTable = new DataTable ("Buch");
  // Definiere Spalten der Tabelle
  DataColumn dataColumn1 =
  new DataColumn("Titel",typeof(string));
  dataTable.Columns.Add(dataColumn1);
  DataColumn dataColumn2 =
  new DataColumn("Autor",typeof(string));
  dataTable.Columns.Add(dataColumn2);
```

```
  DataColumn dataColumn3 =
  new DataColumn("Verlag",typeof(string));
  dataTable.Columns.Add(dataColumn3);
  DataColumn dataColumn4 =
  new DataColumn("Erscheinungsjahr",typeof(int));
  dataTable.Columns.Add(dataColumn4);
  // Füge die Tabelle in das DataSet ein
  dataSet.Tabellen.Add(dataTable);
}
```

Listing 10.6: Beispiel: Aufbau eines logischen Datenschemas mit DataSet

## Anbindung an die Datenquelle

Das logische Datenschema im Beispiel kennt noch keine konkrete Datenquelle. Die Verbindung zwischen einem *DataSet* im Speicher und einer Datenbank erfolgt über so genannte Managed Provider. Aktuell werden im Framework vier Managed Provider unterstützt: OLE DB, SQL Server, Oracle und DB2.

Der Zugriff auf Daten einer Datenquelle kann auf zwei Arten erfolgen. Im einfachen Fall bleiben die Ergebnisse einer Datenbankabfrage nicht über die Dauer eines Aufrufs hinweg erhalten. Häufig ist jedoch eine In-Speicher-Repräsentation der Daten aus der Datenbank erforderlich. In diesem Fall sind die Daten im Speicher mit den Daten in der Datenbank konsistent zu halten.

**Einfache Zugriffe** Einfache Zugriffe auf der Datenbank erfolgen über eine Provider-abhängige DataReader- und Command-Klasse. Nach Aufbau der Verbindung wird die Command-Klasse, im Beispiel *SqlCommand*, mit dem Abfragestring in SQL-Format initialisiert. Das Ergebnis wird über die Klasse *SqlDataReader* ausgelesen.

```
// Aufbau einer Verbindung zur SQL-Server-Datenbank
SqlConnection conn =
new SqlConnection ( "server=<Verbindungsstring>" );
// Initialisierung der Command-Klasse
String query = "select * from Buch";
SqlCommand comm = new SqlCommand ( query, conn );
conn.Open ( );
// Auslesen der Daten
SqlDataReader reader = comm.ExecuteReader ( );
while (reader.Read()) {
Console.WriteLine(reader.getString(1));
... // weitere Felder lesen
}
reader.Close ( );
conn.Close ( );
```

Listing 10.7: Beispiel: Zugriff auf SQL-Datenbank mit Command-Klasse

Zum Schreiben von Daten (allerdings nicht in diesem Beispiel) wird die Command-Klasse mit einem entsprechenden SQL-Statement initialisiert.

**In-Speicher-Repräsentation**  Bei einer In-Speicher-Repräsentation werden die Daten aus der Datenbank in ein *DataSet* geladen und bleiben dort erhalten. In diesem Zusammenhang wird häufig auch von einer „In Memory Data Base" (IMDB) gesprochen. Der Abgleich mit der Datenbanktabelle erfolgt über einen Adapter.

```
SqlConnection conn =
new SqlConnection ("server=<Verbindungsstring>" );
string query = "select * from Buch";
// Initialisierung des Adapters
SqlDataAdapter adapter =
new SqlDataAdapter (query, conn );
adapter.SelectCommand =
new SqlCommand(query, conn);
// Initialisierung eines CommandBuilders für Updates
SqlCommandBuilder cb =
new SQLCommandBuilder(adapter);
// Tabelle aus der Datenbank laden
DataSet data = new DataSet ( );
adapter.Fill ( data, "Buch" );
... // Daten werden verändert
// Änderungen in die Datenbank schreiben
adapter.Update (data);
conn.Close ( );
}
```

Listing 10.8: Beispiel: Zugriff auf SQL-Datenbank mit Adapter

Häufig wird im Speicher eine andere Darstellung der Daten benötigt als in der Datenbank. In diesem Fall wird manuell ein logisches Datenschema über das *DataSet* definiert. Die Abbildung zwischen logischem Datenschema und Datenbank erfolgt über eine Abbildungstabelle im Adapter. Die Regeln zur Abbildung werden vom Entwickler definiert.

## 10.6  Einsatz

.Net ist in der Microsoft-Welt die Middleware-Technologie der Wahl. Durch Unterstützung der Webservice-Technologien ist die Integration mit Anwendungskomponenten auf anderen Plattformen möglich. Dies ist vor allem für den Bereich der lose gekoppelten Webservice-Anwendungen von Bedeutung.

Insgesamt ist bei den .Net-Konzepten ein deutlicher Trend hin zur Dienstarchitektur zu erkennen. Zum Einen zeigt dies die Unterstützung von Webservice-Technologien für die Kommunikation nach außen, zum Anderen kann auch die geplante Indigo-Architektur als dienstorientiert bezeichnet werden.

## Z  U  S  A  M  M  E  N  F  A  S  S  U  N  G

Die .Net-Plattform ist eine für Microsoft-Umgebungen angepasste Middleware-Plattform. Elemente der Plattform sind das .Net Framework und die Enterprise Server.

Das .Net Framework ist der Kern der Plattform. Zum Framework gehört die Common Language Runtime (CLR) mit der Microsoft Intermediate Language (MSIL) und dem Common Type System (CTS). In ihrer Gesamtheit bieten die Technologien eine sprachunabhängige Laufzeitumgebung. Weiterer Bestandteil des Frameworks ist die Framework-Bibliothek (Framework Class Library). Die Bibliothek ist vollständig objektorientiert und hierarchisch in Namensräume strukturiert. In einem Namensraum liegen logisch und inhaltlich zusammengehörige Klassen. In der Framework-Bibliothek sind neue und alte Technologien der Windows-Plattformen zusammengefasst.

Das Component Object Model (COM) ist ein Komponentenmodell für lokale Komponenten. Mit Distributed COM (DCOM) wurde das lokale Komponentenmodell um Unterstützung verteilter Komponenten erweitert. Mit dem Microsoft Transaction Server (MTS) wurde DCOM schließlich zur COM+-Technologie integriert. .Net-Klassen nutzen COM-Dienste über Klassen der Framework-Bibliothek. Für eine direkte Interaktion von .Net-Klassen und COM-Komponenten stehen spezifische Hilfsklassen zur Verfügung.

Die .Net-Plattform unterstützt vier Kommunikationsmechanismen, die weitgehend inkompatibel zueinander sind. ASP.Net stellt die Umgebung für ASP-Anwendungen sowie für Webservices zur Verfügung. Die Remoting-Technologie bietet hingegen einen einfachen Mechanismus für entfernte Aufrufe innerhalb der Plattform. Weitere Kommunikationstechnologien der Plattform sind DCOM und MS Queue.

Dienste der .Net-Plattform lassen sich unterscheiden nach Enterprise Servern, Subsystemen und COM-Diensten. Der Zugriff auf Subsysteme und COM-Dienste ist weitgehend hinter Klassen der Framework-Bibliothek gekapselt.

Das Subsystem ADO.Net dient zur Unterstützung der Persistenz in der .Net-Plattform. Mit der Klasse *DataSet* bietet ADO einen Mechanismus zur vollständigen Entkoppelung zwischen logischem Datenschema im Speicher und physikalischer Datenbank. Der Abgleich erfolgt über Datenbank-spezifische Adapter.

## Z  U  S  A  M  M  E  N  F  A  S  S  U  N  G

## Übungen

**1.** Erläutern Sie, warum es Anwendungen in der .Net-Plattform trotz Verwendung unterschiedlicher Sprachen möglich ist, gleichermaßen die Funktionalitäten der Framework-Bibliothek zu nutzen.

**2.** Erläutern Sie den Unterschied zwischen Wertetypen und Referenztypen. Was kennzeichnet den Unterschied zwischen Speicherung auf dem Stack und Speicherung auf dem Heap?

**3.** Welche Eigenschaften zeichnen eine Komponente des COM-Komponentenmodells aus?

**4.** Beschreiben Sie den Ablauf eines entfernten Aufrufs auf eine Komponente in einem Out-of-Process-Server.

**5.** Überlegen Sie sich neben den im Text genannten Beispielen weitere für den Einsatz von HTTP-Modulen in Webanwendungen.

**6.** Erläutern Sie die Aktivierungsarten von entfernten Objekten und nennen Sie Beispiele für ihren Einsatz.

**7.** Vergleichen Sie die Funktionalität von ADO.Net mit dem Persistenzmechanismus eines J2EE-Containers. Wo sehen Sie Unterschiede bzw. Vor- und Nachteile der jeweiligen Technologie?

# Literatur

## ■ .Net allgemein

Ralf Westphal: .Net kompakt; Heidelberg, Spektrum Akademischer Verlag, 2002.

Achim Oellers: .Net Softwareentwicklung; München, Hanser Verlag 2002.

Patrick A. Lorenz: ASP.Net. Grundlagen und Profiwissen; München, Hanser, 2. Auflage, 2003.

M.Easton, J.King: Cross Platform .Net Development – Using Mono, Portable .Net and Microsoft .Net. Apress, 2004.

Marco Kuhrmann, Jens Calamé, Erika Horn: .Net Remoting. Spektrum Akademischer Verlag, 2004.

## ■ Weitere Links

Ein Fundgrube zu allen Themen der .Net-Plattform findet sich unter:
http://msdn.microsoft.com/library/

Informationen zum Mono-Projekt finden sich unter:
http://www.mono-project.com/about/index.html

# Register